CHINA'S WORLD CULTURAL HERITAGE
2020 ANNUAL REPORT OF STATE OF CONSERVATION

中国世界文化遗产 2020年度保护状况总报告

中国文化遗产研究院　著

文物出版社

图书在版编目（CIP）数据

中国世界文化遗产 2020 年度保护状况总报告 / 中国
文化遗产研究院著 . –– 北京 : 文物出版社 , 2021.12
ISBN 978-7-5010-7186-9

Ⅰ . ①中…　Ⅱ . ①中…　Ⅲ . ①文化遗产—保护—研究
报告—中国— 2020　Ⅳ . ① K203

中国版本图书馆 CIP 数据核字（2021）第 158779 号

审图号：GS（2021）6261 号

中国世界文化遗产 2020 年度保护状况总报告

著　　者：中国文化遗产研究院

责任编辑：李　睿
封面设计：王文娴
责任印制：张　丽

出版发行：文物出版社
社　　址：北京市东城区东直门内北小街 2 号楼
邮政编码：100007
网　　址：http://www.wenwu.com
经　　销：新华书店
印　　刷：宝蕾元仁浩（天津）印刷有限公司
开　　本：787mm×1092mm　1/16
印　　张：19.75
版　　次：2021 年 12 月第 1 版
印　　次：2021 年 12 月第 1 次印刷
书　　号：ISBN 978-7-5010-7186-9
定　　价：260.00 元

《中国世界文化遗产2020年度保护状况总报告》
编辑委员会

序 一

《保护世界文化和自然遗产公约》（简称《世界遗产公约》）共有194个缔约国，其中167个拥有世界遗产。其中，以"年度报告"的形式回顾和分析国内所有世界文化遗产保护管理状况的，只有一个国家——中国。

1985年，中国加入《世界遗产公约》，与不少国家相比，我们的脚步似乎慢了一点。当时，在世界遗产的大家庭中，我们犹如充满求知欲的少年，期望来自全世界遗产保护界的关心与呵护。三十多年来，每一份申遗文本，或都是我们成长的记录；而每一份保护状况的自我报告，都仿佛日记一样，写满了中国世界遗产工作者的心得和思考。三十而立，曾经的"学步者"已经成长为世界遗产事业坚定的守护者，资深的实践者，和智慧的赓续者。

这数十万字的文字、数据和图表，既凝聚着每一个中国世界文化遗产守护者的付出与心血，更是我们为人类遗产保护事业留下的珍贵印记。在《世界遗产公约》即将迎来50周年纪念的关键时刻，在新冠肺炎疫情肆虐的人类命运和世界格局变革的节点，这部中国世界文化遗产的年度报告，用质朴的语言和具体的数字，讲述了发生在2020年中这些遗产地的方方面面。它也向所有热爱世界遗产的人报告：世界文化遗产在中国尽管面临诸多挑战，但依旧平安健康、充满活力。

但是，世界遗产不仅是数字和图表，世界遗产指向人的情感和价值。有心的读者，会读出这份看似朴素的报告背后，编者与遗产地之间微妙的情感投射。中国文化遗产研究院世界文化遗产中心的青年遗产工作者，作为个体，每个人都承担一两项遗产的对接工作；作为群体，则共同承载了世界文化遗产在中国所有的喜怒哀乐。他们已经连续多年开展年度评估，撰写分析报告，每处遗产地、每个遗产构成和环境的动态变化，都牵动着这些"专员"们的脉搏。有这样一群时刻与遗产共鸣的人，这份"报告"也必然充满对遗产地的敬意，和对读者的诚意。

有人说，2020是世界遗产数字化之年，因为疫情，我们有更多机会线上参观展览、体验遗产，传播手段更新、更便捷。但是，我们还看到了大家"足不出户"所产生的焦虑惆怅，人们与文化、与历史、与世界的联系越发疏远。电子化的遗产图像，远不及实地体验和行走所带来的质感。如果说世界遗产应具有真实性和完整性的话，那么这种真实与完整的气息，必须透过亲临遗产的方式才能获得。从这个角度而言，这份关于2020年度的遗产报告，更是一份特殊的记录——记载了当人们和遗产的距离最远的情况下，所发生的可能性及其后果。

其实，"报告"告诉我们，即使困境如2020，中国的世界遗产也表现出足够的韧性和活力。这不正是中国的遗产工作者用自己的坚守与努力，为《世界遗产公约》50年送上的一份祝福吗？

中国自1987年开始加入世界遗产的国际行动，到今天已经34个年头。我很欣慰，与这样一个坚守初心、尊重专业、富含情感的事业，携手并肩、共同前行。我更欣慰，从这份"报告"中看到，这项事业有了不断延续繁荣的知识积淀与工作基石。祝福中国世界文化遗产事业如习近平总书记所嘱托的那样，保护好、传承好、利用好，对历史负责、对人民负责。是为序。

宋新潮

2021 年 11 月

序　二

大江千险，百舸争流。

中国世界文化遗产之舟在暴风骤雨中渡过波澜壮阔的2020年。

这一年，突如其来的新冠疫情，对全人类的生存和发展形成了挑战，它不但考验着各国政府的公共治理能力，也深刻影响着全球世界文化遗产保护管理事业。

受疫情影响，全球经济衰退，国际交流受阻。原定于我国福州举办的第44届世界遗产大会推迟，本年度没有新的世界遗产产生。疫情严重时，包括中国在内的全球近90%的缔约国全部或部分关闭本国的世界遗产，全球年度国际游客量环比下降73%，遗产旅游业遭受重大冲击。中国的世界文化遗产保护管理者与世界同行共同经历了艰难时刻。

但在以习近平同志为核心的党中央的坚强领导和英明决策之下，中国人民团结一心，共同努力，在全球率先走出了疫情的阴影。国民经济得到恢复和发展，人民生活也逐渐恢复正常，为暗淡的全球抗疫图景平添一抹亮色。更重要的是，我们克服了疫情的影响，确保了"十三五"顺利收官，胜利完成脱贫攻坚任务，实现了决胜全面建成小康社会的第一个百年奋斗目标。

中国的世界文化遗产保护管理工作者不但见证，而且参与了这一伟大的历史进程。"十三五"期间，全国世界文化遗产工作者认真贯彻落实习近平总书记关于文物工作重要论述和重要指示批示，稳步推进世界文化遗产保护管理工作。左江花山岩画文化景观、"鼓浪屿：历史国际社区"、良渚古城遗址相继列入《世界遗产名录》。长城保护工程、"平安故宫"工程、西藏重点文物保护工程、石窟保护展示工程等重大文物保护工程逐步收官，大运河保护管理荣获国际优秀案例。"考古中国"重大研究项目取得重要进展。中国世界文化遗产监测预警体系对保护管理决策的支撑作用逐渐凸显。世界文化遗产不断融入当地社会经济发展，长城、大运河国家文化公园建设等内容被写进"十四五"规划，遗产的公共文化属性进一步凸显，遗产与人的关系进一步加强。

2020年11月，国务院办公厅印发《关于加强石窟寺保护利用工作的指导意见》，明确了石窟寺保护利用10项主要任务，对新时代石窟寺保护利用工作进行系统谋划和全面部署，既体现了党和国家对石窟寺保护事业的关注，也体现了新时代加强石窟寺保护利用工作的现实需求。本年度，大运河文化保护传承利用"四梁八柱"规划体系正式形成，国家文物局在2019年度公布的《长城保护总体规划》框架下，确定了第一批国家级长城重要点段名单，云南普洱景迈山古茶林文化景观、北京中轴线、西夏陵、江南水乡古镇、海上丝绸之路、景德镇御窑遗址、万里茶道、钓鱼城遗址等预备名单项目继续推进。

在全年全行业常态化疫情防控工作的整体部署下，全国各世界文化遗产地一方面不断改进工作方式，积极探索线上管理与培训；另一方面不断优化游客管理措施，推广预约机制，创新展示阐释模式，提升游客体验。

与此同时，中国世界文化遗产保护管理者在中国政府的领导和国家文物局指导下根据中国文物的特点和现状要求，积极学习借鉴国际成功经验，履行国际义务。2020年10月，作为世界遗产委员会监督缔约国履约情况的官方监测机制——《世界遗产第三轮定期报告》的填报工作在亚太地区正式启动。

中国世界文化遗产事业的航程上，江潮正涌，东风正劲。《中国世界文化遗产2020年度保护状况总报告》（简称《2020年总报告》）以洋洋万言定格了这一辉煌历程。

《2020年总报告》是中国文化遗产研究院编制的《中国世界文化遗产年度保护状况总报告》系列的第7部，也是以专著形式出版的第2部。《2020年总报告》延续不变追求，对中国世界文化遗产保护管理年度工作加以整体把握和全面分析，力争发挥"蓝皮书"的作用，为世界文化遗产保护管理决策者和一线人员提供有力的工作依据和有益的工作建议。同时，《2020年总报告》也并不回避工作中的不足，而是进行客观反映和深入探讨。

回首2020，中国世界文化遗产保护管理事业取得了瞩目的成就，但我们也应当清醒地认识到，当世界文化遗产事业发展到今天，与经济社会发展的关系已经十分紧密，"社会大协作"已经成为行业进一步发展的必要条件时，各级政府的主体责任意识，公众对遗产保护科学理念的认知程度，我们的遗产保护管理人员整体素质、遗产研究与保护项目深耕能力和社会沟通能力与现实的需求之间仍然存在很大的差距。怎样弥合这一差距，是摆在中国世界文化遗产保护管理者面前的亟待解决的现实问题。

2020年11月，以"世界文化遗产价值传承与城市可持续发展"为主题的首届中国世界文化遗产年会在浙江杭州良渚古城遗址召开。时任国家文物局局长刘玉珠在年会发言中指出，世界文化遗产已成为引领我国文物博物馆行业发展的鲜明旗帜，在助力遗产地城市可持续发展，推动中华文明成果"走出去"等方面都发挥了重要作用。

2021年3月，第十三届全国人大四次会议通过的《中华人民共和国国民经济和社会发展第十四个五年规划和2035年远景目标纲要》，提出了"优化区域经济布局　促进区域协调发展"发展社会主义先进文化　提升国家文化软实力"推动绿色发展　促进人与自然和谐共生"等一系列发展要求。这些要求都与世界文化遗产保护事业的发展方向高度契合。

中流击水，奋楫者进。

在新形势下，中国世界文化遗产保护管理工作者应当放眼全国，放眼世界，放眼未来，努力让行业服务国家发展大局。

为了更好地服务于行业，《2020年总报告》在形式和内容上努力创新，本年度邀请了几位行业权威专家就世界遗产保护管理理念、政策与实践等方面提出了具体的思考与建议。

在《2020年总报告》付梓之际，我们谨向中国文化遗产研究院中国世界文化遗产中心的报告编写团队表示祝贺，也衷心希望这本报告能够切实为中国世界文化遗产事业提供助力，指明方向。在坚定文化自信、实现下一个百年奋斗目标的新征程上，发挥世界文化遗产事业应有的作用。

2021 年 10 月

目 录
CONTENTS

I 总报告

II 专题报告

Ⅲ 专家视野

I 总报告

全文概要

2020年度，中国世界文化遗产保护管理工作面临着前所未有的国内外形势。

国内方面，2020年是中国全面建成小康社会、全面完成脱贫攻坚任务、实现第一个百年奋斗目标的决胜之年，是落实国民经济和社会发展第十三个五年规划纲要、实现目标任务的收官之年，也是中国世界文化遗产事业发展的关键一年。在"十三五"期间，世界文化遗产不断融入当地社会经济发展，长城、大运河国家文化公园建设等内容被写进"十四五"规划，遗产的公共文化属性进一步凸显，遗产与人的关系进一步加强。全国世界文化遗产工作者认真贯彻落实习近平总书记关于文物工作重要论述和重要指示批示，稳步推进世界文化遗产保护管理各项工作。左江花山岩画文化景观、"鼓浪屿：历史国际社区"、良渚古城遗址相继列入《世界遗产名录》。长城保护工程、"平安故宫"工程、西藏重点文物保护工程、石窟保护展示工程等重大文物保护工程逐步收官，大运河保护管理荣获国际优秀案例。"考古中国"重大研究项目取得重要进展。中国世界文化遗产监测预警体系已见成效，对保护管理决策的支撑作用逐渐凸显，世界文化遗产基础数据建设工作推动有序。

国际方面，2020年是全球政治文化格局下世界遗产处于转型的重要节点，世界遗产的有效保护和可持续发展逐渐成为维系和平团结和国际秩序的重要手段，促使联合国教科文组织世界遗产委员会对《世界遗产公约》履约要求越发严格。"气候变化""可持续发展"受到世界遗产委员会的持续关注，世界遗产框架下的"世界遗产城市计划""气候脆弱指数""传统知识体系应用于遗产保护管理"等重要议题的讨论和研究持续开展。新遗产类型"茶文化景观"引发热议。本年度，新冠肺炎疫情突如其来，原定于我国福州举办的第44届联合国教科文组织世界遗产委员会会议未能如期召开，这是自1977年以来首次。疫情最严重时，全球近90%的缔约国全部或部分暂停开放本国的世界遗产，全球年度国际游客量环比下降73%，遗产旅游业遭受重大冲击。线上工作与教学成为本年度世界文化遗产相关活动的主要方式之一。疫后重建也成为全球文化遗产领域的重要话题。

面对更加严格的国际规则，我国世界文化遗产工作者积极学习借鉴世界各国的成功经验，积极履行缔约国的责任和义务。同时根据中国文物的特点和现状要求，推动保护管理工作不断发展。

首先是世界遗产第三轮定期报告工作有序展开。2020年10月，作为世界遗产委员会监督缔约国履约情况的官方监测机制——定期报告的第三轮（第一轮1998—2006年，第二轮2008—2015年）填报工作在亚太地区正式启动。在国家文物局的统筹指导、中国文化遗产研究院中国世界文化遗产中心的组织以及各省级文物主管部门、遗产保护管理机构的通力合作下，初步完成了我国世界文化遗产第三轮定期报告填报工作。

第二是"中国世界文化遗产年会"成功举办。2020年11月，以"世界文化遗产价值传承与城市可持续发展"为主题的中国世界文化遗产年会在浙江杭州良渚古城遗址召开，成为我国世界文化遗产领域上下联动、平行参照、分享经验、凝聚共识的重要途径。时任国家文物局局长刘玉珠在年会发言中指出，世界文化遗产已成为引领我国文物博物馆行业发展的鲜明旗帜，在助力遗产地城市可持续发展，推动中华文明成果"走出去"等方面都发挥了重要作用。

第三是国家层面出台石窟寺保护利用工作的重要指导文件。同在11月，国务院办公厅印发《关于加强石窟寺保护利用工作的指导意见》，明确了石窟寺保护利用10项主要任务，对新时代石窟寺保护利用工作进行系统谋划和全面部署，既体现了党和国家对石窟寺保护事业的关注，也体现了新时代加强石窟寺保护利用工作的现实需求。

第四是大运河、长城、丝绸之路等大型系列遗产的体系化建设继续稳步推进。大运河文化保护传承利用"四梁八柱"规划体系正式形成，文化和旅游部、国家文物局联合印发了《长城保护总体规划》并确定了第一批国家级长城重要点段名单，丝绸之路相关项目也在持续推进。

第五是预备名单项目持续培育。云南普洱景迈山古茶林文化景观、北京中轴线、海上丝绸之路、西夏陵、江南水乡古镇、景德镇御窑遗址、万里茶道、钓鱼城遗址等预备名单的申遗筹备工作继续推进，二里头遗址等文化遗产也在积极争取列入《中国世界文化遗产预备名单》。

2020年，在全年全行业疫情防控常态化下，我国世界文化遗产保护管理工作也呈现出一些值得关注的特点。**首先，遗产地游客管理措施得到优化。**本年度新增20处遗产地采用预约方式管理游客，预约比例增长约14%，预约机制得到进一步推广；部分遗产地结合疫情防控要求，测算了更为合理的游客接待量，极大缓解了游客压力，提升了游客参观体验。**其次，展示阐释新模式得到探索。**虽然现场参观受到疫情限制，但我国世界文化遗产地积极探索疫情防控常态化下旅游开放模式，利用新媒体开启"云游"新模式，发布一系列优质、丰富的线上资源，为公众"零距离"感知世界文化遗产搭建了平台。**第三，培训方式得到创新。**受新冠肺炎疫情影响，各遗产地积极利用互联网技术，线上培训成为培训的重要形式，培训次数约为上年的12倍，培训人天数占总数的39.15%，有效降低了疫情对培训工作的影响，成为"新常态"下重要的培训手段之一。**第四，遗产旅游经济迎接重大挑战。**本年度，我国世界文化遗产年度游客总量下降55.93%，90.43%的遗产地游客量出现负增长，门票收入和经营性收入均下降60%以上。遗产旅游经济的大幅度下降给以自收自支为经费来源的遗产地日常保护管理工作的正常运转带来挑战。

虽然，新冠肺炎疫情对我国世界文化遗产工作造成了不同程度的影响，但各遗产地纷纷开展了适应性调整和新方法探索，继续积极履行缔约国的责任和义务，各项保护管理工作都在稳中有序的推进，并朝着纵深方向发展。总体情况如下：

一、国际承诺事项履行方面。2020年，99.37%的承诺事项处于已完成和正在履行状态，其中已完成承诺事项占比相较2019年有所增长。本年度新完成承诺事项5项，非正常履行的4项承诺也处于积极推动中。总体来看，非正常履行的占比总体呈下降趋势，整体履约状况较好。

二、机构与能力建设方面。受机构改革影响，17处遗产地保护管理机构发生变化，其中4处行政级别得到提升，从业人员减少8.27%，5处遗产地降幅超过25%。专业技术人才的数量以及能力仍有较大提升空间，仅7处遗产地同时满足《全国文博人才发展中长期规划纲要(2014–2020年)》中提出的专业技术人员占比及不同级别职称人员占比要求，38.54%的监测工作人员为其他部门或机构的兼职人员。本年度，我国世界文化遗产地的保护总经费连续4年增长后回落，总数达105.32亿元，下降22.53%。环境整治经费占比经4年连续增长后回落，但仍是除人员公用外占比最大的类型，本体保护经费占比连续5年下降，监测经费总体保持稳定，其中中央财政经费占比有所下降。文化景观类遗产平均保护经费最高，"古村落、历史城镇和中心"类遗产最低。本年度新颁布地方性法规和地方政府规章6项，截至目前地方专项法规和规章已覆盖八成遗产地，我国世界文化遗产保护的法律体系得到进一步完善。

三、遗产本体保存方面。2020年，我国世界文化遗产的遗产价值总体保持稳定。107处遗产地（99.07%）总体格局未发生变化，1处遗产地（0.93%）因实施环境整治工程发生了正面影响变化。100处遗产地（92.59%）使用功能未发生变化，8处遗产地发生了12处使用功能变化，其中8处变化因丰富展览内容引起，3处与保护和管理有关，1处与商业经营有关。60处遗产地（55.56%）未发生遗产要素变化，48处遗产地（44.44%）发生了139处遗产要素变化，其中134处变化因实施保护措施引起。69处遗产地（63.89%）对遗产本体或载体的病害进行了调查，全面、及时地了解病害发生位置、病害类型及病害威胁程度，其中62处遗产地表示病害治理较好或控制正常，7处遗产地表示病害有恶化倾向。有32处遗产地存在严重病害，其中11处遗产地表示部分严重病害开始恶化或已经严重恶化。

四、遗产影响因素方面。本年度，人为和自然因素对我国世界文化遗产的负面影响总体有所下降。其中，经文物部门同意的建设项目相较上年上升15.08%；存在超出日游客承载量和瞬时游客承载量现象的遗产地相较上年分别降低10%左右，游客压力得到一定程度缓解；遭受人为破坏和自然灾害的遗产地相较上年小幅下降；遗产区和缓冲区内的资源开采点、严重污染企业数量均有所减少。但仍有18处遗产地的遗产区内存在人口疏散需求，其中2处需求显著；个别古遗址及古墓葬、石窟寺及石刻类遗产受自然环境影响，保存状况开始恶化。如何应对气候变化、削弱自然灾害对遗产的影响，以及如何缓解人口压力、规范建设项目、优化旅游与游客管理等，仍是我国世界文化遗产地需要重点关注的内容。

五、保护项目及相关研究方面。全国仍有近一半遗产地没有合法合规的保护管理规划，导致实际保护管理工作缺乏科学的行动指导。中央财政经费连续三年加大对遗产地安消防工程的投入，各遗产地也通过制定文物安全制度，开展安消防培训和应急演练，与相关部门建立合作机制等多种举措，不断筑牢安全防线。2020年，现场工程仍以本体保护为主，遗产地针对本体保护工程的安全、技术和人员管理制定了一系列的制度，更加注重预防性措施和过程控制。针对遗产本体保护的展示与阐释工作得到加强。31.53%的遗产地利用数据传感器、计算机技术、数据通讯技术设备等现代科技手段，已建设或正在建设（提升）监测预警系统，实现了监测数据的高效管理、资源共享，为越来越多的保护管理决策提供了科学支撑。古遗址类遗产地结合价值阐释与展示需求，开展了主动性考古发掘项目，并发表了一系列的考古成果。近半数遗产地开展了学术研究工作，理论研究和行业指导方向的成果逐年上升。

六、舆情监测方面。受新冠肺炎疫情影响，本年度我国世界文化遗产的核心舆情总量三年内最低，"旅游与游客管理"类舆情涨幅明显，与各遗产地配合疫情防控工作，及时制定和调整旅游与游客管理措施有关。近几年，石窟寺的保护利用工作受到国家高度重视，石窟寺及石刻类遗产的报道量占比逐年上升，关注度日益增强。古遗址及古墓葬类遗产的核心舆情数量近三年占比均远低于遗产地数量占比，关注度依旧不足。"旅游与游客管理"一直是我国世界文化遗产负面舆情的主要内容。

为了顺应国内外世界遗产事业形势的变化，聚焦新时代世界文化遗产工作的新任务和新使命，结合我国世界文化遗产保护管理状况发展特点，世界文化遗产工作者需继续提高自身专业素质，加强与社会的沟通，针对当前世界文化遗产保护管理工作责任已经越来越超出文物行业能够独立承担的范围之客观情况，需努力建立"社会大协作"的环境。**各级政府**应进一步落实主体责任，面向行业需求，进一步加强制度建设，积极协调各方利益，支持遗产保护管理工作。**遗产保护管理机构**应当进一步加强应用研究和成果转化，深耕保护项目，加强能力建设，稳定专业队伍，同时做好社会沟通。**遗产监测机构**应继续加强监测研究与数据分析，完善监测机制，提升预防性保护和应急管理能力。

Abstract

The year 2020 saw unprecedented domestic and global situations in the world cultural heritage conservation and management in China.

From domestic perspective, the year 2020 is a decisive year for China to complete the building of the overall well-off society, complete the task of eradicating poverty in all respects, and achieve the first centenary goal. It is the closing year for the implementation of the outline of the 13th Five-year Plan for National Economic and Social Development and the realization of its objectives and tasks. It is also a critical year for the development of China's world cultural heritage undertaking. During the 13th Five-year Plan period, world cultural heritage continues to be integrated with local social and economic development. The construction of National Culture Parks for the Great Wall and the Grand Canal, among others, has been included in the 14th Five-year Plan, giving the prominence to the nature of heritage as public and cultural asset and bringing the heritage closer to people. The nation's world cultural heritage professionals have conscientiously carried out General Secretary Xi Jinping's important exposition and instructions on the work of cultural relics, and steadily carried forward all work related to the conservation and management of world cultural heritage. Zuojiang Huashan Rock Art Cultural Landscape, "Kulangsu, a Historic International Settlement" and Archaeological Ruins of Liangzhu City have been inscribed into the World Heritage List. Major cultural heritage conservation projects such as the Great Wall Conservation project, "Peaceful Palace Museum" project, Tibet Key Cultural Relics Conservation project and Grottoes Conservation and Interpretation project have gradually concluded. The Grand Canal was included in the WHC Omnibus as a good practice case for its effective conservation and management. Major research project of "Archaeology China" has gained important progress. China World Cultural Heritage Monitoring and Early Warning System has taken effect and gradually shown its supporting role in protection and management decision-making. The world cultural heritage database construction is proceeding in good pace.

From international perspective, the year 2020 is an important turning point for World

Heritage under the global political and cultural setup. The effective protection and sustainable development of world heritage have gradually become an important means of maintaining peace, solidarity and international order, which has prompted the United Nations Educational, Scientific and Cultural Organization to increasingly stringent requirements for the implementation of the Convention Concerning the Protection of the World Cultural and Natural Heritage. Climate change and sustainable development are of constant concern to the World Heritage Committee. Important topics such as the World Heritage Cities Programme, the Climate Vulnerability Index, and the application of Traditional Knowledge Systems to Heritage Conservation and Management under the framework of world heritage are discussed and studied. Tea Culture Landscape is under heated discussion as a new type of heritage. This year, the sudden outbreak of COVID-19 forced to postpone the 44th session of the World Heritage Committee slated to take place in Fuzhou, China. It has become the first ordinary session to be interrupted and postponed since 1977. At the height of the pandemic, nearly 90% of the state parties were closing their world heritage sites in whole or in part. Global annual international tourism fell by 73 percent year-on-year, and heritage tourism suffered a major blow. Online meetings and teaching have become one of the main ways of holding world heritage-related activities this year. Post-pandemic reconstruction has also become an important topic in the field of global cultural heritage.

Faced with more stringent international rules, China's world cultural heritage managers and practitioners actively learn from the successful experience of other countries and actively fulfill the responsibilities and obligations of the state party. At the same time, in accordance with the characteristics of Chinese cultural heritage and the requirements of the status quo, China further promotes the protection and management of cultural heritage.

Third Circle of Periodic Reporting on world heritage launched in an orderly manner. As the official monitoring mechanism of the World Heritage Committee to monitor performance by states parties, the form-filling and submission work for the Third Circle of Periodic Reporting (First Circle 1998 - 2006, Second Circle 2008 - 2015), was officially launched in the Asia-Pacific region in October 2020. Under the coordinated guidance of the National Cultural Heritage Administration, the organization of Chinese Academy of Cultural Heritage and World Cultural Heritage Center of China, and the cooperation of provincial departments of cultural heritage and heritage protection and management agencies, the Third Circle of Periodic Reporting on China's world cultural heritage have been initially completed.

The "China World Cultural Heritage Annual Meeting" was held successfully. In November 2020, the China World Cultural Heritage Annual Meeting, with its theme on "World Cultural Heritage Value Inheritance and City Sustainable Development", was held at the Archaeological Ruins of Liangzhu City in Hangzhou, Zhejiang Province. The Meeting became an important way for China's world cultural heritage sector to connect with the counterparts, take parallel reference, share experiences and reach consensus. Speaking at the annual meeting, then-director general of the National Cultural Heritage Administration, Liu Yuzhu, pointed out that world cultural heritage has become a bright banner leading the development of China's cultural heritage conservation and museum industry, and is contributing to the sustainable development of the city of heritage sites. It has played an important role in promoting the achievements of Chinese civilization to "go global".

The national important guiding documents have been issued for the protection and valorization of the grotto temples. In November of the same year, the General Office of the State Council issued the Guiding Opinions on Strengthening the Protection and Valorization of the Grotto Temple. The Opinions makes it clear the 10 main tasks for the conservation and enhancement of the Grotto Temple and works out the systematic plans and overall deployment for the conservation and development of grotto temple in the new era. It not only reflects the concerns of the Party and the country to the protection of grotto temples heritage, but also reflects the realistic demand of the field in the contemporary society.

The construction of systematization of large–scale heritages such as the Grand Canal, the Great Wall and the Silk Road has made steady progress. The cultural preservation and inheritance of the Grand Canal was formally established using the planning system of "multiple pillars". The Ministry of Culture and Tourism and the National Cultural Heritage Administration jointly issued the Master Plan for the Protection of the Great Wall and finalized the list of the first batch of important sections of the Great Wall at the national level. Silk Road related projects continue to proceed.

Cultivation for China's world heritage tentative list continues. The preparatory work for nomination projects on the tentative list, such as the Ancient Tea Forest Cultural Landscape of Jingmai Mountain in Pu'er, Central Axis of Beijing, Maritime Silk Roads, Western Xia Imperial Tombs, Ancient Waterfront Towns in the South of Yangtze River, Imperial Kiln Sites of Jingdezhen, Great Tea Road, Diaoyu Fortress, Huangshi Industrial Heritage Sites, is continue to proceed. Efforts are also made to list the Erlitou Site, Historical Sites of Guan Yu Culture into China World Cultural Heritage Tentative List.

In 2020, China's World Cultural Heritage Protection and Management have also shown some noteworthy characteristics under the normalization of pandemic prevention and control throughout the year. Firstly, measures to manage visitors to heritage sites have been optimized. This year, 20 new heritage sites have adopted the reservation method to manage tourists, bringing the reservation rate up by about 14%. And the reservation mechanism has been further promoted. Some heritage sites have estimated a more reasonable amount of visitor in the light of the pandemic prevention and control requirements, which greatly alleviates the pressure of visitation on the sites and improves the experience of tourists. Secondly, the new mode of presentation and interpretation is explored. Although on-site visits are restricted by the pandemic situation, China's world cultural heritage sites are actively exploring the novel ways of opening for tourists under the normalization of pandemic prevention and control, using new media to open a new "cloud tour" virtual mode, and releasing a series of high-quality and rich online resources, to provide a platform for the public "zero-distance" perception of world cultural heritage. Thirdly, the innovative way of training has been developed. Affected by the pandemic, the heritage sites have made active use of Internet technology, and online training has become an important form of training. The number of training session is about 12 times that of the previous year, and the number of trainee accounts for 39.15% of the total. This has effectively reduced the influence of pandemic situation on the training work and become one of the important training means under the "new normal". Fourthly, the heritage tourism economy meets the major challenges. This year, the total number of tourists to the world cultural heritage sites in China dropped by 55.93% and 90.43% of the heritage sites saw a negative growth in tourism as ticket revenue and operating income both dropped by more than 60%. The sharp decline of heritage tourism economy poses challenges to the normal operation of the day-to-day conservation and management of heritage sites, which rely on self-financing.

Although the pandemic situation has affected the work of China's world cultural heritage to different degrees, various heritage sites have carried out adaptive adjustment and explored new methods, and continued to actively fulfill their responsibilities and obligations. All kinds of protection and management work are advancing in a steady and orderly way and heading toward an in-depth development. Details are as follows:

I. In the aspect of implementation of international commitments. In 2020, 99.37% of commitments were completed and in the process of being fulfilled, with the proportion of completed commitments increasing compared to 2019. Five new commitments were completed during the year and four that were not normally implemented are also being actively promoted. In general, the proportion of abnormal implementation shows a decreasing trend and the overall implementation is good.

II. In the aspect of institutional and capacity building. As a result of institutional reforms, the protection and management bodies in 17 sites have been changed, with four upgraded its administrative levels and an 8.27% decrease in the number of staff members. Five heritage sites saw a more than 25% decrease in their staff members. There is still much room for improvement in the number and qualification of professional and technical personnel. Only seven heritage sites meet the requirements for the proportion of professional and technical personnel and the proportion of personnel with different professional titles set out in the Outline of the Medium-term and Long-term Planning for the Development of Cultural Heritage and Museum Talents (2014-2020). About 38.54% of the monitoring staff is part-time from other departments or institutions. This year, China's total expenditure on the conservation of world cultural heritage sites fell after four years of growth, to 10.532 billion yuan, which is 22.53% less compared with the previous year. The expenditure for environmental improvement projects dropped after four years of growth. However, it remained to be the largest proportion except for administrative expenses. The expenditure for conservation interventions has decreased for five years in a row, and that for monitoring remained stable in general. Among them, the proportion of central budgetary expenditure has declined. The average expenditure for the conservation of cultural landscape heritages are the highest, while those for "ancient villages, historic towns and city centers" are the lowest. Six local laws and regulations and local government rules were promulgated this year. To date, local special laws and regulations have covered 80% of the world heritage sites, and China's legal system for the protection of world cultural heritage has been further improved.

III. In the aspect of heritage physical fabric preservation. In 2020, the outstanding universal value of China's world cultural heritage remained stable in general. The general layout of 107 heritage sites (99.07%) remains unchanged, and 1 heritage site (0.93%) has seen positive changes due to the implementation of environmental improvement projects. The function of 100 sites (92.59%) remains unchanged and 12 functional changes have taken place in 8 sites.

Among which, 8 changes occurred due to the improvement of presentation and 3 were related to conservation and management and 1 related to commercial operations. A total of 60 sites (55.56%) had no change in heritage elements and 48 sites (44.44%) experienced 139 changes in heritage elements. Of which, 134 were caused by the implementation of conservation measures. 69 heritage sites (63.89%) have investigated the diseases of the heritage physical fabric or its carrier to completely and timely understand the locations, types and threat degrees of the disease. 62 heritage sites indicated that the diseases were well treated or under control, 7 heritage sites indicated a worsening tendency for disease. 32 heritage sites suffered from serious diseases and 11 of them indicated that some of the serious diseases had begun to deteriorate or had already deteriorated.

IV. In the aspect of factors affecting heritage. This year, the overall negative impact by human actions and natural factors on China's world cultural heritage declined. The number of construction projects approved by the Department of Cultural Heritage Administrations increased by 15.08% compared with that of the previous year. The number of heritage sites that exceeded the daily tourist capacity and the instant tourist capacity decreased by about 10% compared with that of the previous year, thus easing the pressure on tourists to a certain extent. The number of heritage sites affected by man-made damage and natural disasters decreased marginally compared to that of the previous year; the number of mining sites and heavy pollution enterprises in both property area and buffer zone decreased. However, 18 heritage sites in the property area need to disperse its population with 2 of them having distinctive demand. Affected by natural environment, the state of conservation of certain ancient sites and ancient tombs, grotto temples and stone carvings began to deteriorate. How to deal with climate change, mitigate the impact of natural disasters on heritage, how to alleviate population pressure, regulate construction projects, and optimize tourism and tourist management remain the key concern of China's world cultural heritage sites.

V. In the aspect of conservation projects and related research. Nearly half of the country's heritage sites still do not have protection and management plans that are legal and compliant, leading to a lack of scientific operational guidance for actual conservation and management. For third years in a row, the central government budgetary expenditure has increased input in security and fire-fighting infrastructure building in heritage sites. The heritage sites have also adopted various measures such as establishing a security system for cultural relics, conducting fire-fighting training and emergency drills, and establishing cooperation mechanisms with relevant departments to continue to consolidate the security. In 2020, on-site projects are still based on physical fabric conservation. Heritage sites have formulated a series of systems for the safety, technology and personnel management aiming for physical fabric conservation, and paid more attention to preventive measures and the process control. The presentation and interpretation for the conservation of heritage physical fabric has been strengthened. About 31.53% of the heritage sites have built, are building or upgrading monitoring and early warning systems by using modern scientific and technological means such as data sensors, computer technology and data communication technology equipment. In this way, they achieved efficient management of monitoring data and resource sharing, providing scientific support for more and more conservation and management decision-making. Combining the need of value interpretation and presentation, the heritage sites conducted active archaeological excavation projects and published a series of reports on archaeological findings. Nearly half of the heritage sites carried out research, works of theoretical research and for practical guidance increased year by year.

VI. In the aspect of public sentiment monitoring. Affected by the pandemic COVID-19, the total amount of core public opinion on China's world cultural heritage reduced to the lowest in three years. Public opinion in the category of "Tourism and Tourist Management" has increased significantly. It is related with the efforts the heritage sites have made to prevent and control the pandemic, and the timely formulation and adjustment of tourism and tourist management measures. In recent years, the conservation and presentation of grotto temples have been highly valued by the country, and the proportion of the reports on grotto temples and stone carvings has been increasing year by year amid increasing care. In nearly three years, the number of core public opinion on archaeological sites and ancient tombs was far less in proportion, considering the number of heritage sites, and the care for them remained insufficient. "Tourism and tourist management" has always been the main content of the negative public opinion on China's world cultural heritage.

To adapt to the changes in the domestic and international situations of world heritage, focus on the new tasks and new missions of the world cultural heritage in the new era, and combine the characteristics of the development of the protection and management of China's world cultural heritage, the world cultural heritage workers should actively improve their professional qualification and strengthen communication with the society. Facing the objective condition that the responsibility for the protection and management of the world cultural heritage at present is more and more beyond the scope that the cultural heritage industry can independently shoulder, it needs to build an environment of "social coordination". Governments at all levels should further implement the responsibility, face the needs of industries, further strengthen system construction, actively coordinate the interests of all stakeholders, and support the work of heritage protection and management. The administrative institutions of heritage protection should further strengthen applied research and use of research findings, deepen conservation projects, strengthen capacity building, stabilize professional teams, and improve social communication. Heritage monitoring institutions should continue to strengthen monitoring research and data analysis, improve monitoring mechanisms, and enhance preventive protection and risk and emergency management capacity.

第1章
世界文化遗产事业国内形势

2020年，受新型冠状病毒感染的肺炎（简称新冠肺炎）疫情影响，原定于中国福州举办的第44届世界遗产委员会会议未能如期召开，因此未有新增世界遗产项目。全球世界遗产数量继续维持1,121项，分布在167个缔约国，其中文化遗产869项、自然遗产213项、文化和自然混合遗产39项。中国的世界遗产数量继续维持55项，其中文化遗产37项，自然遗产14项，文化和自然混合遗产4项。

2020年，我国世界文化遗产工作经受住了新冠肺炎疫情的考验，在艰难的公共卫生环境下，探索出新颖的管理模式和展示阐释模式。疫情走向平稳后，我国世界文化遗产工作重回正轨，第三轮定期报告工作顺利启动，中国世界文化遗产年会成功召开，实现了"十三五"圆满收官。

2020年，我国世界文化遗产事业向着整体布局和专业引领的方向继续迈进，考古学对世界遗产的基础学科支撑作用凸显，石窟寺引领世界遗产保护利用及管理向纵深发展，大型系列遗产的整体保护和整体利用效果初显，预备名单项目培育工作稳定推进。

1.1 中国世界文化遗产应对疫情的工作

2020年初，新冠肺炎疫情在全国范围内快速蔓延。为有效切断病毒传播途径，遏制疫情蔓延势头，确保人民群众生命安全和身体健康，文化和旅游部办公厅于1月24日发布《关于全力做好新型冠状病毒感染的肺炎疫情防控工作暂停旅游企业经营活动的紧急通知》[①]，当日，包括西湖文化景观、"鼓浪屿：历史国际社区"、五台山等在内的世界文化遗

---

① 中华人民共和国文化和旅游部网站.文化和旅游部办公厅关于全力做好新型冠状病毒感染的肺炎疫情防控工作暂停旅游企业经营活动的紧急通知[EB/OL].https://www.mct.gov.cn/whzx/ggtz/202001/t20200126_850571.htm,2020-01-26/2021-07-12.

产地随即宣布关闭景区①，其余中国世界文化遗产地也按要求陆续停止开放。临近春节，突发的新冠肺炎疫情打乱了各遗产地原本的工作计划，许多节庆主题活动、民俗活动和非物质遗产展示被迫取消。经过近3个月的抗疫努力，全国新冠肺炎疫情形势明显好转。4月13日，文化和旅游部、国家卫生健康委联合发布《关于做好旅游景区疫情防控和安全有序开放工作的通知》②，各遗产地工作陆续回归正轨。

1.1.1　积极探索疫情之下的展示阐释新模式

疫情期间，我国世界文化遗产地陆续停止开放，所幸近年来互联网和移动办公发展的红利让遗产管理和研究没有受到太大影响，工作人员可以通过网络远程调取资料或是管理设备设施。在公众直接接触遗产的途径受阻的大背景下，各遗产地进一步探索线上虚拟导览和线上讲座等模式，打造数字化的线上展览，创新宣教方式和展示阐释模式。包括明清故宫–北京故宫、拉萨布达拉宫历史建筑群–布达拉宫、龙门石窟在内的众多遗产地采用线上直播的方式带领游客"云游"遗产地（图1-1）。其中，龙门石窟采取"导游+主播"的导览方式，增加了互动性和趣味性；布达拉宫的线上直播由管理处讲解员带队，讲解生动、专业，直播1小时内，总计观看人数达92万人次，超过了布达拉宫全年150万人次客流量的一半以上③；北京故宫的线上直播联动多个网络平台，实现了矩阵传播，观看量超过1亿人次④。遗产地恢复开放后，线上直播的形式继续被武当山古建筑群、"丝绸之路：长安–天山廊道的路网"（简称丝绸之路）的炳灵寺石窟、麦积山石窟等众多遗产地广泛采用，取得了较好的成效。

2020年4月18日，国际古迹遗址日主题活动——"共同守护，共享未来：中国世界文化遗产的培育与传播"在颐和园举行⑤，活动同时通过线上直播平台进行，打通了现实和网络世界的壁垒，嘉宾们通过直播平台与广大网友们就大家关心的问题进行了交流，生动诠释了"遗产共享"的主题（图1-2）。

---

① 杨喆.疫情防控需要，全国多家风景区部分或全部关闭[EB/OL]. https://www.thepaper.cn/newsDetail_forward_5622845,2020–01–24/2021–07–01.

② 中华人民共和国文化和旅游部网站.国家卫生健康委关于做好旅游景区疫情防控和安全有序开放工作的通知[EB/OL].http://www.gov.cn/zhengce/zhengceku/2020–04/14/content_5502188.htm,2020–04–13/2021–06–23.

③ 中国西藏新闻网.布达拉宫首次进行网络直播[EB/OL].http://epaper.chinatibetnews.com/xzrb/202003/02/content_16689.html,2020–03–02/2021–06–25.

④ 张丽.1亿人观看！故宫"云开门"也可常态化[EB/OL].http://ie.bjd.com.cn/5b165687a010550e5ddc06a/contentApp/5b16573ae4b02a9fe2d558fb/AP5e8c65c3e4b0f87b21d0695d,2020–04–07/2021–07–02.

⑤ 国家文物局网站.国际古迹遗址日"共享遗产"主题直播活动在京举行[EB/OL].http://www.ncha.gov.cn/art/2020/4/18/art_722_160161.html,2020–04–18/2021–04–18.

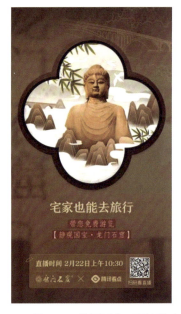  

图1-1　龙门石窟、明清故宫－北京故宫、拉萨布达拉宫历史建筑群－布达拉宫直播活动海报

（图片来源于龙门石窟研究院、故宫博物院、西藏自治区布达拉宫管理处）

图1-2　国际古迹遗址日线上、线下联动直播

（图片来源于中国古迹遗址保护协会）

除了线上直播，各遗产地开放的数据资源和线上展览也成为公众接触遗产的窗口。2019年下半年上线的故宫博物院数字文物库让民众足不出户即可了解到故宫最全的藏品信息，该数字文物库涵盖了26大类文物，超过186万件/套文物基础信息，5万张精选文物影像①。"人类的瑰宝——世界遗产在中国"在澳大利亚悉尼、越南河内、西班牙马德里、新西兰惠灵顿以及尼日利亚等多国的中国文化中心网站上线，以中英文介绍、图片、地图、视频等线上展览形式，展示了中国的世界遗产②。

1.1.2　科学管理，有序开放，有效避免疫情反弹

中国文化遗产研究院中国世界文化遗产中心的一项统计结果显示，截至3月18日，我国19项世界文化遗产（含混合遗产）中的全部或部分遗产地恢复开放。有序开放的遗产地围绕《关于做好旅游景区疫情防控和安全有序开放工作的通知》要求而采取了周密部署和保障性措施。

在恢复开放前，各遗产地积极部署防疫工作，良渚古城遗址、明清皇家陵寝–十三陵等众多遗产地的基层保护管理机构工作人员与遗产所在地社区共同组成抗疫防线，实行网格化管理，定期巡查、消杀，落实各项防疫措施，确保遗产所在地大环境的安全，为恢复开放提供了保障。

疫情防控期间，各遗产地多开放室外区域，控制游客接待量不超过核定最大承载量的30%③。例如，苏州古典园林结合园内空间狭小的实际情况，将日接待量和瞬时流量设置为更加合理的10%和20%。秦始皇帝陵博物院加入了陕西省直属博物馆公共卫生安全防疫"一张网"体系，通过物联网、大数据和人工智能等技术手段，将现场实时采集的数据快速即时上传至陕西省文物保护研究院的"预防性保护数据监测预警平台"系统，通过人工智能系统进行数据比对，快速甄别出各类潜在传染性疫情的危险因素。其他各遗产地也多通过建立预约购票和瞬时流量管理机制，在购票时做好游客信息登记，实行分时段预约购票，充分发挥"互联网+"的技术手段，对游客进行科学管理，文明引导游客游览全程配戴口罩，保持安全距离，并进行体温测量和健康码检查。通过上述措施，遗产地恢复开放后，未出现大规模疫情传播事件。

---

① 信息来源于故宫博物院官方微博。

② 国务院新闻办公室网站，转引人民日报海外版.中国的世界遗产在世界多地推出线上展[EB/OL].http://www.scio.gov.cn/31773/35507/35514/35522/Document/1681479/1681479.htm,2020–05–30/2021–07–03.

③ 中华人民共和国文化和旅游部网站.国家卫生健康委关于做好旅游景区疫情防控和安全有序开放工作的通知[EB/OL].http://www.gov.cn/zhengce/zhengceku/2020–04/14/content_5502188.htm,2020–04–13/2021–06–23.

1.1.3 以防疫为契机的遗产管理新探索

突如其来的新冠肺炎疫情给遗产地带来了前所未有的挑战，但不少遗产地利用疫情的窗口期"练内功、补短板"，以此为契机的一系列积极应对措施也促进了遗产地管理水平的提升。

高新技术更加广泛地应用于世界遗产管理。面对文化线路、遗产运河、大遗址等规模体量庞大的世界遗产类型，传统的人工徒步巡查效率不佳。根据2020年发布的前一年度全国文物行政执法和安全监管工作情况，全国文物行政执法和安全监管中的督察手段已经呈现出不断创新的发展趋势，积极运用卫星遥感、无人机、大数据、云计算等技术，推动形成"天上看、网上管、地上查"的文物督察新模式，主动督察能力得到显著提升[①]。2020年，在人员流动大幅受限的背景下，高新技术的优势更加凸显。以大运河为例，大运河-江南运河杭州段和浙东运河杭州萧山段进一步加大了无人机设备巡查频次，空地结合、人机结合、立体交叉巡查，高效精准地记录大运河及周边区域的生态环境及景观风貌变化，获取了丰富完善的监测信息[②]。

遗产环境承载力的测算更加合理。疫情期间，遗产所在的社区环境在网格化防疫措施的促进下，管理普遍变得更加条理化。为进一步巩固向好发展的遗产地社会和自然环境，一些遗产地在恢复开放后，除了遵守游客接待量不超过承载力30%的规定，还对环境承载力进行了更加科学的测算，设置了更为合理的游客接待量。

游客管理更加精细化。一些遗产地，如北京皇家祭坛-天坛和北京皇家园林-颐和园，在疫情期间没有完全关闭，这给管理工作带来一定挑战。为兼顾开放和防疫，天坛制定了《疫情防控期间客流量管控预案》《天坛公园"防止游人疫情期间聚集"网格化管控实施方案》。游客入园须配合检测体温，未佩戴口罩、体温在37.3℃以上的游客禁止入园；游客游园时须全程佩戴口罩并与其他游客保持1.5米以上安全距离，听从工作人员疏导管理，做到不扎堆、不聚集；确定天坛公园疫情防控期间瞬时最大承载量为9,600人，当景区内游客数量达到公园疫情防控期间游客瞬时承载量的70%（6,720人）、80%（7,680人）、90%（8,640人）及以上时，启动黄色、橙色、红色预警，按照应对等级分别采取措施，红色

---

① 李政葳.国家文物局：无人机、机器人在安全巡查领域不断适用[EB/OL].https://m.gmw.cn/2020-04/05/content_33715634.htm,2020-04-05/2021-07-06.

② 浙江杭州政务服务网,转引杭州日报."无人机巡查"助力大运河遗产监测[EB/OL].http://www.hangzhou.gov.cn/art/2020/6/7/art_812262_45275874.html,2020-06-07/2021-07-06.

预警发布后将启动限流措施，并与属地部门联动调控，防止局部人员拥堵聚集，避免游客、职工交叉感染，确保公园运行平稳、秩序正常（图1-3）。

图1-3　天坛入口处疫情防控指示牌

（图片来源于北京市天坛公园管理处）

1.2　世界遗产与"十四五"规划

在"十三五"收官之际，我国在各方面取得了可喜成就，文化事业繁荣发展，对外开放持续扩大，"一带一路"成果丰硕，人民生活水平显著提高，综合国力跃上新台阶。文物事业主要目标任务圆满完成；世界文化遗产申报与保护管理稳步推进（图1-4），左江花山岩画文化景观、"鼓浪屿：历史国际社区"、良渚古城遗址列入《世界遗产名录》；世界文化遗产监测预警体系不断完善，大运河保护管理荣获国际优秀案例。世界遗产也不断融入经济社会发展，各世界文化遗产地年接待游客超3亿人次[①]。

在国际层面，当今世界正经历百年未有之大变局，国际环境日趋复杂；在国内层面，区域发展不平衡仍然存在，社会治理尚存弱项。要补足短板、实现社会主义现代化远景目标，必须充分发挥文化遗产以及世界遗产保护工作在弘扬中华优秀文化、提高遗产地人民福祉、提升国家软实力和国际话语权方面的带动作用。

---

① 国家文物局网站.凝心聚力奋进五年——国家文物事业发展"十三五"规划任务如期完成[EB/OL].http://www.ncha.gov.cn/art/2020/12/31/art_722_165203.html,2020-12-31/2021-07-07.

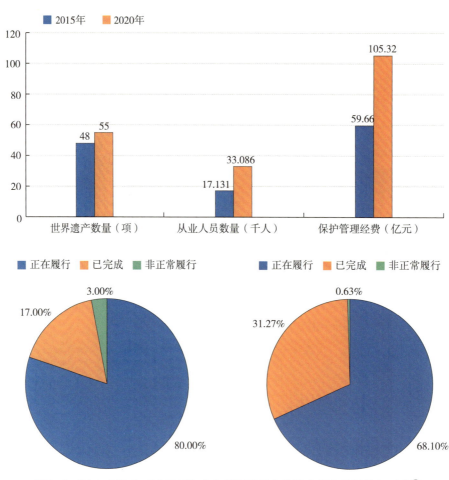

图1-4 "十二五"与"十三五"末年我国世界文化遗产部分关键指标对比[1]

2020年11月，《中共中央关于制定国民经济和社会发展第十四个五年规划和二〇三五年远景目标的建议》（简称《建议》）公布，其中第二大板块专门议及"文化建设"工作。

《建议》明确提出，要"传承弘扬中华优秀传统文化，加强文物古籍保护、研究、利用，强化重要文化和自然遗产、非物质文化遗产系统性保护，加强各民族优秀传统手工艺保护和传承，建设长城、大运河、长征、黄河等国家文化公园"。这些要求是作为"提升公

---

[1] 数据来源于2015年、2020年中国世界文化遗产保护状况总报告。其中2015年涉及75处遗产地数据，2020年涉及108处遗产地数据。

共文化服务水平"的措施提出，可见遗产的公共文化属性进一步凸显，遗产与人之间的关系进一步加强。

国家文物局原副局长刘曙光在题为《守正创新　高质量发展：关于"十四五"中国世界文化遗产发展规划的思考》的报告中指出，建设世界遗产强国，是建设文化强国的重要内容，推动中国世界遗产在"十四五"期间实现高质量发展要以保护管理为先、以提升内涵为要、以服务大众为本。还重点提出提升内涵的重点工作包括申遗项目的内容、类型和时间，空间上的科学性、平衡性、融合度，持续深化和提升遗产价值认识，以可持续为原则进行预备清单项目的调整与整理，以及培育世界遗产的品牌旅游产品等[①]。

面对当前我国文化遗产事业的发展环境与全球范围内的新机遇和新挑战，世界文化遗产工作对于弘扬中国优秀传统文化、丰富人民精神文化生活、提高国民素质与社会文明度、增强国家文化软实力和中华民族凝聚力、提升中华文化影响力，最终实现文化强国有着不可忽视的贡献作用。文化遗产工作不是孤立的，而是实现各项"十四五"时期经济社会发展和2035年远景目标的重要内容，其中的世界文化遗产工作更是文化领域实现高水平对外开放、促进国际合作、实现互利共赢的重要纽带。

1.3　世界文化遗产行业平台和交流机制建设

2020年11月4日，中国世界文化遗产年会在浙江杭州良渚古城遗址召开（图1-5）。本次年会以"世界文化遗产价值传承与城市可持续发展"为主题，与会者分享关于世界文化遗产与城市可持续发展的经验，就世界遗产第三轮定期报告、世界遗产与考古、世界文化遗产保护状况、良渚古城遗址保护实践经验等进行交流研讨。

---

① 中国世界文化遗产监测预警总平台门户网站．"世界文化遗产理念与实践"专业培训暨2020"亚太遗产实践者联盟（HeritAP）"年会中国研讨会在杭州良渚古城遗址举办[EB/OL].https://www.wochmoc.org.cn/home/html/1/10/19/1278.html,2021–07–09.

图1-5　2020年中国世界文化遗产年会现场（王喆摄）

1.3.1　发挥世界文化遗产的旗帜作用

中国世界文化遗产年会的前身是创设于2014年的中国世界文化遗产监测年会，最初是世界文化遗产监测领域的专题会议。党的十八大以来，党中央、国务院高度重视文化遗产保护工作，我国世界文化遗产事业迎来历史性的发展机遇。中国世界文化遗产监测年会正是在国家日益重视世界遗产申报、保护、展示和传承的大背景下出现的一种促进遗产地保护管理的工作机制，经过7年的发展，已逐步发展成为中国世界文化遗产行业的风向标。此次由"监测年会"向"年会"的转变，标志着其正式成为中国世界文化遗产领域的行业盛会，具有规模空前、参会群体多样、议题和内容全面丰富等特点。

年会期间，时任国家文物局局长刘玉珠在发言中指出，世界文化遗产已成为引领我国文物博物馆行业发展的鲜明旗帜，在助力遗产地城市可持续发展，推动中华文明成果"走出去"等方面都发挥了重要作用；各地应当准确把握当前我国世界文化遗产保护现状与工作形势，持续加大改革开放创新力度，推动新时代世界文化遗产工作跃上新台阶[①]。

刘玉珠表示，世界文化遗产是我国最重要的文化地标和精神标识，是建设文化强国、推动文明交流互鉴、彰显文化自信的宝贵资源。在项目实施上，长城保护工程、"平安故宫"工程、西藏重点文物保护工程、千手观音抢救性保护工程、良渚古城遗址展示工程等已成为具有重要影响力的项目。在监测预警体系建设方面，以敦煌莫高窟为代表的优秀案例正推动文物行业从"抢救性保护"向"预防性保护"转变。而多部法规规章共同构成的

---

① 俞杰，陈书恒.2020中国世界文化遗产年会在余杭开幕[EB/OL].https://baijiahao.baidu.com/s?id=168241115356862
1730&wfr=spider&for=pc,2020-11-05/2021-07-10.

世界文化遗产专项法律体系，也推动了全国文物行业的法制化进程。在国际理念的践行和运用上，中国的世界文化遗产地坚持理念与实际结合，初步形成了具有中国特色的文化遗产保护理念体系[①]。

中国世界文化遗产年会已成为遗产地交流互鉴的重要平台，是宣传优秀理念和实践的窗口。借助这一窗口，全国范围内更多的文化遗产地将有望从中汲取养分，使得中国世界文化遗产的旗帜作用得到更加充分的彰显。

1.3.2　分享经验，凝聚共识

中国世界文化遗产年会覆盖了国家、省市、遗产地不同级别代表，实现了上下联动、平行参照，为与会者分享管理经验、学习优秀实践案例提供了契机。年会期间，与联合国教科文组织二类中心——亚太地区世界遗产培训与研究中心（上海）联合举办了题为"世界文化遗产理念与实践"的专业培训，来自我国37项世界文化遗产、4项混合遗产的共162名遗产地代表参加了本次培训活动。活动包括专家授课和遗产地讨论两部分。专家授课介绍了世界遗产国内外最新理念政策、遗产保护管理新的探索与实践、中国世界文化遗产的监测实践以及新冠肺炎疫情对遗产地的影响。在讨论环节中，根据遗产类型将41项遗产地代表分为六个组，讨论并总结了遗产地在监测、管理、保护、发展等方面的实践经验，以及疫情对遗产地的影响及应对[②]。

1.4　中国参与第三轮定期报告的进展情况

2020年10月，世界遗产第三轮定期报告填报工作在亚太地区正式启动。定期报告是世界遗产委员会了解缔约国履约情况和追踪各国世界遗产动向的一种监测机制，以每六年为一个周期在阿拉伯地区、非洲地区、亚太地区、拉美和加勒比地区、欧洲和北美地区这五大地理文化区内依次开展。缔约国和遗产地以填写问卷的方式回应世界遗产委员会关切的问题，世界遗产委员会在对这些反馈进行研究后，根据每个地理文化区的特点制定下一步的工作计划。

---

① 冯源，段菁菁.世界文化遗产成为引领中国文博行业发展的"鲜明旗帜"[EB/OL].http://www.xinhuanet.com/world/2020-11/04/c_1126697845.htm,2020-11-04/2021-07-10.

② 联合国教科文组织亚太地区世界遗产培训与研究中心.2020年亚太遗产实践者联盟年会——新冠肺炎疫情对世界文化遗产地的影响且砥砺前行[EB/OL].http://heritap.whitr-ap.org/themes/370/userfiles/download/2020/12/31/kwxna1uvqyaxi0i.pdf,2021-07-10.

1.4.1　高效的工作组织彰显体制机制优势

我国作为世界遗产大国，遗产数量众多、类型丰富，在定期报告中涉及庞大的数据和案例收集、汇总、分析工作，并需统筹各级部门和利益相关者。通过准备工作前置、加强顶层设计、科学分工协作等方式，第三轮定期报告工作得以高效有序地开展。

自2020年初开始，在国家文物局的统筹指导下，中国文化遗产研究院中国世界文化遗产中心与各省级文物主管部门、遗产地管理机构与监测机构通力合作，开展了包括《世界遗产关键术语表》[①]在内的相关国际文件编译、第三轮定期报告与国内监测年度报告数据之间的梳理对应、依托中国世界文化遗产监测预警总平台研发第三轮定期报告功能模块（图1-6）、策划线下专题培训等工作，使得定期报告填报工作按节奏有效推进。

图1-6　中国世界文化遗产监测预警总平台的第三轮定期报告功能模块

在专业技术层面，我国通过数年的努力，已经初步形成了国际领先的世界文化遗产监测预警体系和技术规范。经过实践中的磨合提升，实现了世界文化遗产领域国内国际监测

---

① 中国世界文化遗产监测预警总平台门户网站.世界遗产关键术语表[EB/OL].https://www.wochmoc.org.cn/home/upload/file/202009/1600389560424003772.pdf,2021-07-10.

指标体系的接轨，并通过编制中国世界文化遗产监测年度报告积累了多年的监测数据。在日常监测工作开展的过程中，我国已经培养出一支熟知遗产突出普遍价值与保护管理状况的一线专业队伍，为本次定期报告问卷填报打下了坚实基础。

截至2020年底，定期报告已基本完成初稿，进入审核阶段。填报过程中，遗产地联络员充分收集文物、旅游、环保、自然资源、建设等方面的相关资料，认真起草调查问卷拟填报材料；而后经遗产地管理机构、遗产所在市（县）人民政府、省级文物主管部门和国家文物局层层审核；审核过程中填报者、审核者进行了充分沟通，对理念偏差和事实性错误进行了纠正。值得一提的是，长城、大运河、丝绸之路3项世界遗产分别由中国文化遗产研究院、国际古迹遗址理事会西安国际保护中心负责填报[①]，体现了我国文化遗产工作制度在统筹协调和集中力量办大事上的优势。

组织架构能够在短时间内迅速搭建起来并有序高效运转，充分证明了中国世界文化遗产监测预警体系的成效，形成了融合行政、智库和一线文博工作者力量的矩阵效应，在部署、组织、技术支撑等环节发挥了高效良性的互通和凝聚作用。

1.4.2　定期报告初步反映出的中国特色实践

第三轮定期报告不仅是一次自查得失的过程，也是中国智慧和中国经验面向世界的一次集中展示。在遗产地问卷第14章中，专门设置有"世界遗产优秀实践案例"展示的环节。通过对填报结果的初步分析，可知我国世界遗产已经在法律体系、管理机制、监测体系、利用模式、社会参与、可持续发展等诸多方面形成了适应自身国情和遗产地实际情况的特色实践。

在监测体系建设方面，苏州古典园林建立了遗产要素云数据库管理系统（图1-7）。一方面利用信息技术手段，记录遗产中可移动文物信息，包括文物尺寸数据、材质、存放地点等相关信息，同时从多角度对文物进行拍摄，留存文物照片，保留原始样貌，为文物修复、文物建模等提供数据支持和图片参考。另一方面，利用数字化手段搭建数据库，提供对文物信息的管理和统计功能，不仅能实现查看每件文物的编号、名称、类型、规格、材质、图片、存放地点及所属园林等字段的功能，还可以通过对文物类别和存放地点的筛选进行组合查询。

---

① 国家文物局网站.国家文物局办公室关于做好世界遗产第三轮定期报告工作的通知[EB/OL].http://www.ncha.gov.cn/art/2020/12/9/art_2237_44286.html,2020-12-01/2021-07-10.

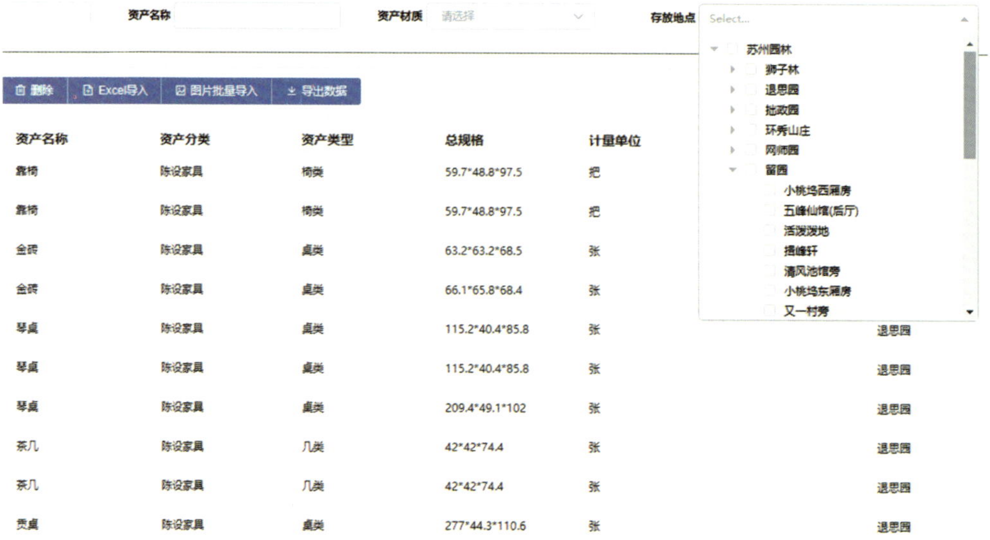
资产名称
资产材质
请选择
存放地点
Select...
苏州园林
狮子林
退思园
拙政园
环秀山庄
网师园
留园
小桃坞西厢房
五峰仙馆(后厅)
活泼泼地
揖峰轩
清风池馆旁
小桃坞东厢房
又一村旁
删除
Excel导入
图片批量导入
导出数据
资产名称 资产分类 资产类型 总规格 计量单位
靠椅 陈设家具 椅类 59.7*48.8*97.5 把
靠椅 陈设家具 椅类 59.7*48.8*97.5 把
金砖 陈设家具 桌类 63.2*63.2*68.5 张
金砖 陈设家具 桌类 66.1*65.8*68.4 张
琴桌 陈设家具 桌类 115.2*40.4*85.8 张 退思园
琴桌 陈设家具 桌类 115.2*40.4*85.8 张 退思园
琴桌 陈设家具 桌类 209.4*49.1*102 张 退思园
茶几 陈设家具 几类 42*42*74.4 张 退思园
茶几 陈设家具 几类 42*42*74.4 张 退思园
贡桌 陈设家具 桌类 277*44.3*110.6 张 退思园

图1-7　苏州古典园林建立的遗产要素云数据库管理系统

（图片来源于苏州市世界文化遗产古典园林保护监管中心）

在社会参与方面，澳门历史城区注重建立政府与历史建筑产权人和管理者之间的沟通协作。通过编制遗产保护和管理指南文件，开展定期培训，所有直接或间接参与保护管理的人员水平都得到提高。遗产保护者形成了社群网络，通过宣传、教育等形式吸纳公众参与，建立“世界遗产青年教育活动基地”，设置“澳门文化遗产小小导赏员实践培训计划”和“文化大使”向公众宣传文化遗产，取得了良好成效（图1–8）。

在可持续发展方面，西湖文化景观通过实施“西湖生态恢复和水环境改善”项目中的钱塘江引水高效降氮、西湖上游溪流–长桥溪污水净化处理、人工湿地系统建设，以及北里湖生态修复四项内容，使湖西及北里湖水域逐步形成良性的生态系统，成为我国南方城市景观湖泊水生态修复的成功案例，也促进了环境可持续性、包容性社会发展和包容性经济发展（图1–9）。

1.5　遗产基础学科和专题学科对世界遗产的作用

在党和国家领导人的高度重视下，文化遗产基础学科和专门领域受到关注并且成为世界遗产工作的重要支撑。发挥长项，补齐短板，世界遗产事业向专门领域纵深迈进。

世界遗产青年教育活动基地——郑家大屋

澳门文化遗产小小导赏员实践培训计划

文化传播大使结业礼

文化传播大使

图1-8　澳门历史城区开展的各项社会参与活动

（图片来源于澳门特别行政区政府文化局）

图1-9　工作人员取湖水样本进行检测

（图片来源于杭州西湖风景名胜区管委会）

1.5.1　中国特色考古服务于世界遗产工作

2020年9月28日，中共中央政治局开展以我国考古最新发现及其意义为题的集体学习，习近平总书记指出："要高度重视考古工作，努力建设中国特色、中国风格、中国气派的考古学，更好认识源远流长、博大精深的中华文明，为弘扬中华优秀传统文化、增强文化自信提供坚强支撑。"①

考古学作为文物博物馆领域重要的基础学科，为探寻中华文明起源、研究中华民族历史，进而向世人展示中华文明的灿烂成就，提供了关键依托。世界遗产作为一项跨领域工作，同样离不开考古学支持。2019年良渚古城遗址成功列入《世界遗产名录》，实证中华民族5000多年文明史，考古学功不可没。正如苏秉琦先生所说，中国文明起源如"满天星斗"，随着近年来各地重要考古遗址取得新发现、新成果，围绕这些遗址的世界遗产价值研

① 中共中央党校网站,引自新华社.习近平在中央政治局第二十三次集体学习时强调建设中国特色中国风格中国气派的考古学更好认识源远流长博大精深的中华文明[EB/OL].https://www.ccps.gov.cn/xtt/202009/t20200929_143683.shtml?from=singlemessage,2020-09-29/2021-07-10.

究工作也在持续开展。

目前我国已有多项重要考古遗址列入《世界遗产名录》。1987年列入的周口店北京人遗址是远古时期亚洲大陆人类社会的罕见历史证据，是人类进化的重要阐释；2006年列入的殷墟见证了中国青铜器时代的繁荣，出土的甲骨文是中国古代信仰、社会体系和汉字系统发源的重要佐证和参考；2019年列入的良渚古城遗址见证了一个新石器时代晚期以稻作文明为支撑、有统一信仰的早期城市文明，是早期中国多元文化的杰出代表。

在《中国世界文化遗产预备名单》中已有古蜀文明遗址、石峁遗址、红山文化遗址等重要考古遗址。其中，三星堆遗址作为古蜀文明遗址的组成部分，自2019年起在国家文物局的支持下，启动了新一轮考古发掘工作。2020年3月，三星堆遗址新发现6座商代晚期祭祀坑，祭祀坑平面呈长方形，规模为3.5—18平方米，初步清理出金箔、铜器、象牙雕饰等珍贵文物，这将有助于进一步揭示三星堆遗址的文化内涵，实证以三星堆为代表的古蜀文明在中华文明多元一体格局中的重要地位[①]。

二里头遗址也于2020年启动了申遗筹备工作。距今3800—3500年的二里头遗址，揭示了以大型夯土建筑为代表的宫室制度、以青铜礼器为代表的器用制度等王朝礼仪制度、王朝国家的诞生过程，是早期国家的突出代表[②]。此次申遗筹备是对自1959年以来考古发掘资料、地形图和测绘图的系统整理，为编制申遗文本和列入《中国世界文化遗产预备名单》做好了准备。

1.5.2　石窟寺保护利用引领世界遗产工作纵深发展

2020年5月，习近平总书记在云冈石窟考察文化遗产保护工作时指出，云冈石窟体现了中华文化的特色和中外文化交流的历史。这是人类文明的瑰宝，要坚持保护第一，在保护的基础上研究利用好[③]。

2020年11月，国务院办公厅印发《关于加强石窟寺保护利用工作的指导意见》，明确了石窟寺保护利用10项主要任务：加大石窟寺抢救性保护力度；建立石窟寺安全长效机制；深化学术研究和价值挖掘；加强石窟寺数字化保护利用；提升石窟寺综合展示水平；规范石窟寺旅游开发活动；深化石窟寺文化交流合作；发挥科技支撑和引领作用；完善人才教育培养体系；推进体制机制改革创新。预计2022年，石窟寺管理体制机制创新取

---

① 信息来源：国家文物局文物要情733期，2020年5月14日。

② 二里头夏都遗址博物馆网站，引自新华社.二里头遗址启动申遗前期工作[EB/OL].https://www.eltxdmuseum.com/news/c/10/291.html,2020-03-05/2021-07-10.

③ 新华网.习近平谈云冈石窟：这是人类文明的瑰宝，要坚持保护第一[EB/OL].http://www.xinhuanet.com/politics/leaders/2020-05/12/c_1125972560.htm,2020-05-12/2021-08-23.

得重要进展，石窟寺重大险情全面消除，石窟寺"四有"（有保护范围、有标志说明、有记录档案、有专门机构或专人负责管理）工作基本健全，重点石窟寺安防设施全覆盖。到"十四五"末，石窟寺保护长效机制基本形成；人才培养体系基本完善，保护管理机构和队伍更加健全；石窟寺保护利用水平显著提升，文化影响力日益增强[①]。

目前我国列入《世界遗产名录》的石窟寺有莫高窟、云冈石窟、龙门石窟、大足石刻、乐山大佛、西湖文化景观的飞来峰，以及作为丝绸之路遗产构成的麦积山石窟、彬县大佛寺石窟、克孜尔石窟和炳灵寺石窟等。全国范围内的石窟寺调查结果表明，裂隙、风化、渗水和生物病害等是我国石窟寺保护面临的普遍问题，岩体失稳具有突发性，岩体稳定性隐患成为我国石窟寺面临的主要险情。石窟寺岩体稳定性监测、环境监测、游客承载量评估、安消防建设以及展示利用工作仍不完善[②]。

《关于加强石窟寺保护利用工作的指导意见》的出台，体现出我国文物保护和世界遗产管理工作开始以特定领域和类别为线索，在摸清家底和补齐历史欠账的基础上，进一步深耕细作，为日后的持续监测和预防性保护打下良好基础。目前，龙门石窟和大足石刻的保护规划修编工作已陆续开展，莫高窟经过多年探索，也通过预约售票、数字化展示与洞窟展示相结合、参观线路动态调整等方式，在展示利用和游客精细化管理方面取得一定成果。

1.6　大型系列遗产体系化建设

2020年，大运河、长城、丝绸之路等大型系列遗产的体系化建设继续稳步推进。在体系化建设上，国家层面总体布局、总体规划、统筹资源，地方层面结合自身实际和特色，既勾勒出主要线索，又有所侧重。

1.6.1　大运河文化保护传承利用"四梁八柱"规划体系正式形成

继《大运河文化保护传承利用规划纲要》《长城、大运河、长征国家文化公园建设方案》出台后，国家发展改革委联合国家文物局、水利部、生态环境部、文化和旅游部，分别编制了文化遗产保护传承、河道水系治理管护、生态环境保护修复、文化和旅游融合发展4个专

---

① 国家文物局网站.国务院办公厅印发《关于加强石窟寺保护利用工作的指导意见》[EB/OL].http://www.ncha.gov.cn/art/2020/11/4/art_722_164077.html,2020-11-04/2021-07-10.

② 李黎.中国石窟寺保护成果与思考[EB/OL].http://hrc.cass.cn/zt/zgkgxbnlc/202107/t20210707_5345939.shtml,2021-07-14/2021-07-16.

项规划，指导沿线省（市）编制了8个地方实施规划。截至2020年末，4个专项规划和8个地方实施规划已全部正式印发，标志着大运河文化保护传承利用"四梁八柱"规划体系正式形成。

4个专项规划是大运河文化保护传承利用各专项领域工作的全局性、支撑性指引。其中的《大运河文化遗产保护传承专项规划》由国家文物局牵头完成，经充分征求意见，已于2020年7月1日印发。该规划将大运河沿线与其历史文化价值存在直接关联的超过1200处文物和非物质文化遗产代表性项目列为规划对象，提出了强化大运河文化遗产管理总体要求，文物和非物质文化遗产分类保护要求，制定了大运河遗产价值挖掘阐释和传承利用规划举措，以及规划实施的分阶段任务和目标。该规划近期的重点任务是组织和指导大运河沿线各地及相关专业机构，在总结国内外运河遗产、线性遗产保护经验基础上，针对大运河不同于一般文物的活态特性，凝练大运河保护理念，制定保护利用、监测管理相关标准规范；开展大运河文物、文化资源调查，建立健全文化遗产数据库、数字资源库和监测预警平台；编制或修订大运河相关保护规划，细化保护展示利用措施，明确空间管控指标要求；强化安全监管，推动文物执法督察由事后处罚向事前预警转变，全面提升大运河文物安全防护水平；开展大运河指导各地围绕国家文化公园建设，实施一批重要的大运河考古研究、保护修缮、博物馆建设等项目，提升保护展示利用水平。[1]

8个地方实施规划是各地推动大运河文化保护传承利用的具体实施依据，对《大运河文化保护传承利用规划纲要》《长城、大运河、长征国家文化公园建设方案》和4个专项规划的主要任务进行了细化分解，又立足地方实际、突出地方特色，明确了各地的发展定位、空间布局、建设目标、主要任务。

1.6.2 第一批国家级长城重要点段名单公布

2020年，文化和旅游部、国家文物局联合印发了《长城保护总体规划》[2]，确定了第一批国家级长城重要点段名单，涵盖秦汉长城12段/处，明长城54段/处，战国齐长城1段，战国楚长城1段，战国秦长城5段、战国燕长城2段、战国赵长城1段、战国魏长城1段、唐代戍堡及烽燧4处，金界壕遗址2段，共计83段/处。其中，列入《世界遗产名录》的长

---

① 国家文物局网站.大运河文化保护传承利用"四梁八柱"规划体系正式形成[EB/OL].http://www.ncha.gov.cn/art/2020/9/27/art_722_163245.html,2020-09-27/2021-07-10.

② 文化和旅游部，国家文物局.长城保护总体规划[EB/OL].http://www.gov.cn/zhengce/zhengceku/2019-12/09/5459721/files/683a92ff615c44788c5ccc378931d2c9.pdf,2021-07-10.

城组成部分——山海关、八达岭、嘉峪关均在重要点段名单之列。

国家级长城重要点段的保护管理要求全面落实保护责任，落实相关地方人民政府的主体责任、文物主管部门的监管责任和管理使用单位的直接责任；重点强化空间管控，除了严格保护文物本体，也不得破坏长城历史文化景观及周边生态环境；加强日常监管与监测，将技术巡查与人工巡查有机结合，加快推动国家级长城重要点段监测试点以及监测预警体系、安全防范系统建设，建立定期监测、反应性监测和定期报告制度；着力缓解消除险情，排除重大隐患，实施抢险加固，开展研究性保护；提升展示阐释水平，围绕长城国家公园建设总体目标，深入挖掘国家级长城重要点段的历史文化内涵，提升现有长城相关博物馆、陈列馆展示水平；加大指导督促力度，定期评估保护规划实施情况，组织专家开展抽查评估，酌情开展专项反应性监测。[①]

长城厚重的历史文化价值及其承载的爱国主义精神和抗战精神，不仅体现在个别点段，而是内化于整体意义上的长城，因此长城的管理、保护、展示、宣传教育、参观游览与研究等各项措施也需要按照"整体保护，分段管理"的要求进行科学统筹。国家级长城重要点段名单的公布和《长城保护总体规划》的出台体现出国家层面的统筹将成为实现该要求的有效途径。

1.6.3 丝绸之路项目30周年之际继续谋划扩展

2020年7月20日，纪念联合国教科文组织丝绸之路项目30周年研讨会以线上方式举办，曾参与丝绸之路考察活动的多位国内外专家学者出席会议并分享了他们的成果和认识。

"丝绸之路"最初是一个建构出来的概念，由19世纪德国地理学家李希霍芬创造，用于描述连接东西的商队线路。丝绸并不是商路上的唯一商品，大量的人造和自然产品都曾通过这些商路流通，更重要的是，这些路网也传播了思想、技术、宗教和艺术，促进了文明交流。而文明的和平交流正是联合国教科文组织所致力推动的。于是，1987年联合国教科文组织大会批准开展"对话之路：丝绸之路综合研究"项目。该项目启动后，受到沿线国家的欢迎，30余个国家围绕该主题开展过密切合作。

在丝绸之路综合研究项目的框架下，国际专家共组织了5次国际性考察：西安到喀什的沙漠丝绸之路（1990年）、威尼斯到大阪的海上丝绸之路（1990/1991年）、中亚草原丝绸

---

① 国家文物局网站.国家文物局关于印发第一批国家级长城重要点段名单的通知[EB/OL].http://www.ncha.gov.cn/art/2020/11/26/art_2318_44254.html,2020-11-24/2021-07-10.

之路（1991年）、蒙古阿尔泰游牧丝绸之路（1992年），以及尼泊尔的佛教丝绸之路（1995年）[①]。此后，联合国教科文组织、国际古迹遗址理事会、各国高校和科研机构持续开展主题研究，推动跨国联合申遗。

2014年，由中国、哈萨克斯坦、吉尔吉斯斯坦三国联合申报的"丝绸之路：长安—天山廊道的路网"列入《世界遗产名录》，开创了丝绸之路"廊道式"系列申报的先河，也成为我国第一项跨国世界文化遗产。此后，构成丝绸之路的其他路网廊道的申报工作也积极展开，并得到了我国的支持与参与。2020年12月11日，"丝绸之路传统文化保护开发利用国际产学研用合作研讨会"在西安举办。会上由西北大学发起成立了"丝绸之路文化遗产保护与传承联盟"，首批17个国家54家单位加入该联盟。

与此同时，2020年丝绸之路"南亚廊道"沿线西藏、青海、四川等地的考古调查工作持续推进，目前已陆续公布了一批调查结果，在青海、西藏等地有多处新发现的考古遗址。"南亚廊道"的价值研究工作也稳步推进，通过将国际主题研究和国内调查结果相结合，初步梳理出东、中、西三条主要线路，其中穿越喜马拉雅山脉的中线为该廊道鼎盛时期的主要线路，线路清晰，遗存研究基础较好。

在海上丝绸之路的研究和申报筹备过程中，我国也发挥了十分重要的作用。2020年，我国更新了国内海上丝绸之路遗产点的名单和主题研究报告，提出按照"交流活跃区"申报的概念。目前，各海丝申遗联盟城市正在按照《三年行动计划》（2019—2021年）推进筹备工作。

1.7 预备名单培育项目动态

2020年，云南普洱景迈山古茶林文化景观、北京中轴线、海上丝绸之路、西夏陵、江南水乡古镇、景德镇御窑遗址、万里茶道、钓鱼城遗址等预备名单项目继续推进，二里头遗址等也正在积极培育中。

在2019年第43届世界遗产大会上被要求补报的"古泉州（刺桐）史迹"，在国际古迹遗址理事会的指导帮助下，重新论述遗产价值、遴选遗产构成、划定遗产区和缓冲区边界，并更名为"泉州：宋元中国的世界海洋商贸中心"，调整后的申报项目遗产点增加至22处，缓冲区面积大幅增加。

[①] 丝绸之路项目数字档案.丝路考察的里程碑：教科文组织丝绸之路项目30周年纪念及数字档案启动[EB/OL]. https://iidos.cn/archivalBackground,2021-07-10.

1.7.1 云南普洱景迈山古茶林文化景观

位于云南省普洱市澜沧拉祜族自治县惠民镇的景迈山是著名的"六大"普洱茶山之一，山上生长的古茶林与生活在这里的布朗族和傣族等世居民族相生相伴，孕育了独特的茶文化景观。景迈山古茶林由5片规模宏大、保存完好的古茶林和分布其中的9个传统村落，以及古茶林之间3片分隔防护林组成。

目前，景迈山古茶林文化景观的申遗工作已进入冲刺阶段，完成了传统民居的挂牌保护，编制了修缮方案，实施了消防、安防、防雷工程，开展了遗产监测方案编制和展示工程设计等工作。

2021年2月2日，普洱市人民政府主要负责人在普洱市"两会"上的政府工作报告中提到，景迈山古茶林文化景观已被国务院批准为我国2022年正式申报世界文化遗产项目，申遗相关文本已经送交联合国教科文组织[①]。

1.7.2 北京中轴线

北京中轴线南起永定门，北至钟鼓楼，全长7.8千米，轴线之上既有恢宏的皇家建筑，也有古朴的民居四合院和重要的近现代建筑。2018年，北京中轴线申遗确定了14处遗产点，分别是永定门、先农坛、天坛、正阳门城楼及箭楼、毛主席纪念堂、人民英雄纪念碑、天安门广场、天安门、社稷坛、太庙、故宫、景山、万宁桥、鼓楼及钟楼。

2020年，党中央、国务院批复《首都功能核心区控制性详细规划（街区层面）（2018—2035年）》，提出"以中轴线申遗保护为抓手，带动重点文物、历史建筑腾退，强化文物保护和周边环境整治"。北京市文物局据此制定了《北京中轴线申遗保护三年行动计划》，行动计划按照工作内容分为价值阐释、保护管理、环境整治、公众参与、保障机制五大方面[②]。本年度，配合中轴线申遗开展了西城区北海医院和东天意市场降层改造项目。

1.7.3 海上丝绸之路

2020年，海上丝绸之路文化遗产申遗系列工作稳步推进。经过对海上丝绸之路地理特

---

① 央广网，引自经济日报.国务院批准景迈山古茶林文化景观2022年申遗[EB/OL].http://m.cnr.cn/chanjing/travel/20210204/t20210204_525407090.html2021-02-04/2021-07-10.

② 北京市文物局网站.《北京中轴线申遗保护三年行动计划》正式印发[EB/OL].http://wwj.beijing.gov.cn/bjww/362679/362680/482911/10871756/index.html,2020-09-22/2021-07-10.

征的深入分析，梳理了我国海上丝绸之路的空间分布，提出了环黄渤海、长江流域、东海及台湾海峡、南海四个主要交流活跃区，更准确地体现出我国海上丝绸之路的特点，进一步明晰了遗产点之间的关联性，形成新的海上丝绸之路中国体系主题研究报告。更新后的中国海上丝绸之路遗产点名单共包括56处遗产点和14处关联点，其中，澳门特别行政区的相关史迹点正式纳入新版名单。

2020年9月15日，海上丝绸之路保护与申遗城市联盟牵头城市广州成立海上丝绸之路（广州）文化遗产保护管理研究中心，加挂在广州市文物考古研究院之下，为进一步调动国内外专家资源、加强合作交流、推动海上丝绸之路保护和研究提供了平台依托。

2020年，各联盟城市动作频频。江苏黄泗浦开展海上丝绸之路申遗总体方案编制，广东广州开展三塔（莲花塔、琶洲塔、赤岗塔）规划工作方案编制，南海神庙及码头遗址标识系统深化设计与制作安装也在进行中。此外，广西合浦、福建福州等重要节点城市的海上丝绸之路相关方案和规划编制也已启动。

1.7.4　丝绸之路南亚廊道

2020年，丝绸之路南亚廊道项目稳步推进。受国家文物局委托，中国文化遗产研究院开展了主题研究，深化梳理了中国境内北线、中线、西线三条主要线路的时空框架与遗产特征，遴选了潜在遗产点，按照基础设施、生产设施和产物类遗存三大类别进行归类，并初步提出了突出普遍价值阐述。研究指出，丝绸之路南亚廊道的概念界定仍有待探讨，申遗策略需进一步明晰，以更好讲述丝路故事，表达中国在这条跨越喜马拉雅的路网中扮演的重要历史与现实角色。与此同时，沿线各地均开展了考古发掘和文物保护工作，为申遗夯实基础。

受疫情影响，2020年未能原按计划在中国举办第三届国际研讨会，但联合国教科文组织始终积极推动跨国研究合作与申遗进程。中国工作团队在尼泊尔等国也开展了部分遗产点的学术研究，为下一步联合申遗提供了路径借鉴。

1.7.5　万里茶道

万里茶道是继古代陆上丝绸之路衰落之后在欧亚大陆兴起的又一条重要的国际商道，全长1.4万千米，沿线文物遗存丰富。2013年，习近平总书记访问俄罗斯时高度评价万里茶道是联通中俄两国的"世纪动脉"；2016年，习近平总书记访问蒙古国时，提出推进丝绸之路经济带建设要与复兴万里茶道有机结合。2019年3月，万里茶道已正式列入《中国世界文化遗产预备名单》。

2020年12月10日，万里茶道联合申遗城市联席会议在武汉召开，会议通过了《万里茶道联合申报世界文化遗产城市联盟三年行动计划（2021—2023年）》《"万里茶道"八省（区）文物局申遗工作三年行动计划（2021—2023年）》，沿线节点城市政府代表签署了《万里茶道保护和联合申报世界文化遗产城市联盟章程》，正式成立"万里茶道保护和联合申报世界文化遗产城市联盟"，涉及沿线湖北、福建、江西、湖南、河南、山西、河北、内蒙古八个省（区）[①]。

---

① 国家文物局网站.万里茶道联合申遗城市联席会议暨万里茶道八省（区）文物局长申遗工作座谈会在武汉召开 [EB/OL].http://www.ncha.gov.cn/art/2020/12/11/art_1019_164870.html,2020-12-11/2021-07-10.

第2章
世界文化遗产事业国际形势

2020年，新冠肺炎疫情在全球范围内大规模传播，世界文化遗产工作受到了深远的影响，多国文化部部长共同呼吁疫情之下应给予文化事业更多支持。由于第44届世界遗产大会推迟召开，本年度没有新列入《世界遗产名录》的项目。国际交流与合作转向线上，在世界遗产城市计划、应对全球气候变化、将传统知识体系应用于遗产保护管理等方面取得新的进展。同时，对于新类型遗产——茶文化景观的研究，本年度取得阶段性成果。

2.1　疫情之下的国际世界遗产态势

2020年3月11日，世界卫生组织（WHO）正式宣布，新冠肺炎疫情的爆发已经构成一次全球性"大流行"（Pandemic）。由于我国疫情防控得力，国内此时已过峰值期，各项工作正逐步恢复。但全球范围新冠肺炎疫情控制情况却自三四月以来急转直下，全球遗产工作受到更加持久和深刻的影响。线上办公和线上会议成为新常态，国际组织和咨询机构主导的既有主题研究继续推进，但由于大量重要国际会议推迟或取消，导致研究成果的发布和实践受限。同时，由于国际人员流动中断，部分新申遗项目的专家现场评估环节推迟，影响项目进程。

2.1.1　约90%的缔约国一度关闭本国世界遗产

在2020年全球新冠肺炎疫情影响下，全球167个有世界遗产项目的缔约国都受到波及。在上半年疫情严重时期，119个国家关闭了本国全部世界遗产地，31个国家关闭了本国部分世界遗产地，仅17个国家保持本国世界遗产地完全开放，全部或部分关闭世界遗产地的国家占到拥有世界遗产的缔约国总数的近90%。教科文组织分别在2020年4月和10月统计过两次全球缔约国的世界遗产地开放情况，对比两次统计结果，一些遗产地在关闭后，已逐步重新开放（图2-1、图2-2）。

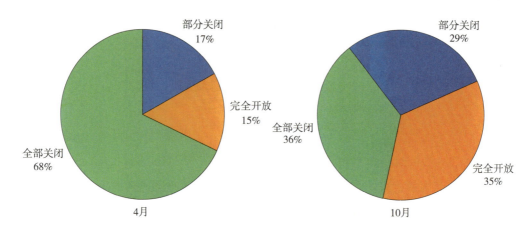

图2-1　2020年全球世界遗产地开放情况

（根据联合国教科文组织数据绘制[①]）

图2-2　2020年4月1日至2021年7月1日期间世界遗产地开放情况走势[②]

（数据来源于联合国教科文组织世界遗产中心）

---

① UNESCO Digital Library.海洋：扭转局面，正当其时[EB/OL].https://unesdoc.unesco.org/ark:/48223/pf0000375277_ chi?posInSet=10&queryId=c542ed35-1ee7-4680-beab-e7423949da0b,2021/2021-07-11.

② UNESCO.Monitoring World Heritage sites closures[DB/OL].https://en.unesco.org/covid19/cultureresponse/monitoring- world-heritage-site-closures,2021-07-12.

根据世界旅游组织（UNWTO）统计，2020年全球国际旅客量环比下降73%[①]，其中亚洲与太平洋地区变化最大（图2-3、图2-4）。而世界旅游收入的40%来自世界遗产地和博物馆，因疫情造成的关停对全球旅游业冲击巨大。疫情中，许多博物馆损失了75%-80%的收入，截至2020年末，95%的博物馆仍处在闭馆中，其中13%的博物馆可能永久关闭，19.2%的博物馆不确定能否重新开放。

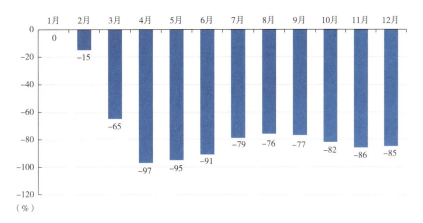

图2-3　2020年国际旅客环比下降情况

（根据世界旅游组织数据绘制[②]）

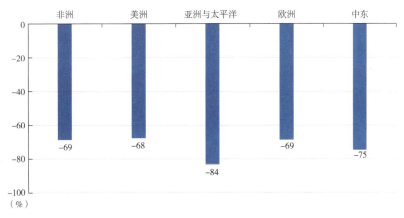

图2-4　2020年各地理文化区国际旅客环比下降情况

（根据世界旅游组织数据绘制[③]）

---

① UNWTO.INTER NATIONAL TOURISM AND COVID-19[EB/OL].https://www.unwto.org/international-tourism-and-covid-19,2021-09-29.说明：世界旅游组织数据实时动态更新，本报告展示的数据为当天查询结果。

② UNWTO.INTER NATIONAL TOURISM AND COVID-19[EB/OL].https://www.unwto.org/international-tourism-and-covid-19,2021-09-29.说明：世界旅游组织数据实时动态更新，本报告展示的数据为当天查询结果。

③ UNWTO.INTER NATIONAL TOURISM AND COVID-19[EB/OL].https://www.unwto.org/international-tourism-and-covid-19,2021-09-29.说明：世界旅游组织数据实时动态更新，本报告展示的数据为当天查询结果。

2.1.2 疫情之下的文化事业需要更多支持

伴随着国际旅行受限和世界遗产关闭，不少世界遗产地取消了传统节庆活动，与之密切相关的季节性工种受到严重影响，艺术家和文化创意类工作从业者首当其冲，此外，与遗产地相关的个体经营者和中小型企业也受到冲击。根据世界旅游业理事会（WTTC）统计，全球7,500万个旅游业岗位受到疫情威胁。

2020年3月29日，教科文组织文化助理总干事奥托内（Ernesto Ottone）发表题为《危难时刻，公众需要文化》的文章。文章指出："在这个数十亿人在空间上彼此分离的时期，文化将我们团结在一起。在这个令人焦虑和充满不确定性的时刻，文化提供了慰藉、鼓舞和希望"①。

2020年4月20日，130名各国文化部部长或副部长出席教科文组织线上会议，呼吁增强对疫情之下文化事业的支持。会议认为，疫情在短期内影响了公众接触文化资源，作为应对措施，各国急需在疫情中和疫情后确保对文化事业的支持，否则这种短期影响会演变成冲击整个文化生态的长期影响②。

2.1.3 线上遗产教学方式尚不足以取代实践

新冠肺炎疫情对遗产事业的影响不仅局限于当下。2020年4月，国际文化财产保护与修复研究中心（ICCROM）启动了一项关于新冠肺炎疫情对遗产教学影响的研究。来自可移动文物、不可移动文物、非物质文化遗产、预防性保护、科技保护、遗产理论、历史和管理学科领域的117人参与了调查。

调查结果显示，在疫情之前的遗产教学中，90%的教师采用面对面讲座的方式授课，72%的教师采用现场实践形式，69%的教师采用小组作业形式，40%的教师采用实验室教学方式，仅8%的教师采用线上教学。而疫情最严重的时期，几乎全部授课活动都转移到线上远程进行，仅有10%的教师认为能够充分应对该转变。

累计75%的受访者认为线上遗产教学有助于提升学生的创新和适应能力，有助于接触到更多的文献资源，有助于节省时间和经济成本。但线上教学不利于动手实践，对于材料和技术的教学将受限，人际交流的机会也大大减少。

参与调查的教师们认为，虽然大部分遗产保护知识不需要面对面传授，但线上模式不利于开展教学所需的实践训练，交流和实时反馈也受限。在遗产教学领域，赴遗产地开展观摩、实

---

① UNESCO奥托内.危难时刻，公众需要文化[EB/OL].https://zh.unesco.org/news/wei-nan-shi-ke-gong-zhong-xu-yao-wen-hua,2021-07-12.

② WHC.World HeritageN.95[EB/OL].https://en.calameo.com/read/0033299728da57f479a93,2021-07-12.

践和感知是必不可少的教学内容，与不同的利益相关者交流也是线上教学无法取代的。较之遗产理论和可移动文物的学习，不可移动文物和文化景观类遗产的教学受到疫情的影响更大。

2.1.4　不断丰富的"分享文化"

疫情期间，很多公众无法实地前往世界遗产地，国际文化财产保护与修复研究中心呼吁遗产地、博物馆、档案馆以创新的方式架起遗产与公众之间的桥梁，同时提供了一项"四步走"方案：第一步，将遗产资源数字化，通过照片、声音、视频、全景影像、三维模型进行表现；第二步，通过线上和线下相结合的方式，向公众提供接触这些数字化资源的渠道，这视受众的需求和当地是否能够接入互联网而定；第三步，促进遗产与公众的联系，让公众知晓哪些资源是他们可以远程获取、使用和用于创作的；第四步，定期监测和更新数字化资源。[①]

为使更多公众接触到遗产资源，教科文组织发起了"分享我们的遗产"活动，以提升文化资源的可获取性，分享的对象既包括世界遗产地，也包括非物质文化遗产实践。谷歌文化与艺术成为该活动的资源发布平台之一，包括韩国济州火山岛和熔岩洞窟在内的一些遗产地管理者参与了资源制作与分享，这些遗产资源通过专业渠道和社交媒体发布后，普通公众足不出户即可获取。公众在发布自己的分享内容和二次转发他人分享内容时，为内容增加"分享文化"标签，实现话题归类，进而让更多关注该话题的公众看到，实现下沉至受众群体间的分享传播。[②]

2.2　世界遗产大会筹备过程中的适应性调整

受新冠肺炎疫情影响，原定于2020年在中国福州举办的世界遗产委员会常规会议——世界遗产大会未能如期召开，这是自1977年首届世界遗产大会以来，第一次因不可抗力全年中断并推迟的常规会议。

2.2.1　暂停《世界遗产委员会议事规程》第2.1项要求体现对规则的尊重

《世界遗产委员会议事规程》（Rules of Procedure of the World Heritage Committee）是指导世界遗产行政体系运行的重要文件之一，其中第2.1项规定"委员会成员每年至少在常规会

---

① ICCROM.Remote Access to Cultural Heritage During COVID-19[EB/OL].https://www.iccrom.org/news/remote-access-cultural-heritage during-covid-19,2021-05-17/2021-07-12.

② UNESCO.教科文组织带你足不出户探索世界遗产[EB/OL].https://zh.unesco.org/news/jiao-ke-wen-zu-zhi-dai-zu-bu-chu-hu-tan-suo-shi-jie-yi-chan,2021-07-12.

议中会晤一次[①]"。

根据第35届世界遗产大会期间通过的决议，世界遗产委员会每两年会晤三次，其中：

> 偶数年，在大会举办国会晤，议程包括：审议报告、预算、新申报项目和保护状况报告；
>
> 奇数年，在大会举办国会晤，议程包括：审议报告、预算、新申报项目和保护状况报告；
>
> 奇数年，在教科文总部缔约国大会后会晤，议程包括：策略和政策问题，如果有必要，还将处理需要紧急审议的保护状况报告。

2020年4月15日，第44届世界遗产大会筹备委员会办公室发布公告，表示根据当前全球疫情态势，世界遗产委员会主席团一致决定推迟举办第44届世界遗产大会。新的会期将由有关方面另行商定后发布。而在等待数月后，全球疫情态势仍不见好转，筹备委员会不得不在11月2日举行的线上非常规会议上决定，取消当年的会晤，即暂停《世界遗产委员会议事规程》第2.1项要求。这是会议推迟已成定数的情况下不得已做出的决定，是一种临时措施，虽然属于由果及因的追溯，但反映出世界遗产严密的运行逻辑和对规则的尊重。

2020年是偶数年，会议推迟只影响常规的报告审议和项目申报，未对世界遗产政策发布造成明显影响。

2.2.2 仅适用于第44届世界遗产大会的临时变化

2020年11月2日，世界遗产委员会以线上形式召开了第14届非常规会议，围绕第44届世界遗产大会的延期问题通过了一些临时性措施[②]。这些变化在大会召开历史上尚属首次。

（1）会期和形式变化

第44届世界遗产大会将在2021年7月16日至31日（除7月20日外），北京时间每晚17:30至21:30线上举行。本届大会的召开时间没有选择在通常的6月底至7月初，而是定于7月中下旬。为了尽可能照顾到全球的参会代表，考虑到时差问题，会议时间定在北京时间17:30至21:30召开，缩短每日的议事时长，同时延长会期。线上会议也将直接影响委员国的议事和表决方式，需要通过技术手段弥合空间距离带来的不便。

---

① WHC.RULES OF PROCEDURE, 2015-07-05/2021-07-11.

② 2021年3月29日，世界遗产委员会以线上形式召开了第15届非常规会议，细化了相关措施。

（2）不作为未来的参照

会议主席强调，第44届世界遗产大会的变化是为应对突发的新冠肺炎疫情而采取的临时措施，不应作为先例延续到此后的大会。同时，尽管其他公约机构也采取了应对措施，但相关措施不一定能够适用于《世界遗产公约》体系。至大会召开前，筹备工作仍充满不确定性。

（3）两年的新申报项目同台亮相

由于第44届世界遗产大会推迟一年举办，大会将审议2020年的全部新申报项目和2021年的部分新申报项目。受新冠肺炎疫情影响，部分项目的现场考察工作未能如期开展，进而无法在大会期间接受审查，对于此类项目的审议将推迟至2022年。

（4）将2021年的议题纳入讨论

经世界遗产中心主任梅希蒂尔德·罗斯勒（Mechtild Rössler）在非常规会议上提议，以下议题也将纳入第44届世界遗产大会讨论：

《世界遗产公约》与可持续发展；

非洲地区第三轮定期报告结果；

第二轮定期报告后行动计划的实施进展报告。

（5）宽限时间但要保证质量

考虑到第44届世界遗产大会期间需审议的内容较多，同时议事时间有限，为提高议事效率，对无异议的保护状况报告将不经审议直接通过。在此前的报告编制环节，咨询机构给予缔约国比原定提交日期更加宽限的时间，以确保报告质量。

2.3　世界遗产框架下的重要议题研究

2020年，世界遗产框架下重要议题的讨论和研究持续开展，重点在于整合既有项目资源和寻求解决问题的方案。世界遗产城市计划框架下举行的"世界遗产城市实验室"研讨会提出了疫情之下增强城市复原力的方案，澳大利亚詹姆斯·库克大学研究人员与国际古迹遗址理事会（ICOMOS）合作提出了评估世界遗产价值和遗产社区对气候变化易感度的方法——气候脆弱指数。亚洲、非洲国家和地区聚焦将传统知识体系应用于遗产保护管理。

2.3.1 世界遗产城市计划

世界遗产城市计划是世界遗产委员会批准并监管的六项专题计划之一，旨在支持相关遗产地的保护和管理工作，不论是以城市、城区、建筑单体、文化景观还是混合遗产的名义列入《世界遗产名录》，也不论其突出普遍价值论述是怎样的，只要满足以下特征，就可以纳入该计划的工作范围[①]：

由大面积/重要/代表性城区以及整座城市构成的世界遗产；

以仍然活态在用的当代聚落为背景，融入生活与城市的世界遗产。可以是城区，或城市内和城市周边的露天区域、街道、市场和居民区的历史建筑群；

包含文化景观类世界遗产的城市。

截至2020年，全球适用于世界遗产城市计划的项目共313项（图2-5）。其中我国的世界文化遗产包括拉萨布达拉宫历史建筑群、开平碉楼与村落、澳门历史城区、"鼓浪屿：历

图2-5 适用于世界遗产城市计划的世界遗产项目

（图片来源于世界遗产中心）

---

① WHC.World Heritage Cities Programme[EB/OL].https://whc.unesco.org/en/cities/,2021-07-12.

史国际社区"、"皖南古村落 – 西递、宏村"、苏州古典园林、北京皇家园林 – 颐和园、明清故宫（北京故宫、沈阳故宫）和"高句丽王城、王陵及贵族墓葬"。

2020年6月17日至26日，世界遗产中心在世界遗产城市计划框架下举行了首次"世界遗产城市实验室"研讨会，研究和评估城市语境中的世界遗产保护管理问题。研讨会吸引了来自超过35个国家的70余名专家参与。这是继2011年教科文组织发布《关于历史性城镇景观的建议书》（UNESCO Recommendation on Historic Urban Landscape）之后，对城市遗产保护管理实践中遇到的问题和挑战的再次梳理回顾。

新冠肺炎疫情让人们关注到城市的脆弱性。"世界遗产城市实验室"围绕地方社区福祉、地方经济发展战略中的遗产、城市基础设施与历史城市背景再探讨等内容展开研究，以期让城市更加强大、可持续、复原力更强，让城市与其历史和景观更加紧密地联结起来[1]。

经过讨论，与会代表提出了提升城市复原力的五种途径[2]：

（1）以人为中心的复原

社区福祉是核心关注点；遗产具有公益属性；健全遗产治理是关键；社区对遗产管理而言是关键；承认社区节庆活动的作用；建立与遗产相关的非物质实践清单；遗产工作中一定要融入可持续理念；工作重心从城市形态的保存转向当地居民生活水平的提升。

（2）绿色复原

在城市中加入公园和绿色空间；升级已有的基础设施；公共空间对于历史城市中的社区生活至关重要；城市农业和食物生产；保护工作中要考虑自然环境。

（3）经济公平的复原

地方经济是实现遗产保护的核心要素；以非传统方式筹集资金；经济援助和免税；经济多样化。

（4）恢复空间和基础设施

重新考虑交通方式；重新考虑土地利用方式；重新考虑城市基础设施；支持适应性再利用；在城市发展中使用传统材料和技术；采取《关于历史性城镇景观的建议书》的工作方法。

---

[1]　WHC.UNESCO's World Heritage City Lab[EB/OL].https://whc.unesco.org/en/news/2130,2020–07–06/2021–07–12.

[2]　WHC.WORLD HERITAGE CITY LAB Summary Outcomes[EB/OL].WORLDHERITAGECITYLABSummaryOutcomes,2021–07–12.

（5）数字化的复原

创建具有地方属性的线上公共空间；打造线上商城支持地方手工艺；建立数字旅游平台；研究是关键。

目前，"世界遗产城市实验室"暂时没有形成纲领性文件，而是作为一种交流机制，将现有的联合国框架下各体系和各地区的资源整合起来，解决实践中遇到的问题。目前，联合国框架下与世界遗产城市相关的文件和平台资源包括：侧重世界遗产语境下城市的世界遗产城市计划和《关于历史性城镇景观的建议书》[①]；侧重2030年可持续发展目标语境下城市的《新城市议程》及其平台[②]。此外，还有融合城市其他方面工作的教科文城市平台[③]。

2020年，澳门加入世界遗产城市组织，成为继苏州和都江堰之后，我国第三个加入该组织的会员城市。世界遗产城市组织是国际性的非营利和非政府组织，于1993年成立，旨为促进《世界遗产公约》的实施，鼓励各遗产城市在文化遗产保护和管理方面的经验交流，进一步加强各遗产城市间在世界遗产保护方面的合作。

2.3.2 气候脆弱指数

根据联合国环境规划署《2019年排放差距报告》显示，预计到2100年，全球气温可能上升3.2℃，这将超过《巴黎协定》设置的控制值（上升2℃）[④]。气候变化对世界遗产的威胁与日俱增，不仅影响到自然遗产，也影响到混合遗产和文化遗产。为评估世界遗产受气候变化影响的敏感程度，澳大利亚詹姆斯·库克大学研究人员与国际古迹遗址理事会合作，针对气候变化问题提出了气候脆弱指数（Climate Vulnerability Index）（图2-6）。

气候脆弱指数专门基于气候变化对世界遗产的影响而进行设计，包含突出普遍价值脆弱性和社区脆弱性两个指标，适用于各种类型的世界遗产，已在西澳大利亚鲨鱼湾和苏格兰奥克尼新石器时代遗址等世界遗产地开展过试验。

---

① UNESCO.关于历史性城镇景观的建议书[EB/OL].https://www.wochmoc.org.cn/home/upload/file/201908/1565234771931041377.pdf,2021-07-12.

② UNHABITAT.新城市议程[EB/OL].https://www.urbanagendaplatform.org/about,2021-07-12.

③ UNESCO.UNESCO for Sustainable Cities[EB/OL].https://en.unesco.org/unesco-for-sustainable-cities?&utm_source=CLT-WHC&utm_medium=email&utm_term=whc&utm_content=whc-information&utm_campaign=whc-information-may-en-20200504,2021-07-12.

④ 《巴黎协定》由197个国家于2015年12月12日在巴黎通过，旨在大幅减少全球温室气体排放，将本世纪全球气温升幅限制在2℃以内，同时寻求将气温升幅进一步限制在1.5℃以内的措施。转引自UNEP.2019年排放差距报告[EB/OL].https://www.unep.org/interactive/emissions-gap-report/2019/report_zh-hans.php,2021-07-12.

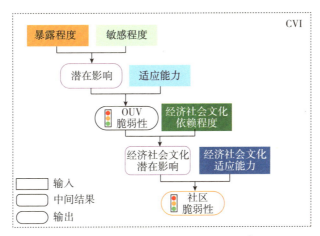

图2-6　气候脆弱指数评估路径图①

（根据项目技术路线图译制）

2020年，在教科文组织海洋遗产项目组织的一次线上培训会上，气候脆弱指数的开发者向来自50项海洋遗产的管理者介绍了该评估工具②。

2.3.3　传统知识体系应用于遗产保护管理

在现代遗产保护的语境下，传统知识体系曾一度受到忽视，近20余年遗产工作者逐渐意识到传统实践对遗产，尤其是对亚洲和非洲地区遗产的保护管理有着重要贡献。2005年，有关传统知识体系的表述也首次出现在《实施〈世界遗产公约〉的操作指南》（简称《操作指南》）中。此后，国际文化财产保护与修复研究中心致力于在活态遗产中推行传统知识体系做法（2003—2010年）和以人为本的做法（2013年至今）。

2020年，国际文化财产保护与修复研究中心发布了新一期"传统知识体系与亚洲遗产保护管理"的会议文件③，这是自2015年以来的第三期，旨在探索、研究和讨论亚洲地区能够有效用于遗产保护管理的关键主题；制定与这些关键主题相关的政策指南和准则文件；助力亚洲地区的能力建设。

传统知识体系通常由社区自发形成，因此它可以帮助遗产保护管理者更好地理解遗产

---

① JCU.CLIMATE VULNERABILITY INDEX[EB/OL].https://www.jcu.edu.au/__data/assets/pdf_file/0003/867054/Climate-Vulnerability-Index-flyer_web2.pdf,2021-07-12.

② UNESCO.How marine World Heritage sites successfully assess climate vulnerability[EB/OL].https://whc.unesco.org/en/news/2225,2021-07-12.

③ ICCROM.Traditional Knowledge Systems and the conservation and management of Asia's heritage[EB/OL].https://www.iccrom.org/sites/default/files/publications/2020-10/traditional-knowledge-systems.pdf,2021-07-12.

与社区的关系，以及了解遗产本身。它还有助于弥合物质与非物质间的鸿沟，将文化遗产与其所处的自然环境联系起来。

传统知识体系不论是对遗产从业者还是遗产所在地社区都有益处，特别是对后者而言，可以促进社区获得更大的内生动力、提升社会复原力、培养当地民众的认同感和社会凝聚力、强化代际联系、避免和解决冲突、促进就业、增加收入并提升社会福祉。最重要的是，传统知识体系可以使遗产获得更强的抵御灾害风险的能力，在灾前准备、灾时响应和灾后恢复方面体现出更好的效率和效果。

传统知识体系的传承主要是通过口头传播和实践传播，因此在探究和传承传统经验做法时，最直接的方法是让经验丰富的人与年轻人一同工作，在实践中口传心授。传统知识体系蕴含在书籍、铭文、宗教文献和其他文本和插图中，也有一些通过现代记录手段，例如用声音和图像档案保留下来，在没有其他记录的地方，建筑工程、工艺品、文化景观和农业景观等也体现着传统知识体系。识别它们有助于深入理解遗产的价值，在某些情况下，甚至可以将它们纳入法律框架，以便通过法定方式承认它们对遗产管理的历史贡献。

上述会议文件的案例部分将武当山古建筑群形成于明代的管理体系与今日的世界遗产管理体系进行了对比。文件指出传统管理体系中的很多特征有助于改善当下的管理水平，例如对于山岳神圣价值的保护、整体管理措施、有助于可持续发展的弹性管理措施等。文件认为，传统管理体系本身也是遗产文化价值的一部分，在保护中融入传统管理体系的经验做法也有助于维护遗产的真实性[①]。

2.4　关于新遗产类型的探讨

"文化景观"自1992年引入世界遗产范畴以来，已逐渐成为世界遗产工作者关注的热点类型，其中的农业遗产作为一种典型的有机演进型活态文化景观，对它的价值研究、认定和保护推动了全人类对生存环境可持续发展的整体思考。[②]

茶、葡萄酒和咖啡是当今世界最受欢迎的三大饮品。1999年，法国"圣艾米伦区"葡萄园列入《世界遗产名录》，成为世界遗产中首个葡萄酒文化景观，此后国际古迹遗址理事会于2001年推动出版了《〈世界遗产公约〉框架下的葡萄酒文化景观主题研究》，葡萄

---

① ICCROM.Traditional Knowledge Systems and the conservation and management of Asia's heritage[EB/OL].https://www.iccrom.org/sites/default/files/publications/2020-10/traditional-knowledge-systems.pdf,2021-07-12.
② 中国古迹遗址保护协会,普洱景迈山古茶林保护管理局编.茶文化景观保护研究和可持续发展国际学术研讨会论文集[M].江苏:江苏凤凰文艺出版社,2020.

酒文化景观集中的欧洲地区也于2013年发布了《葡萄酒文化景观保护与提升的欧洲行动纲领》①，从价值研究到申报管理，形成了较为齐备的体系。至今已有约20项葡萄酒文化景观列入《世界遗产名录》。咖啡文化景观也有2000年成为世界遗产的"古巴东南第一个咖啡种植园考古风景区"和2011年成为世界遗产的"哥伦比亚咖啡文化景观"等。唯有茶文化景观目前在《世界遗产名录》中仍缺乏代表项目。

近年来，国际古迹遗址理事会积极推动亚洲茶文化景观的主题研究，中国专家参与编写了中国部分的报告，对于该主题的研究贡献了中国智慧。相关成果汇集在2020年出版的《茶文化景观保护研究和可持续发展国际学术研讨会论文集》中。

中国的茶种植历史悠久，早在公元前1世纪，巴蜀和长江流域就已经出现茶叶种植和贸易活动，并被赋予了药用、饮用、祭祀等功能。8世纪后，中国的茶叶种植快速发展，逐渐融入普通中国人的日常生活。如今，中国主要的茶产区分为西南、华南、江南和江北四个区域。围绕着制茶、饮茶、贩茶出现了与茶有关的制度、税法、工艺和文化，甚至与宗教产生了密切的关联。通过商品贸易和人员交流活动，茶从中国逐步引种到包括日本、印度、肯尼亚在内的全球60多个国家和地区。中国拥有丰富多彩的茶文化景观，对世界茶文化的发展贡献颇丰，在未来茶文化景观申报和研究中，中国也可以继续发挥带动和引领作用，贡献更多的中国智慧和中国经验。

---

① VITOUR.EUROPEAN GUIDELINES FOR WINE CULTURAL LANDSCAPE PRESERVATION AND ENHANCEMENT[EB/OL].http://openarchive.icomos.org/id/eprint/1648/2/VITOUR_guide_EN.pdf,2021-07-12.

第3章
中国世界文化遗产地保护管理状况分析

本章将从承诺事项履行、机构与能力建设、遗产本体保存、遗产影响因素、保护项目及相关研究、舆情监测六个方面分析2020年我国世界文化遗产地保护管理状况。

3.1 承诺事项履行

2020年，我国世界文化遗产[①]承诺事项[②]总体履行状况较好，99.37%的承诺事项处于已完成和正在履行状态，其中已完成承诺事项占比相较2019年有所增长。2020年，新完成承诺事项5项，非正常履行的4项承诺正在积极推动中。

3.1.1 总体情况

截至2020年底，我国41项世界文化遗产共有承诺673项[③]。从承诺来源看，54.98%来源于申遗文本及申遗补充文件，45.02%来源于联合国教科文组织世界遗产委员会大会决议。从承诺内容看，重点具体承诺[④]占比36%，一般具体承诺[⑤]占比21.8%，常规承诺[⑥]占比42.2%。

[①] 本文所说的世界文化遗产均含世界文化和自然混合遗产中的文化遗产部分。

[②] 承诺事项是指通过联合国教科文组织世界遗产委员会审核的申遗文本、申遗补充材料以及大会决议等材料中涉及的遗产地承诺完成的各项工作。

[③] 数据来源于2020年中国世界文化遗产监测预警总平台基础数据库中的承诺数据。2020年，中国世界文化遗产中心对承诺事项进行了优化整理，包括合并不同文件中多次出现的同一承诺事项等，承诺事项总数调整为673项。

[④] 重点具体承诺指需要限时实施的或者对保护管理工作非常重要的具体事项，如提交保护状况报告，编制、修订、实施保护管理规划，调整缓冲区范围，提交建设项目影响评估报告，建立或加强监测体系等。

[⑤] 一般具体承诺指需要实施的一般具体事项，如新建或改建保护管理机构、开放展示空间、调整道路交通等。

[⑥] 常规承诺指日常保护管理工作需要长期遵守的原则类、要求类事项，如加强保护与研究、加强展示与宣传、加强部门管理与协调等。

（1）99.37%的承诺事项正常履行

2020年，受新冠肺炎疫情影响，原定于7月在我国福州举行的联合国教科文组织世界遗产委员会第44届会议推迟至2021年，因此本年度未新增承诺事项。根据遗产地提交的2020年监测年度报告[①]显示，39项遗产、108处遗产地涉及的630项承诺事项中，已完成197项，占比31.27%；正在履行429项，占比68.1%；非正常履行4项，占比0.63%，涉及3项遗产。总体看来，2020年，99.37%的承诺事项正常履行（含已完成和正在履行），整体履行情况较好（图3-1）。

图3-1　2015—2020年我国世界文化遗产承诺事项的履行情况

（2）非正常履行的承诺占比总体呈下降趋势

近六年数据显示，我国世界文化遗产正常履行的承诺事项占比保持在95%左右，非正常履行的占比总体呈下降趋势，表明我国绝大部分遗产地持续按照世界遗产委员会要求，切实履行《世界遗产公约》责任和义务，积极保护和传承遗产突出普遍价值。

---

① 本报告的主要数据来自我国世界文化遗产保护管理机构/监测机构提交的《中国世界文化遗产2020年度监测年度报告》，共计108份，涉及39项遗产、108处遗产地。因拉萨布达拉宫历史建筑群－大昭寺、泰山、武夷山－武夷山景区未提交2020年监测年度报告，所以本报告中绝大部分的统计结果不含以上3处遗产地，同时也不含澳门历史城区。个别指标除外。

3.1.2 新完成的承诺事项情况

（1）本年度新完成5项承诺

2020年，新完成5项承诺事项，涉及承德避暑山庄及其周围寺庙、丝绸之路、"鼓浪屿：历史国际社区"、良渚古城遗址4项遗产（表3-1）。

表3-1 2020年新完成的承诺事项情况

序号	遗产名称	承诺事项来源	承诺事项具体内容
1	承德避暑山庄及其周围寺庙	申遗文本	坚持"抢救为主，保护第一"的原则，在实施两个十年整修规划的基础上，制定中、长期整修规划，有计划地开展修复工作
2	丝绸之路	申遗补充材料	2015—2020年主要任务：围绕国际技术咨询和支持事宜开展交流
			2015—2020年主要任务：开展中亚合作考古
3	鼓浪屿：历史国际社区	申遗补充材料	鼓浪屿管理委员会正在研究将一部分门票收入补偿鼓浪屿本地居民的可能性
4	良渚古城遗址	申遗补充材料	对过境交通，如穿越02地块的岗公岭（GB01）和03-1地块的狮子山（DC-DB01）的104国道，采取绿化遮蔽等有效措施，提升提名遗产的视觉完整性

（2）丝绸之路中亚合作考古取得阶段性成果

丝绸之路的申遗补充材料中提到"2015—2020年的主要任务之一为开展中亚合作考古"，为了顺利完成这项承诺，以中国社会科学院考古研究所、西北大学、中国人民大学为代表的高校和科研院所，在"一带一路"倡议的引领和带动下，近几年积极开展了中亚合作考古相关工作。2015—2019年，由西北大学与乌兹别克斯坦共和国科学院考古研究所组建的中乌联合考古队[①]，在包括乌兹别克斯坦撒马尔罕州、卡什卡达利亚州和苏尔汉达利亚州在内的西天山地区进行了连续多次的系统考古调查。由西北大学与塔吉克斯坦共和国科学院历史、考古与民族研究所组建的中塔联合考古队在塔吉克斯坦吉萨尔盆地、瓦赫什盆地、卡菲尔尼甘河流域进行了连续多次的考古调查。在合作考古工作中，考古队先后发掘了苏尔汉达利亚州拜松市拉巴特遗址，初步确认了西迁中亚后的古代月氏文化的特征和分

---

① 2013年12月，在陕西省政府支持下，西北大学与乌兹别克斯坦共和国科学院考古研究所签署合作协议，双方组成中乌联合考古队。

布范围，并调查/发掘了塔吉克斯坦西南部贝希肯特谷地、苏尔汉河州乌尊市的谢尔哈拉卡特和德尔康墓地等地。2019年，"中乌联合考古成果展——月氏与康居的考古发现"在乌兹别克斯坦国家历史博物馆展出。2020年，由西北大学与故宫博物院联合主办的"绝域苍茫万里行——丝绸之路（乌兹别克斯坦段）考古成果展"在故宫博物院举办[①]。这些工作的开展，标志着2015—2020年中亚考古工作取得了阶段性成果，较好完成了申遗补充材料中的承诺（图3-2）。

图3-2 中乌联合考古队在拉巴特墓地发掘现场

（图片来源于西北大学中亚考古队）

（3）承德避暑山庄及其周围寺庙完成制定遗产中、长期整修计划的承诺

承德避暑山庄及其周围寺庙自1976年以来，在实施了两个十年整修规划的基础上，通过编制《承德避暑山庄及周围寺庙文物保护总体规划》，制定了遗产的中、长期整修计划，确保了修复工作有序开展，完成了申遗文本中有关制定中、长期整修规划的承诺。

（4）"鼓浪屿：历史国际社区"积极开展社区共享遗产保护成果的履约工作

"鼓浪屿：历史国际社区"在社区共享遗产保护成果方面积极开展了履约工作。按照申

---

① 中亚服务中心.丝绸之路文化交流：西北大学中亚考古10年 | 用文物和遗迹还原丝绸之路真实历史 [EB/OL].
http://zykjfwz.com/index.php?m=content&c=index&a=show&catid=877&id=1064,2019-06-20/2021-09-29.

遗补充材料中"将一部分门票收入补偿鼓浪屿本地居民的可能性"的要求，"鼓浪屿：历史国际社区"根据当地社区实际生产生活需要，于2020年制定、完善了本岛居民过渡免费、国有景点免费、燃气运费补贴、家政服务差价补贴、平价新鲜超市（给予企业补贴）、开办鼓浪屿街道老人服务中心、"三无"老人免费用餐等措施，完成了申遗补充材料提及的承诺。

（5）良渚古城遗址完成道路环境整治相关工作

良渚古城遗址的申遗补充材料中提及"对过境交通，如穿越02地块的岗公岭（GB01）和03-1地块的狮子山（DC-DB01）的104国道，采取绿化遮蔽等有效措施，提升提名遗产的视觉完整性"的承诺。2020年，良渚古城遗址通过实施"美丽公路"项目，对104国道彭公至西安寺段沿线绿化13.5万平方米、绿道283米进行了整体提升改造，有效减轻了道路交通对遗址的视觉影响，提升了该区域的视觉完整性，完成了申遗补充材料提及的承诺（图3-3）。

图3-3　良渚古城遗址104国道彭公至西安寺段沿线整体提升改造后
（图片来源于杭州良渚古城遗址世界遗产监测管理中心）

3.1.3　非正常履行的承诺事项情况

2020年，非正常履行承诺4项，涉及3项遗产，分别为殷墟、北京皇家祭坛－天坛、大运河（表3-2）。其中，殷墟保护范围内村庄搬迁的承诺事项原计划2010年实施完成，因涉及的利益相关者较多，协调难度较大，进展较为缓慢。近期，通过各方努力，安阳市人民政府已制定了小屯村实施整体搬迁计划，具体拆迁安置工作已纳入《殷墟国家考古遗址公园规划》的近期项目（2019—2021年）中，承诺履行取得积极进展。根据申遗补充材料，天坛保护区内的局部现代建筑应于2000年之前予以拆除，截至目前已完成机械厂区域改造、周边部分简易楼的腾退工作，其他现代建筑的腾退和拆除工作已纳入市重点工作中。

表3-2　处于非正常履行状态的承诺事项（截至2020年）

遗产名称	承诺事项来源	承诺完成时间	承诺事项具体内容
殷墟	申遗补充材料	2010-12	按照河南省政府 2003年公布的《安阳殷墟保护总体规划》，当地政府将在2010年前把殷墟申报保护范围内的小屯村整体迁出
			按照河南省政府 2003年公布的《安阳殷墟保护总体规划》，当地政府将在2010 年前把殷墟申报保护范围内的花园庄整体迁出
北京皇家祭坛－天坛	申遗补充材料	2000-12	根据相关规定，将保护和建设范围划为三级。第一级为核心保护区，即目前的天坛公园，包括庙宇、古建筑、树木及整体原貌；保护区内不得兴建现代建筑；根据保护规划，保护区内的现代建筑应于2000年之前予以拆除，其中主要涉及商业建筑；保护区内只允许实施绿化工程和防火道路的建设
大运河	申遗文本	2013-12	中国政府将于2013年对省级规划划定的建设控制地带界线进行微调，使之包含所有缓冲区

3.2　机构与能力建设

主要受文旅机构改革和事业单位改革的影响，2020年，17处遗产地的保护管理机构发生了变化，其中4个机构的行政级别得到提升；从业人员同比下降8.27%，其中专业技术人员占比仅三成左右，与相关政策文件要求仍有一定差距；本年度新颁布6项地方性法规和规章，截至2020年底我国世界文化遗产地方法规和规章覆盖率已达八成以上，遗产保护法律体系得到完善；受新冠肺炎疫情影响，2020年线上培训次数大幅增加，旅游、疫情、政策法规相关的培训规模增长明显；保护经费5年来首次下跌，人员公用和环境整治仍是经费投入最多的类型，从遗产类型看，"古村落、历史城镇和中心"类遗产的平均保护经费最低，古遗址及古墓葬和石窟寺及石刻类遗产的监测经费投入相对较少。

3.2.1　保护管理机构

（1）保护管理机构全覆盖且类型各具特点

截至2020年，39项遗产、108处遗产地共有138个保护管理机构。结合遗产保护需求以及当地管理体制，遗产所在地设置了不同类型的保护管理机构。从保护管理机构的数量来看，95处（87.96%）遗产地为单个机构管理，其中43处为管理处/管理所/管理局等机构，11处为研究院/研究所机构，8处为博物馆/博物院机构，16处为政府派出机构——管委会，17处为市/县级文物局直接管理；另有13处（12.04%）遗产地为多个机构共同管理，如龙门石窟由龙门石窟研究院和龙门石窟世界文化遗产园区管理委员会共同管理；承德避暑山庄及其周围寺庙由承德市避暑山庄管理中心、承德市避暑山庄博物馆、承德市外八庙管理中心、普宁寺管理中心等多个机构共同管理。多机构管理有利于发挥不同机构之间的资源优势，但也给机构之间的协调工作带来了挑战。从行政级别来看，68处（62.96%）遗产地保护管理机构为处级（含副处）及以上，其中有11处为厅（局）级，行政级别越高原则上越有利于与相关机构和地区协调。

（2）17处遗产地的保护管理机构发生变化，其中4处行政级别得到提升

2020年，17处（15.74%）遗产地的保护管理机构相较2019年发生了变化（表3-3），较去年减少14.82%。本年度，大足石刻研究院由正处级提升为副厅级、城固县张骞纪念馆由副科级提升为正科级；殷墟更换成新组建的机构——安阳殷墟世界文化遗产保护管理委员会，行政级别由副处级提升为正处级；4处遗产地的机构与其他机构进行了合并，其中卫河（永济渠）滑县段的机构合并后行政级别由正科级提升为副处级；7处遗产地的机构名称发生变化；3处遗产地的机构经费来源发生变化。

表3-3　2020年保护管理机构变化情况

序号	遗产名称	变化情况
1	大足石刻	大足石刻研究院由正处级变更为副厅级
2	丝绸之路–张骞墓	城固县张骞纪念馆由副科级变更为正科级
3	殷墟	组建全新保护管理机构——安阳殷墟世界文化遗产保护管理委员会，为正处级、全额财政拨款单位
4	大运河–卫河（永济渠）滑县段	滑县大运河遗产管理处合并至滑县大运河遗产保护示范区管理委员会，由正科级变更为副处级
5	大运河–浙东运河绍兴段和浙东运河上虞段	柯桥区文物保护管理所合并至绍兴市柯桥区博物馆（柯桥区文物保护管理所）
6	大运河–浙东运河宁波段、宁波三江口和浙东运河余姚段	宁波市文物保护管理所合并至宁波市文化遗产管理研究院（宁波市世界文化遗产保护管理中心）
7	登封"天地之中"历史建筑群	郑州市文化遗产研究院合并至郑州嵩山文明研究院；登封市文化和旅游局更名为登封市文化广电旅游体育局
8	福建土楼–华安土楼	华安县土楼管理处更名为华安县大地土楼保护中心
9	五台山–佛光寺	山西省古建筑保护研究所更名为山西省古建筑与彩塑壁画保护研究院
10	丝绸之路–锁阳城遗址	甘肃省瓜州县锁阳城遗址文物管理所更名为甘肃省瓜州县锁阳城遗址文物保护所
11	丝绸之路–悬泉置遗址	敦煌市文物管理局更名为敦煌市文物保护中心
12	丝绸之路–玉门关遗址	敦煌市文物管理局更名为敦煌市文物保护中心
13	丝绸之路–克孜尔石窟	新疆维吾尔自治区龟兹研究院更名为新疆维吾尔自治区克孜尔石窟研究所
14	左江花山岩画文化景观	宁明县花山岩画管理局更名为宁明县花山岩画管理中心
		龙州县花山岩画管理局更名为龙州县花山岩画管理中心
		崇左市江州区左江岩画管理局更名为崇左市江州区左江岩画保护中心
		扶绥县左江岩画管理局更名为扶绥县左江岩画保护中心
15	明清故宫–北京故宫	财政差额拨款变更为自收自支
16	长城–八达岭	自收自支变更为财政全额拨款
17	明清皇家陵寝–清永陵	自收自支变更为财政差额拨款

（3）39处遗产地成立了专职监测机构

监测是世界遗产管理的基本组成部分，是长期保护、保存世界遗产突出普遍价值的重要手段。为了保障监测工作的有序开展，我国世界文化遗产保护管理机构指定了相关部门/机构承担监测工作，但仅有39处（36.11%）遗产地成立了专职机构，绝大部分遗产地的监测工作由其他部门/机构兼职承担，我国世界文化遗产监测机构建设亟待加强。

3.2.2　从业人员

（1）从业人员总数同比下降8.27%，38处遗产地人数减少，41处人数增加

2020年，39项遗产、108处遗产地共有从业人员33,086人。本年度从业人员相较上年[①]减少8.27%，共有79处遗产地的从业人员发生变化（图3-4）。

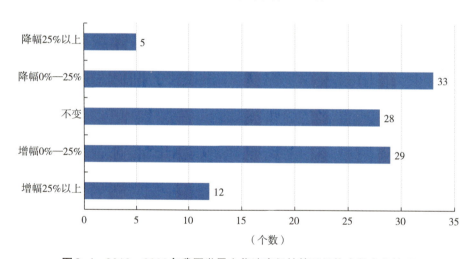

图3-4　2019—2020年我国世界文化遗产保护管理机构人数变化情况

从单个遗产地来看，28处遗产地的从业人员保持不变，38处（35.51%）遗产地从业人员减少，绝大部分降幅在25%以内，有5处遗产地降幅超过25%。例如殷墟更换成新组建的保护管理机构，从业人员由199人降为78人；登封"天地之中"历史建筑群因登封市文物局、登封市世界文化遗产管理办公室等机构重组、合并为登封市文化广电旅游体育局后，从业人员由600人降至345人。另外，也有41处（38.32%）遗产地的从业人员有所增加，其中29处遗产地的涨幅在25%之内，12处遗产地的涨幅大于25%。例

---

① 涉及2019年、2020年两年均填报的有效数据，共计107组。其中，2019年为36,040人，2020年为33,058人。

如丝绸之路–张骞墓的保护管理机构城固县张骞纪念馆的行政级别提升后，从业人员由15人增至35人；大运河–南运河沧州段的保护管理机构由沧州市文物局的13人，调整为沧州市文化广电和旅游局（文物局）的43人。部分遗产地人员增加因统计口径发生变化造成[①]。

（2）仅三成遗产地满足专业技术人员占比要求

专业技术人员是指具有相应专业技术水平和能力要求的从业人员，是确保遗产得到高质量保护、传承的人力保障。2020年，我国世界文化遗产的从业人员中有7,702人为专业技术人员，占总数的23.28%，与去年基本持平。其中，具有高级职称的占比21.3%，相较上年增长1.48%（图3–5）。参照《关于加强我国世界文化遗产保护管理工作的意见》（2004年）提出的"逐步使专业人员达到职工总数的40%以上"的要求，截至2020年，仅有36处（33.33%）遗产地满足，相比去年增长约2个百分点。参照《全国文博人才发展中长期规划纲要（2014—2020年）》提出的"专业技术人才占人才总量的比重达到45%以上，高、中、初级专业人员比例达到2：3：5"的要求，有32处（29.63%）遗产地满足专业技术人才比例要求，23处（21.3%）遗产地满足高、中、初级职称比例要求，仅有7处遗产地同时满足这两项要求，分别是明清故宫–北京故宫、

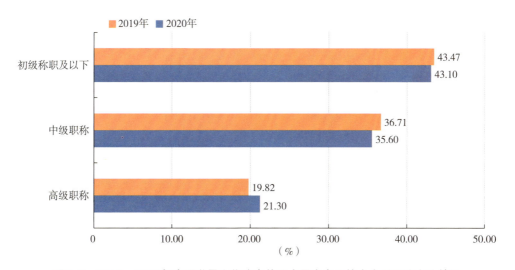

图3–5　2019—2020年我国世界文化遗产从业人员中专业技术人员职称占比情况

[①] "鼓浪屿：历史国际社区"2020年统计的从业人员比2019年多了管委会的下属单位，所以人员涨幅173.57%。

沈阳故宫，北京皇家园林－颐和园，云冈石窟，大运河－含嘉仓160号仓窖遗址和回洛仓遗址，大运河－江南运河杭州段和浙东运河杭州萧山段，大运河－浙东运河宁波段、宁波三江口和浙东运河余姚段。数据表明，我国世界文化遗产的专业技术人才的数量以及能力仍有较大提升空间。

从单个遗产地看[①]，2020年专业技术人员数量发生变化的遗产地有68处（63.55%），其中人员数量增加的遗产地有35处，减少的有33处。人数增幅[②]较大的遗产地有4处，包括明清故宫－沈阳故宫、五台山－佛光寺、丝绸之路－麦积山石窟、大运河－浙东运河绍兴段和浙东运河上虞段；人数降幅较大的遗产地有3处，包括明清皇家陵寝－明孝陵、丝绸之路－唐长安城大明宫遗址、大运河－江南运河南浔段。

（3）从事监测工作的人员中仅有61.46%为专职监测人员

2020年，我国世界文化遗产从业人员中参与监测工作的共计1,339人，占从业人员总数的4.05%，相较上年基本持平。其中，823人（61.46%）为专职监测人员，516人（38.54%）为其他部门或机构的兼职监测人员。

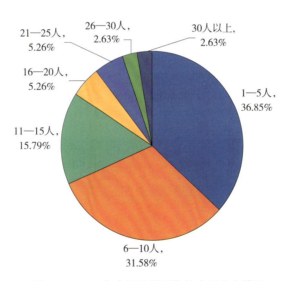

图3-6　2020年专职监测机构的人员分布情况

---

① 涉及2019、2020年两年均填报的有效数据，共计107组。

② 变化超过20人且增/减幅比例超过50%。

3.2.3　规章与制度

2020年，12项遗产、20处遗产地新颁布73项与遗产保护管理相关的规章和制度。其中，地方性法规4项、地方政府规章2项（表3-4）、地方规范性文件6项、日常管理制度61项。相较2019年，本年度新颁布的日常管理制度数量涨幅明显。截至2020年底，我国世界文化遗产地方法规和规章覆盖率已达八成以上。

表3-4　2020年新颁布的地方性法规、地方政府规章

序号	遗产名称	文件名称	批准时间	批准机关
1	大运河	列入《世界遗产名录》的中国大运河淮安段的遗产	《淮安市大运河文化遗产保护条例》	2020年2月	江苏省人民代表大会常务委员会
2	丝绸之路	锁阳城遗址	《酒泉市锁阳城遗址保护条例》	2020年4月	甘肃省人民代表大会常务委员会
3	明清皇家陵寝	清西陵	《保定市清西陵保护条例》	2020年10月	河北省人民代表大会常务委员会
4	大运河	列入《世界遗产名录》的中国大运河浙江段的遗产	《浙江省大运河世界文化遗产保护条例》	2020年10月	浙江省人民代表大会常务委员会
5	丝绸之路	悬泉置遗址	《悬泉置遗址保护管理办法》	2020年12月	酒泉市人民政府
6	丝绸之路	玉门关遗址	《玉门关遗址保护管理办法》	2020年12月	酒泉市人民政府

（1）大运河浙江段、丝绸之路－锁阳城遗址、明清皇家陵寝－清西陵和大运河淮安段遗产新增地方性法规

2020年，新颁布的4项地方性法规分别为《淮安市大运河文化遗产保护条例》《酒泉市锁阳城遗址保护条例》《保定市清西陵保护条例》和《浙江省大运河世界文化遗产保护条例》。其中，《淮安市大运河文化遗产保护条例》是江苏省首部专门针对大运河文化遗产保护制定的地方性法规，涉及大运河－清口枢纽、总督漕运公署遗址两处世界文化遗产地，该条例积极回应了当下大运河文化带建设的要求，提出了整体和全面的保护要求，强化了保护协调机制，建立了大运河保护责任清单制度，主旨特色鲜明，可操作性强[①]。《酒泉市锁阳城遗址保护条例》针

---

① 淮安市人民政府网.《淮安市大运河文化遗产保护条例》6月1日正式施行！[EB/OL]. http://www.huaian.gov.cn/col/16657_173466/art/202003/1584501423279fhTdx2M5.html,2020-03-18/2021-09-29.

对锁阳城遗址与国家级自然保护区重合、保护边界主体责任不明确、民众私自开采药材造成地表裸露等系列问题，对遗址的保护区划、管理权限、保护机构职责及经费来源等方面做出了规定，为锁阳城遗址保护和管理工作的合法性和可操作性提供了法律依据①。《保定市清西陵保护条例》的制定从法律制度上明确了清西陵保护和管理的指导思想、目标任务、保护准则，增强了清西陵保护和管理的整体性和协同性，确保了清西陵保护和管理工作的合法性和可操作性②，填补了清西陵保护缺少地方性法规支持的空白。《浙江省大运河世界文化遗产保护条例》是国内第一部关于大运河世界文化遗产保护的省级地方性立法，该条例明确规定了大运河沿线省和相关设区市、县（市、区）人民政府负责本行政区域内大运河遗产保护工作，将大运河遗产河道保护纳入"负责河长制工作的机构"的工作范围，明确了在遗产区、缓冲区内进行建设工程的审批程序和相关规定，规定了县级以上人民政府应当"根据需要明确或者设立大运河遗产保护监测专业机构，配备必要的工作人员"等内容，为浙江省大运河世界文化遗产保护提供了法律依据，也为大运河遗产传承利用提供了法制保障③。

（2）丝绸之路新增《悬泉置遗址保护管理办法》《玉门关遗址保护管理办法》2项地方政府规章

2020年，新颁布2项地方政府规章均为丝绸之路遗产点，分别为《悬泉置遗址保护管理办法》《玉门关遗址保护管理办法》。这两项规章确定了悬泉置遗址和玉门遗址的保护对象和保护区划，明确了保护区划范围用地性质，对保护区划内各项生产经营活动作出了详细规定，并压实了保护管理责任主体，为悬泉置遗址和玉门遗址保护管理工作有效开展奠定了基础。

（3）8处遗产地新增地方规范性文件

2020年，新颁布地方规范性文件6项，内容包括遗产安全防护、档案管理、可移动文物保护管理等，对7项遗产、8处遗产地的保护管理工作提出了更加细化的规定。例如安阳市人民政府办公室颁布《关于进一步加强殷墟文物保护网格化管理工作的通知》，细化了各级网格责任区域、责任人及工作职责，压实了安全责任，夯实了殷墟文物保护工作基础；北京市文物局颁布《丝织文物清洁规范》，填补了北京市可移动文物保护修复地方标准的空白，为

---

① 中国酒泉网.《酒泉市锁阳城遗址保护条例》[EB/OL].http://www.chinajiuquan.com/2020/0520/274426.shtml,2020-05-20/2021-09-29.

② 河北新闻网.《保定市清西陵保护条例》2021年1月1日起施行[EB/OL].http://hebei.hebnews.cn/2020-12/16/content_8261575.htm,2020-12-17/2021-09-29.

③ 国家文物局.《浙江省大运河世界文化遗产保护条例》通过审议[EB/OL]. http://www.ncha.gov.cn/art/2020/9/26/art_722_163241.html,2020-09-26/2021-09-29.

明清故宫–北京故宫、北京皇家祭坛–天坛、北京皇家园林–颐和园、明清皇家陵寝–十三陵4处遗产地丝织文物的保护修复清洁工作提供有效技术支撑，具有非常重要的指导意义。

（4）12处遗产地制定61项机构内部日常管理制度

2020年，新颁布日常管理制度61项，涉及10项遗产、12处遗产地，包括明清故宫–北京故宫、长城–八达岭、承德避暑山庄及其周围寺庙、明清皇家陵寝–明孝陵、北京皇家园林–颐和园等，体现了这些遗产地保护管理工作的日益规范和精细化。其中，明清故宫–北京故宫本年度新制定了30项日常管理制度，占该类制度总数的近一半。八达岭特区办事处制定了《关于对破坏八达岭长城景区文物行为的惩戒办法》，主要内容包括对刻划、故意损坏等七类破坏文物行为给予相应的行政处罚，对构成刑事犯罪者交由公安机关依法处置，建立游客不文明行为记录"黑名单"，强化社会舆论监督等[①]。《颐和园关于全面推进垃圾分类工作实施方案》紧跟北京市新版《北京市生活垃圾管理条例》脚步，对园区内垃圾分类工作进行了详细规定，充分发挥了世界遗产的示范带头作用。

3.2.4　培训

2020年，39项遗产、98处遗产地共组织开展或参与培训536次，次数相较上年增加9.39%。培训人员总计17,398人次，占世界文化遗产总从业人数的52.58%，较上年下降4.42%。

（1）保护管理理论与技术类培训次数最多，监测类培训次数增长最快

从不同培训主题的开展次数看，保护管理理论与技术类的培训次数最多，占比37.98%，其次为监测理论与技术（26.25%）、旅游管理与服务（10.57%）、历史文化与大众教育（9.18%）（图3-7）。政策/法规/规章和可移动文物管理理论与技术方面开展的培训较少，占比均低于5%。相较上年，保护管理理论与技术、监测理论与技术类培训的占比均有较大幅度的增长，尤其是监测培训的次数占比增长14.02%，排序由上年第四位上升至本年度第二位，增长的主要原因为中国世界文化遗产监测年会于2020年升格为中国世界文化遗产年会。年会期间召开了世界文化遗产理念与实践专业论坛，开展了多个以保护管理、监测为主题的培训，参与培训的遗产地比往年大幅度增加。其他类型的培训受新冠肺炎疫情的影

---

① 环球网.八达岭景区针对破坏文物行为出台惩戒办法[EB/OL].https://baijiahao.baidu.com/s?id=16632737846936131 33&wfr=spider&for=pc,20–04–07/2021–09–29.

响，次数均有所减少，其中安消防和历史文化与大众教育类培训减少较为显著。通过分析2018—2020年数据可知，保护管理理论与技术类的培训次数一直最多，表明此类能力建设受到遗产地、省级文物行政部门和国家文物局的持续关注。目前，我国文博事业正处于高需求、快发展的"黄金机遇期"，加强保护管理理论与技术领域的能力建设是应对不断增长的保护管理需求的重要举措。

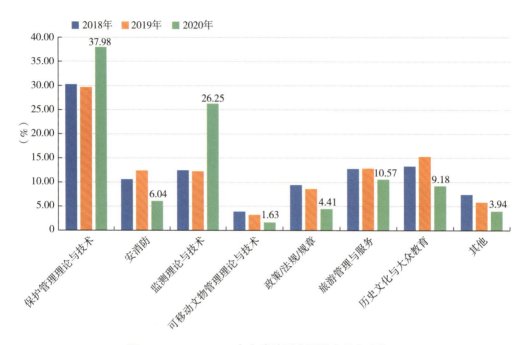

图3-7　2018—2020年各类培训主题的次数占比情况

（2）旅游、疫情防控、政策法规相关主题的培训规模增长明显

从培训规模来看，2020年组织的培训共计930,529人天，约为上年的1.3倍。从不同主题的培训规模来看，以保护管理理论与技术、安消防、政策/法规/规章、旅游管理与服务、其他（疫情相关）类培训为主（图3-8）。相较上年，安消防培训规模大幅度下降，政策/法规/规章（增长14.36%）、旅游管理与服务（增长15.32%）和其他（增长16.38%）类培训大幅度增长。其他类培训规模增长主要由于本年度举办了大规模新冠肺炎疫情防控相关培训。

（3）线上培训规模占总培训规模的39.15%

2020年，共开展线上培训61项，占总培训次数的11.38%。受新冠肺炎疫情影响，培训次数约为上年的12倍。线上培训共364,305人天，占本年度总培训规模的39.15%。线上培训成本较低，且不受时间、地点和人数的限制，相较线下培训具有突出的优势，特别是在疫情防控常态化的形势下，线上培训有效降低了新冠肺炎疫情对培训工作的负面影响，是"新常态"下应当坚持的培训手段发展方向之一。我国各遗产地应积极主动地利用"互联网+培训"的模式，将其作为提升能力建设的重要手段。

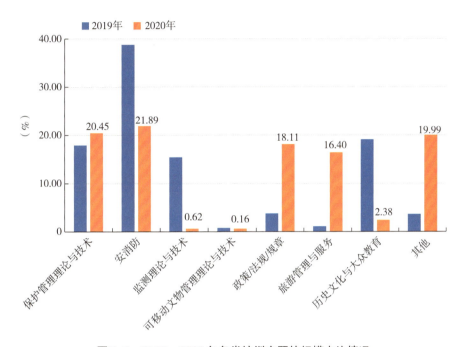

图3-8　2019—2020年各类培训主题的规模占比情况

表3-5　2020年行业影响力较大的培训

培训名称	培训时间	举办单位
博物馆展览策划与实施网上专题班	2020年4月	国家文物局主办
中国世界文化遗产理念与实践线上培训班	2020年5月	中国文物报社、中国文化遗产研究院主办
2020年度全国石窟寺管理人员线上培训班	2020年8月	国家文物局主办，中国文化遗产研究院承办，中国古迹遗址保护协会协办
全国石窟寺专项调查培训班（第一期）	2020年9月	国家文物局主办，中国文化遗产研究院承办，大足石刻研究院协办
龙门石窟保护研究成果发布暨龙门石窟列入《世界遗产名录》二十周年学术交流大会	2020年10月	龙门石窟研究院、龙门石窟世界文化遗产园区管理委员会主办

培训名称	培训时间	举办单位
中国世界文化遗产可持续保护与发展系列培训第三期：世界文化遗产价值阐释与传播线上培训班	2020年10月	中国文化遗产研究院与联合国教科文组织驻华代表处联合主办，龙门石窟研究院承办
2020年度壁画文物保护修复技术培训班	2020年10月	国家文物局主办，中国文化遗产研究院、山西省文物局承办
2020中国世界文化遗产年会	2020年11月	中国文化遗产研究院、浙江省文物局、杭州市人民政府主办，杭州市园林文物局、余杭区人民政府、杭州良渚遗址管理区管理委员会承办
"世界文化遗产理念与实践"专业培训班暨2020"亚太遗产实践者联盟（HeritAP）"年会中国研讨会	2020年11月	中国文化遗产研究院、联合国教科文组织亚太地区世界遗产培训中心（上海）和杭州良渚遗址管理区管理委员会共同举办
中国世界文化遗产第三轮定期报告培训班	2020年11月	国家文物局主办，中国文化遗产研究院、北京建筑大学承办
2020浙江省世界文化遗产监测年会	2020年12月	浙江省文物考古研究所主办

3.2.5 文物保护经费

2020年，我国世界文化遗产保护经费总数连续4年增长后回落。从经费来源看，保护经费仍以地方财政为主。环境整治工程是除人员公用经费外投入最多的类型，分别是本体保护工程、展示工程经费的3倍、4倍；古建筑类遗产保护经费总数最高，文化景观类遗产平均经费最高，"古村落、历史城镇和中心类"遗产平均经费最低。监测工作经费相较前两年基本稳定，其中中央财政经费有所下降。

（1）保护经费连续4年增长后首次下降

2020年，39项遗产、108处遗产地的保护经费总数为105.32亿元，同比下降22.53%[①]（图3-9）。从经费来源来看，中央财政经费15.37亿元，占比14.59%，比上年增加1.36%；地方财政经费70.62亿元，占比67.05%，比上年减少6.48%（图3-10）。2020年，中央财政经费和地方财政经费占全国一般公共预算支出[②]的0.035%，相较上年降低0.014%。

---

① 涉及2019年、2020年均填报的有效数据，共计107组。2019年经费总数135.75亿元，2020年经费总数105.17亿元。
② 2020年全国一般公共预算支出245,588亿元，同比增长2.81%。其中中央一般公共预算支出35,096亿元，同比减少0.05%；地方一般公共预算支出210,493亿元，同比增长3.30%。数据来源于《2021中国统计摘要》。

图 3-9　2016—2020 年保护经费总数与平均经费情况

图 3-10　2018—2020 年中央财政经费和地方财政经费投入情况

（2）各遗产地保护经费差异依旧较大

从单个遗产地的保护经费看，介于 1,000 万—5,000 万之间、小于 500 万以及大于 1 亿这三个区间的遗产地数量较多，数量占遗产地总数的 81.48%，总体分布特点与 2019 年基本保持一致（图 3-11）。其中，经费大于 1 亿的有 25 处遗产地，保护经费约 91.26 亿元，占 2020年我国世界文化遗产保护经费总数的 86.65%，其中浙江省、江苏省、北京市的遗产地保护经费总体高于其他省/市的遗产地（图 3-12），而其余 83 处遗产地的保护经费仅占总经费的 13.35%，这表明我国各遗产地之间的保护经费差异依旧较大。2020 年，保护经费排名前 5

图3-11　2017—2020年遗产地保护经费的分布情况

的遗产地为杭州西湖文化景观、良渚古城遗址、大运河–江南运河常州城区段、明清故宫–北京故宫、北京皇家园林–颐和园。经费少于500万的遗产地共31处，其中50%为大运河的遗产地，26.67%为丝绸之路的遗产地。

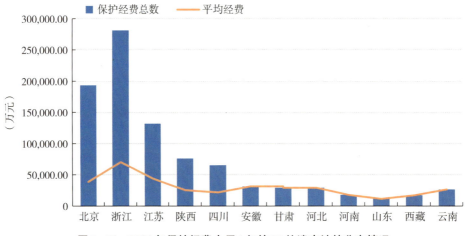

图3-12　2020年保护经费大于1亿的25处遗产地的分布情况

（3）64.49%的遗产地保护经费以地方财政经费为主

从单个遗产地保护经费的来源看[①]，25处（23.36%）遗产地的保护经费以中央财政经费为主；69处（64.49%）遗产地以地方财政经费为主，其中青城山－都江堰、开平碉楼与村落、"鼓浪屿：历史国际社区"等36处遗产地保护经费全部为地方财政经费。相较上年，以中央财政经费为主的遗产地占比下降6.27%，以地方财政经费为主的遗产地占比增加11.71%，以自筹经费为主的遗产地占比减少5.44%（图3-13）。

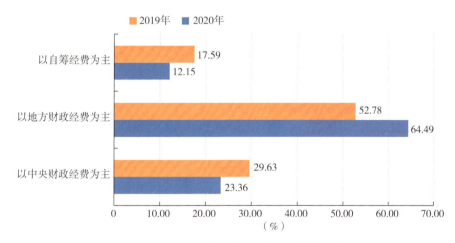

图3-13　2019—2020年各遗产地保护经费的主要来源情况

从单个遗产地的保护经费近两年变化[②]情况看，58处遗产地经费减少，47处遗产地经费增加，变化区间主要集中在减幅大于50%、减幅0%—20%和增幅大于100%的遗产地，变化幅度较大主要受工程项目经费的影响（图3-14）。

（4）大型系列遗产仅长城保护经费有所增加

2020年，大运河的全部保护经费[③]为10.69亿元，约占我国世界文化遗产保护经费总数的10.15%，比去年减少17.68亿元，经费大幅度减少的原因为部分遗产地上年获得大额工程经费[④]。从资金来源看，中央财政经费7,055.8万元，占比6.60%，较上年增加4.74%；地方财政经费8.46亿元，占比79.14%，较上年降低12.53%。

---

① 选取了有效经费数据，共涉及107处遗产地。

② 选取2019—2020年均填报了有效数据的107处遗产地。

③ 此处统计的是列入《世界遗产名录》的大运河所有组成部分，共计27处遗产地。

④ 大运河－江南运河嘉兴段2019年开展南湖湖滨片区、芦席汇历史街区改造整治等工程项目，获得地方财政经费23.03亿元；通济渠商丘南关段2019年开展遗址本体保护展示工程等保护工程项目，获得中央和地方财经经费708万元。

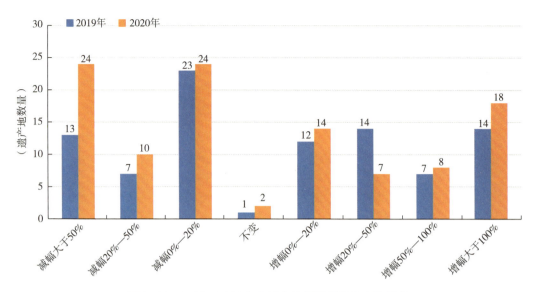

图3-14　2019—2020年各遗产地保护经费的变化情况

2020年，丝绸之路的全部保护经费[①]为7.69亿元，约占我国世界文化遗产总保护经费的7.3%，比上年减少0.24亿元。从资金来源看，中央财政经费8,241.5万元，占比10.72%，较上年下降2%；地方财政经费5.29亿元，占比68.79%，较上年增加0.54%，总体较为稳定。

2020年，长城（仅含山海关、嘉峪关、八达岭）的全部保护经费为3.66亿元，约占我国世界文化遗产总保护经费的3.48%，较上年增加0.23亿元。资金来源以地方财政拨款为主，共计2.86亿元，占比78.14%，较上年增加69.2%，增加的主要原因为长城－八达岭机构改革，经费由自收自支改为财政全额拨款。另外，中央财政经费也投入8,000万元，占比21.86%，主要用于国家文化公园前期基础设施建设。

（5）环境整治经费连续4年增长后回落，保护工程经费连续5年下降

2020年，我国世界文化遗产保护经费中投入最多的是人员公用经费，占比44.06%；其次是环境整治工程经费，占比18.81%，分别是本体保护工程、展示工程经费的3倍、4倍；监测工程、保护性设施建设工程、安消防工程、宣传教育的经费占比在1%—3%之间；考古项目、学术研究的经费占比均不到1%（图3-15）。

---

① 此处统计的是列入《世界遗产名录》的丝绸之路中国段所有组成部分，共计22处遗产地。

图3-15 2020年各类经费投入的占比情况[①]

通过分析2016—2020年数据可知，环境整治经费占比经过4年连续增长后，本年度有所回落，但仍是除人员公用外占比最多的类型；保护工程经费占比已连续5年持续下降；旅游管理经费占比基本保持平稳，连续两年高于保护修缮经费；监测和学术研究经费占比一直较低（图3-16）。

（6）"古村落、历史城镇和中心"类遗产的平均保护经费最少

从遗产类型[②]看，2020年古建筑类遗产保护经费最高，其次是古遗址及古墓葬，最低的是石窟寺及石刻类遗产。从平均经费看，2020年文化景观类遗产最高，其次是混合遗产，"古村落、历史城镇和中心"类遗产最低（图3-17）。

（7）石窟寺及石刻类遗产的本体保护工程、安消防工程主要受中央财政经费支持

2020年，8处石窟寺及石刻类遗产（莫高窟、大足石刻、龙门石窟、云冈石窟、克孜尔石窟、炳灵寺石窟、麦积山石窟、彬县大佛寺石窟）共获得保护经费6.01亿元，其中地

---

① 涉及北京故宫勘察测绘项目；沈阳故宫纺织品修复项目、数字博物馆建设项目；莫高窟《甘肃省古代壁画彩塑与土建筑遗址保护维修工程预算定额基价》编制、敦煌研究院国家研究中心相关前期研究工作；大足石刻文物保护中心项目贷款；唐长安城大明宫遗址演出策划及制作费等。

② 大运河未纳入统计。

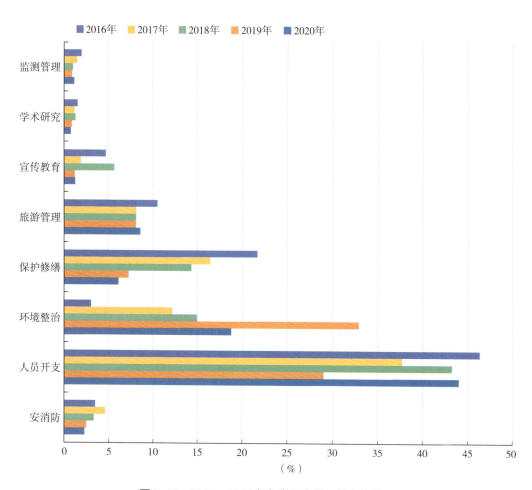

图3-16 2016—2019年各类经费投入的占比情况

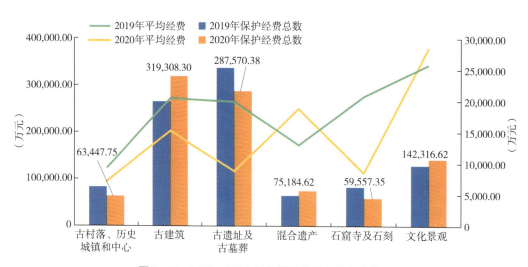

图3-17 2019—2020年各类遗产投入的经费情况

方财政经费占比78.46%，中央财政经费占比16.36%。从项目类型看，投入经费最多的是人员公用（45.58%）和环境整治工程（12.49%），其次是本体保护工程（9.87%）、旅游管理（7.92%）和安消防工程（6.95%），经费投入最少的是考古项目（0.51%）和遗产监测工程（0.44%）。从经费来源看，中央财政经费主要支持本体保护工程和安消防工程；地方财政经费主要支持人员公用、环境整治工程和旅游管理项目；自筹经费主要支持学术研究（图3-18）。

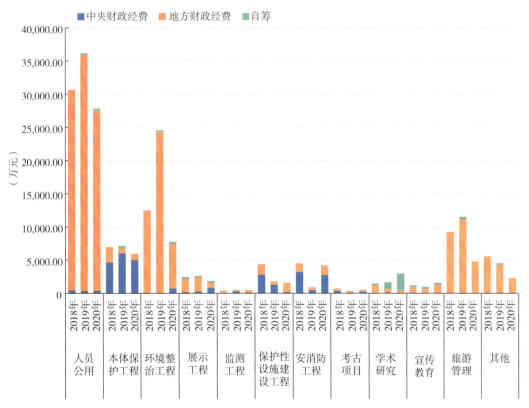

图3-18　2018—2020年石窟寺及石刻类遗产投入的各类经费来源情况

（8）古遗址及古墓葬、石窟寺及石刻类遗产的监测经费投入相对较少

2020年，34项遗产、55处遗产地共获得监测经费1.18亿元，约占保护经费总数的1.12%，相较前两年经费投入基本稳定（图3-19）。其中，中央财政经费占比41.02%，比上年下降12.4%，地方财政经费和自筹经费的占比均有所提升（图3-20）。

图3-19　2016—2020年监测经费总数及占保护经费总数比例情况

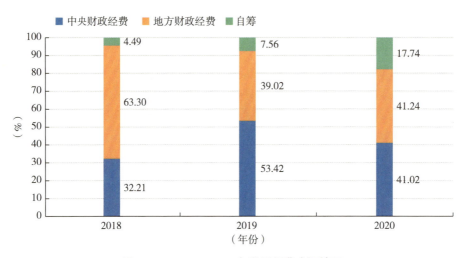

图3-20　2018—2020年监测经费来源情况

从遗产类型来看，2020年古建筑类遗产获得的监测经费最多，占全部监测经费的47.12%，其余依次为古遗址及古墓葬（19.98%），混合遗产（10.87%），"古村落、历史城镇和中心"（10.08%），文化景观（9.55%）和石窟寺及石刻（2.40%）。综合各类遗产的数量情况可知，古建筑类和混合遗产的监测经费投入相对较多，古遗址及古墓葬和石窟寺及石刻类遗产的监测经费投入相对较少（图3-21）。

（9）现场工程经费投入以环境整治工程为主

2020年，中央财政和地方各级财政共投入14.4亿元实施各类保护展示与环境整治工程，经费比上年减少12.11亿元。其中，地方财政经费仍是主要来源，占比66.86%，较上年下降

5.95%。环境整治仍是本年度经费投入最多的工程，占所有工程经费的63.89%（图3-22）。从经费来源看，2020年本体保护工程、监测工程以中央财政经费为主；展示工程、环境整治工程以地方财政经费为主（图3-23）。

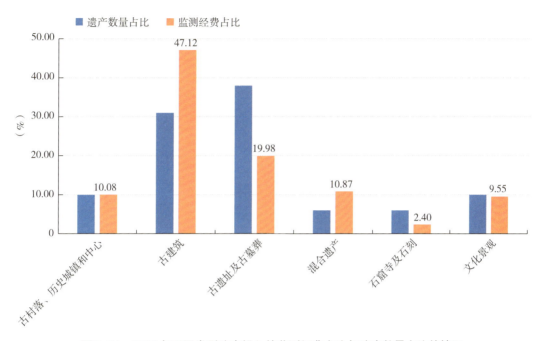

图3-21　2020年不同类型遗产投入的监测经费占比与遗产数量占比的情况

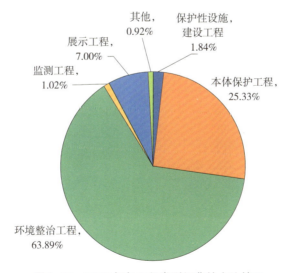

图3-22　2020年各工程类型经费的占比情况

近4年数据显示，各类工程的中央财政支持力度都有所下降，但本体保护工程的经费一直以中央财政为主，地方财政经费重点支持环境整治工程（图3-24）。

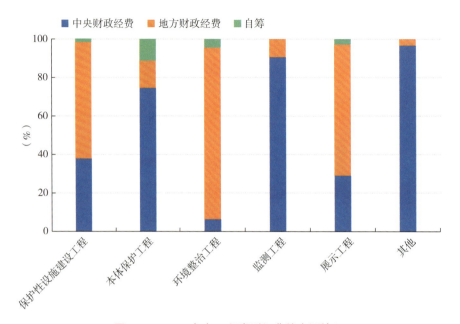

图3-23　2020年各工程类型经费的来源情况

图3-24　2017—2020年主要工程经费的来源情况

3.3 遗产本体保存 [①]

2020年，我国世界文化遗产突出普遍价值（简称遗产价值）总体保持稳定。107处遗产地（99.07%）总体格局未发生变化，1处遗产地（0.93%）因实施环境整治工程发生正面影响变化。100处遗产地（92.59%）使用功能未发生变化，8处遗产地发生12处使用功能变化，其中8处变化因丰富展览内容引起，3处与保护和管理需求有关，另有1处与商业经营有关。60处遗产地（55.56%）未发生遗产要素变化，48处遗产地发生139处遗产要素变化，其中134处（96.4%）变化因实施保护措施引起。69处遗产地（63.89%）对遗产本体或载体的病害进行了调查，经评估，62处遗产地（89.86%）病害治理较好或控制正常，7处遗产地（10.14%）病害有恶化倾向；其中，32处遗产地存在严重病害，11处遗产地部分严重病害开始恶化或已经严重恶化。

3.3.1 总体格局

（1）1处遗产地总体格局发生正面影响变化

2020年，39项遗产、107处遗产地未发生总体格局变化；1项遗产、1处遗产地（丝绸之路－小雁塔）发生总体格局变化，占遗产地总数的0.93%，相较2019年下降2.77%。数据显示，丝绸之路－小雁塔总体格局变化主要为本年度实施了环境整治工程，拆除了遗产区、缓冲区内部分单位的建筑、住宅小区、城中村等，大雄宝殿东西院、南山门外的周边环境得到改善，属于正面影响变化（图3-25）。

（2）住宅、地面交通基础设施、主要的游客膳宿及相关基础设施、商业开发等建设项目对总体格局的负面影响或潜在负面影响较为突出

近6年数据显示，我国世界文化遗产总体格局绝大部分未发生变化或发生了正面变化，格局类遗产价值特征总体保持较好（图3-26）。2017年，国家文物局印发《国家文物事业发展"十三五"规划》，其中指出在"十三五"期间将推动文物保护实现由注重文物本体保护向文物本体与周边环境、文化生态的整体保护转变。在规划的指导下，近几年中央财政和地方财政对遗产周边的环境整治工作都给予了较大支持，我国世界文化遗产地实施了一

[①] 根据《中国世界文化遗产监测数据规范（试行版）》的相关内容，遗产本体保存状况主要从遗产总体格局、遗产使用功能、遗产要素单体、病害威胁四个方面加以分析。

环境整治工程范围示意图①（黄色区域）

南山门外（项目实施后）

大雄宝殿西院（项目实施后）

大雄宝殿东小院（项目实施后）

图3-25　2020年丝绸之路－小雁塔总体格局变化情况

（左上图片来源于中国世界文化遗产监测预警总平台，其他图片来源于西安博物院）

大批环境整治工程，进一步恢复了遗产周边历史环境，更加有利于总体格局的展示和传承，同时也带动了遗产地居民脱贫、生态保护、环境优化，为遗产地经济、社会和环境可持续发展注入了新的活力②。

---

① 　红线为小雁塔遗产区的范围。

② 　赵云. 世遗保护的中国方案[EB/OL].https://news.gmw.cn/2021-07-31/content_35042697.htm, 2021-07-31/2021-08-25.

图3-26 2015—2020年遗产总体格局变化情况

随着城镇化进程加速，城镇的旧城改造、房地产开发等建设需求对遗产总体格局价值特征的保存产生了不小的威胁。结合我国世界文化遗产第三轮定期报告的填报结果，这些存在负面影响或是潜在负面影响的建设需求较为突出的是住宅、地面交通基础设施、主要的游客膳宿及相关基础设施、商业开发等项目。为了尽量避免因建设开发项目对总体格局造成负面影响，各遗产地应在准确识别总体格局特征的基础上，加强对周边建设开发项目的监控，在受保护地区内开展或批准开展有可能影响遗产价值的大规模建设工程时，应按照《操作指南》的要求及时上报，寻求国际帮助，避免对遗产价值造成不可逆转的损坏。

（3）以遗产价值为核心，加强遗产总体格局保护

1）准确识别总体格局价值特征是实施有效保护的重要前提

有别于以形式、技艺、构造、材料等为价值特征的遗产要素和以精神、传统传承为价值特征的非物质文化遗产，总体格局的价值特征通常表现为遗产要素（单个或多个）和环境之间的平面关系或空间关系。准确识别承载遗产价值的总体格局特征，是进行总体格局保护和管理的首要工作。一般来说，申遗文本中会详细阐述拟申报标准所对应的各项价值载体，各遗产地可在此基础上汇总、整理总体格局方面的具体特征，作为总体格局保护和管理的对象（图3-27）。对申遗时间较早、申遗文本中未提及或者阐述较为简单的遗产地，可在2021年7月提交的第三轮定期报告已梳理的价值特征的基础上，自行开展或者委托专业机构开展深化研究，进一步细化总体格局的具体价值特征。

泉州路、安海路片区（洋楼住区，建筑 随街道走向自由布置）

龙头路片区（历史上商业街区所在地，较为 规整密集的网络）

"鼓浪屿：历史国际社区"在山形地貌影响下形成了不同片区的城市肌理，反映了鼓浪屿历 史发展进程、社会结构关系和文化多元性等价值特征

红河哈尼梯田文化景观展现人类与自然的完美和谐独特的 "森林–水系–村寨–梯田四素同构"景观格局

图3-27　承载遗产价值的总体格局

（图片来源于"鼓浪屿：历史国际社区"和红河哈尼梯田文化景观的申遗文本）

2）严格按照《操作指南》履行建设项目事前报批义务

总体格局保存状况一直是世界遗产委员会监督缔约国履行《世界遗产公约》的重要 内容之一。随着全球经济的高速发展，世界遗产周边建设开发项目对总体格局保存的威 胁将在未来很长一段时间内存在。对于当地政府来说，如何平衡遗产保护和城市开发之

间的关系，是实现可持续发展必须考虑的问题。当遗产区和缓冲区内有建筑开发需求时，应首先考虑现存的建筑或者改造后的建筑能否满足使用。确需新建时，其规模和设计必须与其所在的背景环境相适应，避免影响世界遗产价值。在有可能开展影响到遗产价值的大规模建设工程时，应按照《操作指南》172条规定[2]，尽快（例如，在起草具体工程的基本文件之前）且在做出任何难以逆转的决定之前向世界遗产委员会报告，以便委员会及时提供帮助并寻找合适的解决办法，保证遗产价值得以维护。

案例：因总体格局特征可能受损被列入《濒危世界遗产名录》的遗产地[3]

遗产名称：科隆大教堂（德国，科隆）

列入时间：1996年

列入标准：（标准Ⅰ）作为人类天才的创造力的杰作；（标准Ⅱ）拥有600多年历史的科隆大教堂标志着教堂建筑的鼎盛时期及其巅峰水平；（标准Ⅳ）是中世纪和现代欧洲经久不衰的基督教信仰的有力证明。

2002年，《科隆市总体规划》在莱茵河右岸规划了5座超过100米高的摩天大楼。2003年，联合国教科文组织世界遗产委员会要求缔约国递交一份城市开发项目的详细报告。之后，缔约国未能提供足够信息且未能充分配合。2004年，科隆大教堂被列入《濒危世界遗产名录》。2005年，科隆地方政府暂停了这个建设项目，并邀请相关机构对该项目进行了视觉影响评估工作。评估报告阐述了这些高层建筑将对科隆大教堂及其周边环境的视觉完整性产生若干严重的负面影响，同时提出"应重新评审这些高层建筑的设计方案，且应扩大科隆大教堂的缓冲区，避免未来再次产生类似的冲突"等建议。

---

① WHC.Nomination file 292bis (4 MB)[EB/OL]. http://whc.unesco.org/uploads/nominations/292bis.pdf, 2021–09–24.

② 如《世界遗产公约》缔约国将在受《世界遗产公约》保护地区开展或批准开展有可能影响到遗产突出普遍价值的大规模修复或建设工程，世界遗产委员会促请缔约国通过秘书处向委员会转达该意图。缔约国必须尽快（例如，在起草具体工程的基本文件之前）且在做出任何难以逆转的决定之前发布通告，以便委员会及时帮助寻找合适的解决办法，保证遗产突出普遍价值得以维护。

③ 巴哈拉克·塞耶达什拉菲，徐知兰.遗产影响评估在世界遗产地保护中的实际作用：科隆大教堂和维也纳城市历史中心[J].世界建筑，2019（11）.

科隆大教堂（图片来源于世界遗产中心官网）

　　根据视觉影响评估报告，当地政府在尊重大教堂突出普遍价值的基础上，提出了新的项目设计方案。不仅如此，出于保护视觉完整性的目的和使科隆大教堂未来免遭更多城市开发影响的考虑，缔约国也提出了扩大缓冲区的建议。2006年，科隆大教堂从《濒危世界遗产名录》上移除，并且于2008年扩大了缓冲区范围，由列入时的168公顷增至258公顷①。

原设计方案

设计方案调整后

　　3）利用遥感影像监测遗产周边建设情况，变国际被动监管为国内主动预警

　　遗产地在日常管理工作中应加强对遗产周边建设项目的监测，发现异常变化后，主动采取措施，避免引起国际上的反应性监测或是被列入《濒危世界遗产名录》，变国际被动监管为国内主动预警。

　　遥感影像因具有高分辨率、覆盖范围广等特点，是目前适用于开展监测建设情况最有效的方式之一。各遗产地可通过自行开展遥感影像监测，也可通过参考中国世界文化遗产监测预警总平台（简称总平台）遥感影像监测数据获取遗产区和缓冲区内的建设情况，辅助建设管控工作，提升遗产总体格局的保护水平。

案例：中国世界文化遗产监测预警总平台遥感监测数据初步分析结果

通过分析总平台上51处遗产地遥感监测数据[①]的图斑变化情况，总结出我国世界文化遗产的遗产区、缓冲区内的建设情况具有以下特点。

（1）所有遗产地遥感影像均存在不同程度的变化图斑，近八成图斑变化后为人工地物

遥感监测数据显示，所有遗产区和缓冲区内均存在不同面积大小的变化图斑[②]，最少的不足1公顷，最多的达上千公顷，较多遗产地的变化图斑面积集中在10—50（含）公顷和100—500（含）公顷。从变化图斑的位置看，遗产区占12.28%，缓冲区占87.72%，表明缓冲区内的建设活动远远多于遗产区。

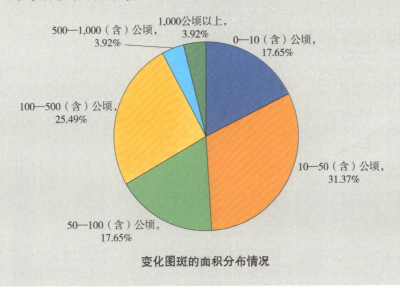

变化图斑的面积分布情况

---

① 基准影像和对比影像的具体情况为：明清故宫（北京故宫、沈阳故宫），莫高窟，秦始皇陵及兵马俑坑，周口店北京人遗址，曲阜孔庙、孔林和孔府，武当山古建筑群，庐山国家公园，丽江古城，平遥古城，北京皇家园林—颐和园，北京皇家祭坛—天坛，大足石刻，皖南古村落—西递、宏村，青城山—都江堰，龙门石窟，云冈石窟，高句丽王城、王陵及贵族墓葬，殷墟，开平碉楼与村落，福建土楼（仅南靖、永定），杭州西湖文化景观，红河哈尼梯田文化景观，左江花山岩画文化景观的为2013年和2018年；承德避暑山庄及其周围寺庙、苏州古典园林、澳门历史城区、土司遗址的为2010年和2018年；拉萨布达拉宫历史建筑群（含罗布林卡和大昭寺）、登封"天地之中"历史建筑群的为2011年和2019年；明清皇家陵寝、五台山、元上都遗址的为2012年和2018年；"鼓浪屿：历史国际社区"的为2015年和2018年；良渚古城遗址的为2019年和2020年；泰山的为2014年和2019年；黄山、峨眉山—乐山大佛的为2013年和2019年；武夷山的为2011年和2018年。

② 变化图斑未经实地核实。

从变化图斑的地物类型看，以自然地物转为人工地物和人工地物转为人工地物的为主，分别占比46.06%、37.29%；自然地物转为自然地物、人工地物转为自然地物的较少，分别占比10.07%和6.58%。

变化图斑的地物类型情况

类别	图斑变化数量（处）	图斑变化面积（公顷）	面积占比
自然地物转为人工地物	15,195	3,980.95	46.06%
人工地物转为人工地物	12,387	3,222.54	37.29%
人工地物转为自然地物	3,437	568.61	6.58%
自然地物转为自然地物	753	869.94	10.07%

（2）文化景观类遗产平均变化图斑的面积最大，"古村落、历史城镇和中心"类遗产平均变化图斑的面积最小

从遗产类型看，文化景观类遗产平均变化图斑面积最大，主要因为这类遗产体现了人地互动的价值特征，遗产区和缓冲区的范围一般较大，存在更多的建设需求。平均变化图斑面积最小的是"古村落、历史城镇和中心"类遗产。从单个遗产地看，变

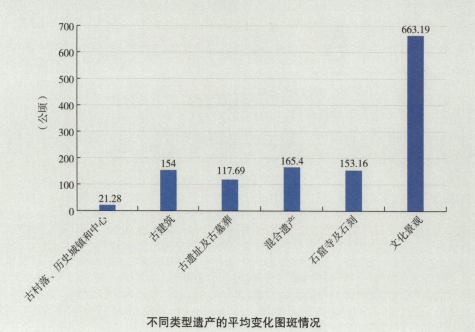

不同类型遗产的平均变化图斑情况

化图斑面积较小的有明清皇家陵寝－清昭陵、澳门历史城区、福建土楼－南靖土楼、土司遗址－老司城遗址。

（3）遥感显示的变化图斑数量大于遗产地主动上报的建设项目数量

遥感影像数据和我国世界文化遗产保护管理机构编写的监测年度报告中的建设项目数据均能反映遗产区和缓冲区内的建设情况。通过对比这两项数据[①]，显示遥感影像监测发现的变化图斑数量要大于遗产地主动上报的建设项目数量，这表明遗产区和缓冲区内存在部分建设项目不在保护管理机构掌握的范围之内，这对遗产总体格局的保护造成较大威胁。总体格局是遗产价值的核心载体之一，保护遗产总体格局也是遗产地保护和管理的重要工作，遗产地应尽快完善遗产区和缓冲区内建设项目的长效监管机制，及时掌握遗产周边的建设情况，确保遗产突出普遍价值不受负面影响。

3.3.2　遗产使用功能

（1）8处使用功能变化因丰富展览内容引起

2020年，7项遗产、8处遗产地发生12处使用功能[②]变化，占遗产地总数的7.41%，相较上年减少1.85%。

数据显示，8处（66.67%）使用功能变化与丰富展览内容、深化价值阐释有关，有利于遗产价值的传承，属于正面影响变化，共涉及5处遗产地，具体包括庐山国家公园的白鹿洞书院，苏州古典园林的秫香馆、揽胜阁、辛台，丝绸之路－汉魏洛阳城遗址的城墙，大运河－江南运河杭州段的富义仓，良渚古城遗址的钟家港古河道以及外城台地。

（2）3处使用功能变化与保护、管理有关

3处（25%）使用功能变化与保护、管理有关，属于正面影响变化，包括大运河－通济渠商丘南关段因保护需要对遗址进行了保护性回填；苏州古典园林的留园因游客管理需

---

①　根据遥感影像数据情况，选取了对应的51处遗产地提交的监测年度报告数据进行对比分析。

②　遗产使用功能是遗产突出普遍价值的特征之一。合理的功能安排有利于遗产突出普遍价值的传承，反之不仅不能传承遗产价值还可能对遗产价值特征造成安全隐患。

要，把盛家祠堂第二进空间由空置调整为游客服务区；明清故宫－北京故宫进一步优化了西所中殿的办公使用功能。

（3）1处使用功能变化的影响尚不明确

1处（8.33%）使用功能变化与商业经营有关，为"鼓浪屿：历史国际社区"的黄氏小宗由空置改为黄氏茶园，目前看来该变化对遗产价值的影响尚不明确。

案例：调整遗产使用功能，加大价值传承力度

（资料来源于杭州市京杭运河〈杭州段〉综合保护中心、洛阳市汉魏故城遗址管理处）

大运河－江南运河杭州段的富义仓为更好地阐释遗产当代价值，通过对富义仓展示陈设的提升改造，采用了"文化遗产＋当代艺术资源"模式，让游客在历史建筑氛围中感受百态艺术生活，实现古老"粮仓"与"精神文化粮仓"的转换。提升改造后，一举扭转以前人流少、关注度低的局面。截至2020年底，已经累计吸引4万多人游览参观，并在小红书、大众点评网等平台收获大量好评，成为杭州艺术文化展览的打卡点。

富义仓展陈改造提升后

丝绸之路－汉魏洛阳城遗址的东、西城垣是遗产价值的重要载体。受自然条件以及当地居民生产、生活的影响，该遗址存在诸多病害。2020年，遗产地综合实施了遗址抢险加固及展示工程，重点展示了临近洛河河堤的中州大道处的东、西城垣南端，并在不影响防洪能力的基础上，对洛河河堤和城垣遗址进行区分展示，形成了进出汉魏洛阳城遗址的标志性景观。

汉魏洛阳城遗址东城垣近洛河段保护展示工程实施后

近6年数据显示（图3-28），每年均有一定数量遗产地的使用功能发生变化，特别是从2018年起，每年均有近10%的遗产地围绕"更好让文物活起来"的号召，通过实施一系列以价值为基础的展陈提升、开辟实验考古区或公众考古区等新展示区以及其他不同形式的尝试，调整遗产使用功能，让文化遗产融入现代生活，进一步加强遗产的保护传承与利用。

图3-28　2015—2020年遗产使用功能变化情况

为进一步贯彻落实中共中央办公厅、国务院办公厅《关于加强文物保护利用改革的若干意见》（2016年），指导文物保护与利用工作的一系列重量级文件相继出台，如《大运河文化保护传承利用规划纲要》（2019年）、《大遗址利用导则（试行）》（2020年）、《关于加强石窟寺保护利用工作的指导意见》（2020年）等。世界文化遗产作为引领我国文物博物馆行业发展的"鲜明旗帜"，应进一步创新体制机制，把相关中央文件精神落地、落细，通过实施一批高质量、高水平的展示利用工程，充分发挥世界文化遗产在坚定文化自信、传承弘扬中华优秀传统文化、促进在经济社会发展中的示范作用。

3.3.3　遗产要素单体

（1）134处遗产要素发生由保护措施引起的正面变化

2020年，30项遗产、48处遗产地的139处遗产要素单体的形式、材料或其他有价值的特征发生变化，占遗产地总数的44.44%，比上年下降11.12%。

134处（96.4%）遗产要素变化由于遗产地实施日常保养维护工程、修缮工程、抢险加固工程引起，比上年减少64处。遗产地通过实施各项保护措施，消除了安全隐患，改善了遗产本体保存状况，属于正面影响变化（图3-29）。

图3-29　北京皇家园林–颐和园的湖山真意实施修缮工程后

（图片来源于北京市颐和园管理处）

（2）4处遗产要素的负面影响变化由当地自然条件或不明原因引起

4处（2.88%）遗产要素变化由当地自然条件或尚不明确原因引起，对价值特征产生了一定程度的负面影响，涉及3处遗产地。具体包括明清故宫–沈阳故宫大政殿台明和台基残损；苏州古典园林耦园的双照楼屋顶渗漏、无俗韵轩地面起拱和墙体开裂；明清皇家陵寝－十三陵神道的华表和望柱倾斜。

另外，大运河－江南运河嘉兴段的长虹桥被来往的船只撞击，中孔西南侧和中孔东侧受到不同程度的剐蹭，对外观造成一定程度的负面影响。之后，遗产地立即对剐蹭部位进行了修缮，较好地恢复了原貌。

近6年数据显示（图3-30），我国世界文化遗产要素特征总体保持稳定，无变化和发生非负面影响变化的遗产地占比保持在90%以上。同时也应注意，每年均有一定数量遗产地发生遗产要素单体负面影响变化。据分析，发生这些变化的主要原因为当地自然条件、建筑开发项目、人为破坏以及突发性生态和地质事件等。

图3-30 2015—2020年遗产要素单体变化情况

3.3.4 遗产本体或载体病害

（1）69处遗产地开展病害调查工作，其中54处为三年持续开展

全面、及时了解病害①的发生位置、病害类型及病害威胁程度等信息，是遗产地日常保护管理工作的重要内容。2020年，33项遗产、69处遗产地对遗产本体或载体的病害进行了调查，占遗产地总数的63.89%，相较上年上升3.7%。其中，有54处遗产地连续3年均开展了病害调查工作（表3-6）。如"鼓浪屿：历史国际社区"连续3年共记录了160项②病害，

---

① 病害是指遗产本体或载体已有的或自身缺陷引起的持续性损坏。

② 1项病害可能会存在多处病害。

北京皇家祭坛–天坛共记录了106项病害，登封"天地之中"历史建筑群共记录了74项病害，为后期有针对性开展日常维护、修缮、抢险加固、专项病害监测等奠定了良好基础。但数据也显示，有33处遗产地近3年均未开展病害调查工作。病害调查工作的缺失，将无法客观、准确地评估遗产的保存状况，相关遗产地应予以重视。

表3-6　2018—2020年连续3年均开展病害调查的遗产地

序号	遗产名称	序号	遗产名称
1	明清故宫–北京故宫	21	高句丽王城、王陵及贵族墓葬–五女山城
2	明清故宫–沈阳故宫	22	高句丽王城、王陵及贵族墓葬–国内城、丸都山城及高句丽王陵和贵族墓葬（简称国内城）
3	秦始皇陵及兵马俑坑	23	殷墟
4	莫高窟	24	登封"天地之中"历史建筑群
5	周口店北京人遗址	25	开平碉楼与村落
6	长城–山海关	26	福建土楼–华安土楼
7	长城–嘉峪关	27	杭州西湖文化景观
8	承德避暑山庄及其周围寺庙	28	元上都遗址
9	庐山国家公园	29	丝绸之路–汉魏洛阳城遗址
10	苏州古典园林	30	丝绸之路–隋唐洛阳城定鼎门遗址
11	北京皇家园林–颐和园	31	丝绸之路–新安汉函谷关遗址
12	北京皇家祭坛–天坛	32	丝绸之路–唐长安城大明宫遗址
13	大足石刻	33	丝绸之路–汉长安城未央宫遗址
14	明清皇家陵寝–清东陵	34	丝绸之路–大雁塔
15	明清皇家陵寝–清永陵	35	丝绸之路–兴教寺
16	明清皇家陵寝–明孝陵	36	丝绸之路–彬县大佛寺石窟
17	明清皇家陵寝–清昭陵	37	丝绸之路–麦积山石窟
18	明清皇家陵寝–清西陵	38	丝绸之路–锁阳城遗址
19	龙门石窟	39	丝绸之路–北庭故城遗址
20	青城山–都江堰	40	丝绸之路–克孜尔石窟

序号	遗产名称	序号	遗产名称
41	丝绸之路－交河故城	48	土司遗址－老司城遗址
42	丝绸之路－高昌故城	49	左江花山岩画文化景观
43	大运河－淮扬运河扬州段	50	黄山
44	大运河－江南运河苏州段	51	峨眉山－乐山大佛（仅乐山大佛）
45	大运河－会通河临清段	52	峨眉山－乐山大佛（仅峨眉山）
46	大运河－江南运河杭州段和浙东运河杭州萧山段	53	武夷山－城村汉城遗址
47	土司遗址－海龙屯	54	鼓浪屿：历史国际社区

（2）我国世界文化遗产病害类型以表层风化、裂缝、植物病害为主

　　根据病害调查记录，2020年我国世界文化遗产存在各类病害716项，以表层风化、裂缝、植物病害为主（表3-7）。从病害所在的遗产要素类型[①]看，建/构筑物、造像/壁画、古遗址/古墓葬类遗产要素的病害项数较多（图3-31）。其中建/构筑物类遗产要素以植物、裂缝、形变病害为主，造像/壁画类遗产要素以起甲脱落、表层风化、裂缝与空鼓病害为主，古遗址/古墓葬以表层风化、裂缝、微生物病害为主（图3-32）。

表3-7　2020年我国世界文化遗产主要病害类型情况（按病害项统计）

序号	病害类型	项数	占比
1	表层风化	117	16.34%
2	裂缝	89	12.43%
3	植物	74	10.34%
4	形变	55	7.68%
5	渗漏	47	6.56%
6	病虫害	41	5.73%
7	微生物	41	5.73%
8	构件缺失	40	5.59%
9	起甲脱落	40	5.59%
10	裂缝与空鼓	33	4.61%

---

① 依据《中国世界文化遗产监测数据规范（试行版）》，我国世界文化遗产的遗产要素类型主要分为建/构筑物、古遗址/古墓葬、洞窟/龛、造像/雕塑/碑刻/题刻/壁画/彩画、山体、水体、植被、街区和其他。

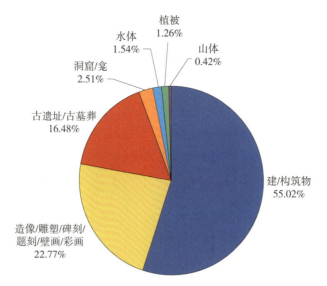

图3-31 2020年不同类型遗产要素的病害占比情况（按病害项统计）

2020年，36处遗产地新发现173项病害。24处遗产地不仅明确了遗产本体或载体存在的病害类型，还掌握了病害类型对应的具体处数，如长城–嘉峪关通过病害调查了解到暗壁支线长城存在失稳状况5处、裂缝15处、表层风化8处，这体现出我国世界文化遗产地的保护管理工作正朝着越来越精细化、规范化的方向发展。

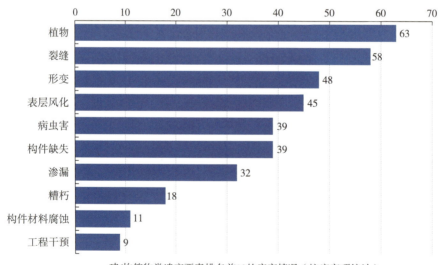

建/构筑物类遗产要素排名前10的病害情况（按病害项统计）

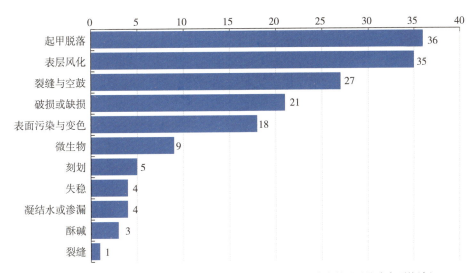

造像/雕塑/碑刻/壁画类遗产要素排名前10的病害情况（按病害项统计）

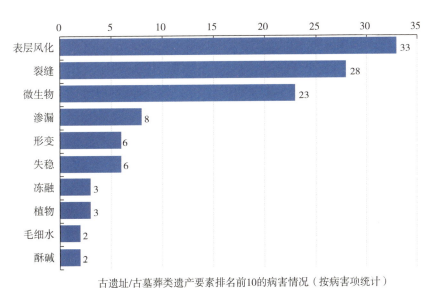

古遗址/古墓葬类遗产要素排名前10的病害情况（按病害项统计）

图3-32　2020年建/构筑物、造像/壁画、古遗址/古墓葬类遗产要素的主要病害情况

（3）89.86%的遗产地表示病害治理较好或控制正常

2020年，19项遗产、30处（43.48%）遗产地通过实施抢救性保护工程、保护修缮工程、日常保养维护工作等对病害进行了治理，消除了病害对遗产的安全隐患，减缓或阻止了遗产的劣化过程（表3-8）。

表3-8　2020年治理病害数量排名前10的遗产地（按病害处统计）

序号	遗产地
1	北京皇家祭坛-天坛
2	鼓浪屿：历史国际社区
3	大运河-江南运河南浔段
4	大运河-江南运河苏州段
5	苏州古典园林
6	大运河-江南运河杭州段和浙东运河杭州萧山段
7	承德避暑山庄及其周围寺庙
8	元上都遗址
9	杭州西湖文化景观
10	土司遗址-海龙屯

　　总体来说，2020年，17处（24.64%）遗产地病害治理较好，45处（65.22%）遗产地病害控制正常，7处（10.14%）遗产地病害已经开始恶化，但程度较轻，尚未造成威胁。开始恶化的病害有26项，其中14项为建/构筑物类遗产要素的病害、6项为古遗址/古墓葬类遗产要素的病害、4项为造像/壁画类遗产要素的病害、2项为山体类遗产要素的病害。

　　（4）32处遗产地存在严重病害，仅有42.14%的严重病害发展状态得到监测

　　2020年，37处遗产地不存在严重病害，相较上年增加3处；32处遗产地存在110项、821处严重病害[①]。其中，古遗址/古墓葬类、建/构筑物类遗产要素的严重病害处数较多，分别占比49.03%、33.82%，共占严重病害总数的八成以上。27处遗产地通过专项监测的方式记录严重病害的发展状态，涉及105项、346处严重病害，占严重病害总数（821处）的42.14%，相较上年下降9.42%。从监测率来看，造像/壁画类遗产要素的严重病害数量虽仅占8.33%，但是监测率高达91.18%，远远超出次高的古遗址/古墓葬（51.25%），这表明目前遗产地对造像/壁画类遗产要素的严重病害威胁及发展趋势普遍关注度较高（图3-33）。

---

① 严重病害一般指无法通过保养维护措施消除，又暂未达到实施保护工程程度的病害。

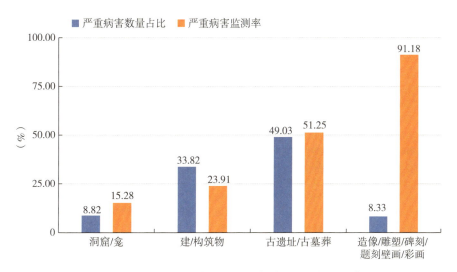

图3-33 2020年不同类型遗产要素的严重病害监测情况

（5）观察和拍摄是监测严重病害的主要手段

从监测手段看，观察和拍摄因其实施的便捷性和灵活性，是目前大部分遗产地采用的监测方式，分别占比为70.48%、71.43%，约为另外两种监测手段（检测和测量、前端设备）的3倍（图3-34）。采用检测和测量手段监测的严重病害占总数的23.81%，如莫高窟、大足石刻、丝绸之路－北庭故城遗址使用该方法监测了洞窟造像的起甲、失稳、裂缝、空鼓等病害；元上都遗址、土司遗址－海龙屯监测了遗址的裂缝、表层风化等病害。采用前端设备监测的严重病害占总数23.81%，比上年增加2.53%，包括秦始皇陵及兵马俑坑、长

图3-34 2018—2020年严重病害的监测方式情况（按项统计）

城–嘉峪关、庐山国家公园、大足石刻、龙门石窟、青城山–都江堰、元上都遗址、丝绸之路–克孜尔石窟、丝绸之路–麦积山石窟、土司遗址–唐崖土司城址、"鼓浪屿：历史国际社区"11处遗产地。前端设备监测的主要病害类型包括裂缝、表层风化、不均匀沉降、渗漏、失稳等（表3–9）。

表3–9 2020年使用前端设备监测严重病害的情况

严重病害类型	前端设备	涉及的遗产
裂缝	裂缝计、测缝针	秦始皇陵及兵马俑坑、长城–嘉峪关、元上都遗址、丝绸之路–克孜尔石窟
表层风化	红外摄像头、温湿度计	庐山国家公园、土司遗址–唐崖土司城址
不均匀沉降	静力水准仪	长城–嘉峪关、"鼓浪屿：历史国际社区"
渗漏	红外摄像头	龙门石窟
失稳	测斜仪、压力传感器	长城–嘉峪关、大足石刻
返碱	土壤三要素监测设备（土体含水率、温度、电导率）	秦始皇陵及兵马俑坑
构件变形	位移计	鼓浪屿：历史国际社区
山体滑坡	位移计	青城山–都江堰
凝结水	文物表层病害发育监测仪	大足石刻
生物病害	温湿度计	丝绸之路–麦积山石窟

（6）严重病害监测工作主要由监测机构和保护管理机构其他内设部门或下属机构承担

从实施机构看，目前我国世界文化遗产严重病害监测工作由监测机构单独承担的最多，占比44.45%，其次是由保护管理机构其他内设部门或下属机构单独承担，占比37.04%。另外，有3处（11.11%）遗产地的严重病害监测工作由两者共同承担（表3–10）。

表3–10 2020年严重病害监测的实施机构情况

严重病害监测实施单位	具体情况
完全由监测机构承担（12处，44.45%）	• 莫高窟（专职）、长城–嘉峪关（专职）、明清皇家陵寝–明孝陵、明清皇家陵寝–清东陵（专职）、龙门石窟、登封"天地之中"历史建筑群（专职）、丝绸之路–高昌故城、丝绸之路–锁阳城遗址、丝绸之路–麦积山石窟（专职）、丝绸之路–兴教寺、土司遗址–唐崖土司城址（专职）、"鼓浪屿：历史国际社区"（专职）

续表

严重病害监测实施单位	具体情况
由监测机构和保护管理机构其他内设部门或下属机构共同承担 （3处，11.11%）	● 北京皇家园林–颐和园由监测中心和基建队共同承担 ● 大足石刻由监测中心和宝顶山石刻管理中心、北山石刻管理中心、安全保卫处、保护工程中心共同承担 ● 元上都遗址由监测中心和元上都遗址办公室共同承担
由保护管理机构其他内设部门或下属机构承担 （10处，37.04%）	● 秦始皇陵及兵马俑坑、丝绸之路–北庭故城遗址、丝绸之路–克孜尔石窟、峨眉山–乐山大佛（仅峨眉山）、土司遗址–海龙屯等遗产地由文物保护部门承担 ● 庐山国家公园、丝绸之路–汉魏洛阳城遗址由保卫科承担 ● 明清皇家陵寝–清昭陵由昭陵办承担 ● 青城山–都江堰由都江堰景区管理处承担 ● 大运河–柳孜运河遗址 [①]
由本单位其他内设部门/机构、其他单位共同承担 （1处，3.7%）	● 大运河–江南运河南浔段由区文物保护管理所和浙江省古建筑设计研究院共同承担
完全由其他单位承担 （1处，3.7%）	● 明清皇家陵寝–清永陵由林业局承担

（7）78.09%的严重病害控制正常或得到较好治理

根据严重病害监测数据显示，73项（69.52%）严重病害控制正常；9项（8.57%）严重病害通过实施本体保护工程得到较好治理；20项（19.05%）严重病害开始恶化，但程度较轻，尚未造成威胁，涉及11处遗产地；3项（2.86%）严重病害严重恶化，造成很大威胁，涉及3处遗产地。总体来看，目前我国造像/壁画类遗产要素的严重病害恶化比例较高（图3–35）。

3.4　遗产影响因素

2020年，自然侵蚀、建设压力、人口压力仍是我国世界文化遗产的主要影响因素，游客压力、自然灾害、人为破坏次之。相较2019年，总体负面影响有所减小。63.89%的遗产地开展了自然环境监测，其中92.75%的遗产地对自然环境负面影响因素防治较好或控制正常；11处遗产地遭受暴雨、台风/大风、洪水等自然灾害的影响，但遗产本体未受到严重破

---

① 　未填报具体单位。

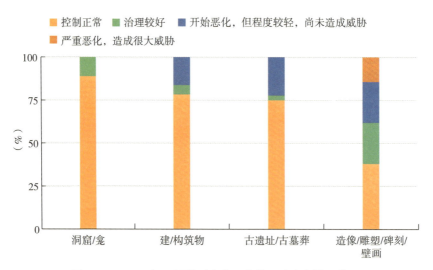

图 3–35　2020年不同类型遗产要素的严重病害控制情况

坏；7处遗产地遭受游客及当地居民的破坏；资源开采点、严重污染企业有所减少，18处遗产地仍存在人口疏散需求；受新冠肺炎疫情影响，90.43%的遗产地游客量呈负增长，存在日游客量超载现象的遗产地占比下降10.18%；遗产区、缓冲区内的建设项目总数较往年减少，经文物部门同意数量占比84.69%。

如何应对气候变化、削弱自然灾害对遗产的影响，以及如何缓解人口压力、规范建设项目、管理旅游与游客活动等，是我国世界文化遗产地应重点研究、关注、解决的问题，也是制约我国世界文化遗产可持续发展的主要因素。

3.4.1　自然环境

（1）63.89%的遗产地开展以大气、地表水为主的自然环境监测，与我国第三轮定期报告显示的自然影响因素相吻合

2020年，37项遗产、69处遗产地开展自然环境[①]监测，占遗产地总数的63.89%，比上年上升7.41%，上升原因为本年度新增9处[②]遗产地开展此项工作，涉及丝绸之路–唐长安

[①] 影响遗产保存的自然环境主要包括大气环境、土壤环境、地表水环境、地下水环境、生物环境等。其中，大气环境主要包括气态污染物、空气颗粒物、臭氧、光污染、降水、气温、紫外线、温度、湿度、气压、风沙、粉尘、风速、风向、酸雨等；土壤环境主要包括土壤质量、土壤湿度、土壤温度、电导率、蒸发量等；地表水环境主要包括水温、水质、水位、流速等；地下水环境主要包括水温、水质、水位等；生物环境主要包括动物、植物、微生物等。

[②] 泰山2019年开展了自然环境监测，2020年未提交监测年度报告。

城大明宫遗址、大雁塔，元上都遗址，拉萨布达拉宫历史建筑群－罗布林卡，大运河－江南运河南浔段、中河台儿庄段，明清皇家陵寝－明孝陵、清永陵，土司遗址－唐崖土司城址。例如，元上都遗址通过新实施的监测预警平台建设工程，监测温度、湿度及风速等自然环境数据，旨在对遗址冻融、表面风化等病害进行相关性分析。另有60处遗产地根据遗产自身特点，本年度持续开展具有针对性的自然环境监测，如莫高窟、庐山国家公园、苏州古典园林等6处遗产地继续开展了植物、动物、微生物等生物环境监测（表3-11）。

表3-11　2020年开展生物监测的遗产地

序号	遗产名称	监测内容
1	莫高窟	为及时掌握威胁莫高窟文物安全的生物因子，对莫高窟窟区及部分洞窟开展可培养空气微生物、洞窟内动物活动、洞窟外环境害虫数量及分布规律等连续监测评估
2	庐山国家公园	为及时掌握威胁庐山文物建筑安全的生物因子，对白鹿洞书院、庐山会议旧址开展白蚁监测，进行白蚁威胁预警
3	苏州古典园林	为科学地做好苏州古典园林有害生物防控工作，及时掌握威胁苏州古典园林内各古树名木健康的生物因子，苏州古典园林与高校合作，持续开展植物病虫害监测与防控工作，以便根据古典园林生态系统特点以及有害生物与环境的关系，充分发挥自然因子的控制作用，协调运用各种可能的防治手段，达到生态、经济、安全、长期控制有害生物的目的。各季度及时公布各园林植物病虫害的调查结果，并开展培训讲座指导各园林开展当季植物病虫害识别与防控工作
4	大足石刻	随着大足石刻北山摩崖造像区渗水病害的不断发展，石窟造像表面微生物滋生严重且覆盖面积不断扩大，严重影响到文物价值。为全面深入分析大足石刻微生物病害发育情况，大足石刻启动了微生物病害专项监测及防治专项工作，通过定期巡查、拍照等方式随时监测微生物病害扩展面积及病害发育程度，同时通过对霉菌、地衣等微生物进行实验室培养，物种鉴定，深入掌握微生物种群类别。结合区域微环境监测数据及石质文物本体矿物成分分析，全面掌握大足石刻微生物病害发育程度及成因机理，为微生物病害抑制材料筛选和防治措施提供科学依据
5	明清皇家陵寝－清永陵	为进一步分析制定保护对策，开展了清永陵的树木种类、分布状况、长势、病虫害监测以及野生动物的分布区域、数量、新增动物种类监测
6	良渚古城遗址	为了解自然生态对良渚古城遗址保护的影响，对良渚古城遗址区域内的植被等生物环境进行监测，并定期进行生态环境调查

2020年，各遗产地共开展自然环境监测项目125项，其中大气环境、地表水环境仍是遗产地普遍重点关注的监测内容（图3-36），与世界遗产第三轮定期报告填报结果显示的影响我国世界文化遗产本体保存的主要自然环境因子（水91.89%、相对湿度91.89%、气温78.38%、风72.97%）相符。从遗产类型来看，古建筑类遗产地主要监测了大气、地表水、生物，古遗址及

古墓葬类遗产地主要监测了大气、地表水、土壤、生物，石窟寺及石刻类遗产地主要监测了大气、生物、地下水，与不同类型遗产第三轮定期报告中显示的主要自然环境因子也基本一致，这说明我国世界文化遗产地开展的自然环境监测具有较强的针对性（表3-12）。

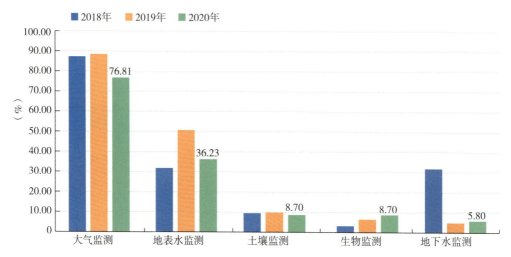

图3-36　2018—2020年遗产地开展的各类自然环境监测的占比情况

表3-12　2020年遗产地监测的自然环境与第三轮定期报告显示的主要自然环境因子的对应情况

序号	遗产类型	遗产地监测的自然环境因子	第三轮定期报告显示的主要自然环境因子
1	古建筑	●大气（温度、湿度、降水、紫外线、气态污染物、空气颗粒物、风速、风向） ●地表水（水质、水位） ●生物（植物）	●水（雨水、地下水）、相对湿度 ●有害动植物
2	古遗址及古墓葬	●大气（温度、湿度、降水、风速、气压、气态污染物、空气颗粒物、风向、酸雨） ●地表水（水质、水位） ●土壤（土壤温度、土壤湿度、电导率） ●生物（植物、微生物）	●水（雨水、地下水）、气温、相对湿度 ●微生物
3	石窟寺及石刻	●大气（温度、湿度、降水、紫外线、气态污染物、空气颗粒物、风速、风向） ●生物（微生物、植物、动物） ●地下水（水位）	●水（雨水、地下水）、相对湿度、气温、辐射/光、灰尘 ●有害动植物

（2）22处遗产地采用共享数据的方式监测自然环境

从监测方式来看，22处（31.88%）遗产地继续采用了共享气象、生态环境、应急、水利、自然资源等部门数据的方式监测大气、地表水、地下水、地质灾害、海洋预报、台风及地震等大环境数据。自然环境数据的共享共用在很大程度上节约了监测数据采集及设备运行维护的成本，也体现了遗产所在地人民政府及其管理部门统筹集约、开放共享的信息建设理念。另外，本年度共有7处（10.14%）遗产地采用购买服务的方式委托专业机构开展自然环境专项监测，相较去年新增2处遗产地，分别为五台山-佛光寺开展了大气监测，丝绸之路-唐长安城大明宫遗址开展了水质监测。

（3）92.75%的遗产地对自然环境负面影响因素防治较好或控制正常

通过对自然环境监测数据和遗产本体保存状况的关联分析得出，被监测的98项（78.40%）自然环境对遗产本体及其环境影响较轻，22项（17.60%）影响一般，这表明自然环境对我国世界文化遗产本体及其环境影响总体较轻。同时，也有5处遗产地通过实施监测工作，认为5项（4.00%）自然环境对遗产本体及其环境造成较严重影响，例如莫高窟、丝绸之路-麦积山石窟2处遗产地认为相对湿度的高低起伏变化引起崖体中盐分向壁画表面迁移，增加各类病害发育风险，不利于壁画保存；大足石刻认为受当地高温多雨的影响，宝顶山和北山的石刻岩体多被风化剥蚀，彩绘脱落，并且伴有严重渗水危害，对石刻及彩绘保存产生较大影响；元上都遗址、土司遗址-唐崖土司城址2处遗产地认为温度、湿度及风速等自然环境造成遗址冻融、表面风化等病害，且在短时间内可直接发生劣变，不利于遗址保存。

为了尽可能控制自然环境对遗产本体及其环境产生的不良影响，大部分遗产地通过采取相关措施加以缓解。例如，莫高窟、丝绸之路-麦积山石窟通过在洞窟外增设窟门、控制游客参观的方式，减少窟外环境和参观活动对窟内相对湿度的影响；良渚古城遗址通过建设保护棚，减少雨水对南部城墙的直接冲刷等。总体来看，64处（92.75%）遗产地表示，对自然环境的负面影响因素防治较好或控制正常；5处（7.25%）遗产地提出，自然环境对遗产本体及其环境的负面影响因素开始恶化，但程度较轻，尚未造成威胁，具体包括高句丽王城、王陵及贵族墓葬-五女山，土司遗址-唐崖土司城址，丝绸之路-炳灵寺石窟、麦积山石窟、崤函古道石壕段遗址。

3.4.2　自然灾害

（1）11处遗产地遭受以暴雨、台风/大风、洪涝为主的自然灾害

2020年，9项遗产、11处遗产地遭受自然灾害20次，受灾遗产地占总数的10.19%，与上年相比下降1.85%。从灾害类型看，18次自然灾害是以暴雨、台风/大风、洪涝为主的气

象水文灾害，另外2次为地震灾害和生物灾害。从灾害发生时间看，主要集中在6—8月，此期间的灾害次数占总数的80%（图3-37）。

图3-37　2015—2020年遗产地遭受自然灾害次数情况

（2）4次自然灾害对遗产本体造成较重或严重影响

经评估，13次（65%）灾害对遗产本体影响轻微，3次（15%）灾害影响一般，4次（20%）灾害影响较重或严重（表3-13），涉及丝绸之路-苏巴什佛寺、麦积山石窟（图3-38），峨眉山-乐山大佛（仅乐山大佛）3处遗产地，均为受到强降雨影响。

表3-13　2020年受自然灾害影响较重或严重的遗产地

自然灾害影响程度	受灾情况
影响较重	• 2020年7月受强降雨影响，库车河水不断冲刷，造成苏巴什佛寺的东寺一段防洪坝被冲毁 • 2020年7月持续降雨，麦积山石窟西崖中上部树木因根系生长在表层浮土之中，在重力及雨水的冲刷下脱落 • 2020年8月持续降雨，麦积山石窟崖体表面雨水冲刷严重，岩体内含水量饱和，原浅表层已风化的岩石在湿应力影响下，发生多处脱落；随着雨水的增多，雨水沿着山体顺流至栈道表面，个别洞窟内也发现雨水进入的情况；另外山脚下泥土雨水饱和，导致个别树木倒塌及小面积滑坡
影响严重	• 2020年8月，乐山市中区受持续强降雨影响，青衣江、岷江乐山段水位暴涨，乐山大佛所处三江汇流区域形势异常严峻，洪水分别于8月12日、8月16日和8月18日涌上佛脚平台。其中，8月18日的最高水位涨至大佛佛脚脚趾，并长时间漫灌浸泡。洪水退后，佛脚平台基座略有损坏，置于佛脚平台的遗产监测设备全部损坏

图3-38　丝绸之路－麦积山石窟受灾情况

（图片来源于麦积山石窟艺术研究所）

（3）建立或完善遗产风险防范机制是减少自然灾害影响的有效措施

在本年度遭受的自然灾害中，有15次（75%）灾害采取了灾前防范措施，降低了自然灾害对遗产本体、环境的破坏，以及对人员安全的威胁，比上年增长4.41%。如峨眉山－乐山大佛（仅乐山大佛）接到强降雨极端天气预警后，立即在佛脚平台周边堆放沙袋，以避免洪水对大佛本体的冲撞、掏蚀，同时对全山地质灾害和危树进行安全隐患排查整治，及时消除了强降雨可能引发的地质灾害和树木倒伏对文物的损害，并安排专人对乐山大佛进行人工巡查监测。虽然，此次降雨带来的百年一遇特大洪水对乐山大佛造成严重负面影响，但因提前实施了相应防范措施，对减少负面影响起到了积极作用。另外，丝绸之路－麦积山石窟在暴雨发生前，及时发布了预警，关闭了洞窟一号线，启用了应急路线，保证了工作人员及游客人身安全，同时利用监测数据及时分析洞窟文物环境状况，及时派员对洞窟环境进行人为干预，保证了文物安全，降低了灾害风险。

近6年数据显示（图3-39），我国世界文化遗产地每年都会遭受自然灾害，虽然总体受灾比例呈下降趋势，但自然灾害对遗产负面影响仍不可小觑。为尽量降低自然灾害对我国世界文化遗产影响，各遗产地可在积累的自然灾害数据、自然环境监测数据基础上，开展自然灾害风险评估和识别工作（图3-40），分析研究各类自然灾害风险发生的可能性和影响范围，通过建立或完善有针对性的包含灾前准备、灾时应对、灾中减灾和灾后恢复等内容的风险管理体系，实现全过程管理与有效应对，尽可能减少自然灾害对遗产造成的损失。

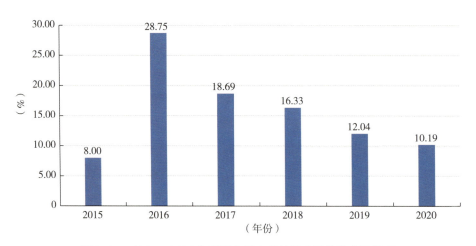

图3-39　2015—2020年遭受自然灾害的遗产地数量占比情况

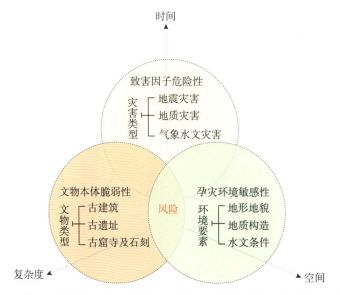

图3-40　基于区域灾害系统理论的不可移动文物自然灾害风险评估理论模型[①]

3.4.3　人为破坏

（1）7处遗产地遭受人为破坏，相较去年小幅下降

2020年，7项遗产、7处遗产地[②]遭受人为破坏（表3-14），占遗产地总数的6.48%，与上年

[①] 李宏松.不可移动文物自然灾害风险管理体系研究[J].中国文化遗产.2021（2）.

[②] 该项数据来源于我国世界文化遗产地提交的2020年度监测年度报告和中国世界文化遗产监测预警总平台开展的舆情专项监测数据。

相比下降0.93%。从事件类型来看，4项属于违法活动，其中2项是发生在殷墟保护区划内的违规建设。8项属于蓄意或无意识的破坏活动，主要为游客及当地居民在遗产本体上乱涂乱写、刻划、攀爬、踩踏、剐蹭，或是破坏防护设施及保护标识等。经评估，这些人为破坏行为均未对遗产本体造成严重影响。针对这些人为破坏行为，遗产地采取及时修复受损本体及设施、增设防护设施及标识牌（图3-41）、加强日常巡查、制止并上报违法行为等处理措施。

表3-14　2020年遭受人为破坏的情况

序号	遗产名称	人为破坏情况描述	处理措施
1	明清故宫－北京故宫	东华门被撞	及时修复受损本体，加强门禁管理
2	长城－八达岭	游客在墙砖上进行刻划	工作人员上前制止，并上报管理部门，公安机关对刻划当事人依法拘留和罚款
		游客用钥匙在城墙上进行刻划	对当事人（未成年）进行批评教育
3	苏州古典园林	游客或居民在退思园北墙墙面签名，造成墙面轻微画痕	安排专业人员进行轻微打磨和增设友情提醒告示牌
		国庆长假期间，客流量增多，留园部分绿地植物被践踏	增设绿地栏杆，加强巡视
4	殷墟	侯庄村（位于殷墟重点保护区内）村民违规建房	告知村民立即停工，并上报相关部门进行处置
		当地第五水厂污水清理池未报批擅自施工	区域网格员排查发现后，立即上报殷墟管委会，市文化市场执法队及时到达现场制止施工行为
5	丝绸之路－汉长安城未央宫遗址	游客或附近居民随意乱扔杂物导致少府遗址、中央官署遗址的覆罩展示玻璃损坏	及时更换，加强巡查
		游客或附近居民随意攀爬导致天禄阁围墙破损	及时修缮破损围墙，并树立警示牌，加强巡查
		游客或附近居民破坏标识牌	及时更新被破坏的标识牌，加强巡查
6	杭州西湖文化景观	游客翻越雷峰塔遗址，并拿走半块塔砖	对当事人处以行政处罚
7	大运河－江南运河嘉兴段	长虹桥被来往船只撞击，中孔西南侧和中孔东侧受到不同程度的剐蹭	立即对剐蹭部位进行修缮

图3-41 苏州古典园林针对游客破坏行为增设标识牌

（图片来源于苏州市世界文化遗产古典园林保护监管中心）

（2）游客及当地居民是人为破坏行为的涉事主体

近6年数据显示（图3-42），我国世界文化遗产每年均遭受人为破坏，但涉及的遗产地数量占比总体呈下降趋势，游客及当地居民对遗产本体及其环境蓄意或无意识的破坏行为

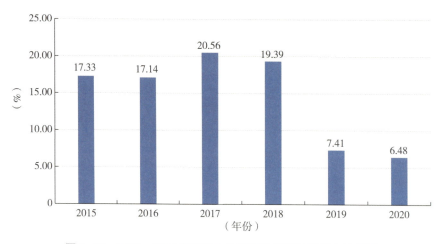

图3-42 2015—2020年遭受人为破坏的遗产地数量占比情况

是主要类型。各遗产地可通过增设引导设施、制定游客手册等人性化管理措施，提升公众对遗产的保护意识；同时针对不文明行为，争取通过立法手段，加强行政执法，这样不仅能够体现出遗产保护的决心和态度，也能对公众起到警示作用。

3.4.4　旅游与游客管理

（1）年度总游客量下降55.93%，各遗产地积极探索旅游开放新模式

2020年，突如其来的新冠肺炎疫情席卷全球，在全年全行业常态化疫情防控工作的整体部署下，我国世界文化遗产地的旅游与游客管理工作也出现"非常态"化的特点。2020年，39项遗产、107处[①]遗产地共接待游客1.71亿人次，比上年减少2.17亿人次，下降55.93%（图3-43）。本年度我国世界文化遗产地游客接待量占全国总游客量[②]的5.94%，相较上年降低0.52%，占比与上年基本持平。从全年游客量月度分布看，2月、3月游客量相对较少，8—10月游客量较多（图3-44）。

图3-43　2015—2020年游客量情况

---

① 大运河-江南运河嘉兴段的监测年度报告中统计的为嘉兴市游客量（1.01亿人次），不符合数据要求，故未纳入计算。
② 《中华人民共和国2020年国民经济和社会发展统计公报》显示全年国内游客28.8亿人次，比上年下降52.1%。国内旅游收入22,286亿元，下降61.1%。

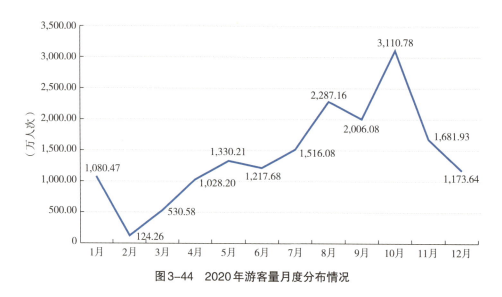

图3-44 2020年游客量月度分布情况

虽然现场参观体验受到疫情影响，但我国各世界文化遗产地积极探索常态化疫情防控下的旅游开放模式，利用新媒体平台开启"云游"新模式，发布一系列优质、丰富的线上资源，为公众"零距离"感知世界文化遗产搭建平台。例如，莫高窟创新、活化文化内容，利用新媒体平台共发布原创与转载稿件2,000余篇，浏览量达2.35亿人次，访客覆盖120个国家（地区），其中"云游敦煌"搭建了敦煌文化与公众之间的互动桥梁，推动了敦煌文化的传播与发展；秦始皇陵及兵马俑坑与央视等各大主流媒体联合推出"'云'游兵马俑""宝藏四方""云讲国宝""读书遇见博物馆"等直播活动十余场次，合计点击量超过2亿人次。

案例："云游敦煌"
（资料来源于敦煌研究院）

"云游敦煌"是敦煌研究院推出的集探索、游览、保护敦煌石窟艺术功能于一体的微信小程序。它不仅是一个无边界的"云上"博物馆，更是多元创意传播的集合地与切入口，借助"今日画语""云游敦煌动画剧"等多个特色内容板块，融合公益、动漫、游戏、音乐、文学等多种数字内容形态，提供欣赏、游览、研究等在内的线上公共文化服务，在创新中普及、传播和传承传统文化，让亿万数字用户体悟敦煌文化的智慧与美。

"云游敦煌"用全新的数字创意和交互形式演绎敦煌文化内涵，搭建起敦煌文化与公众链接、互动的桥梁，是敦煌研究院讲好敦煌故事，传播好中国声音的全新平台。

自2020年2月上线以来，"云游敦煌"小程序浏览量累计突破4000万人次，独立用户数超过900万，为推动敦煌文化发展，增强中华优秀传统文化的生命力和影响力，创造中华文化的新辉煌提供了更多可能。

"云游敦煌"小程序

（2）生态环境好的遗产地更受公众青睐[①]

从单个遗产地的游客量看，差异依旧悬殊。本年度游客量最高的是杭州西湖文化景观，达1,463.77万人次；不足1万人次的有5处遗产地，均为丝绸之路的遗产地，包括汉魏洛阳城遗址、北庭故城遗址、兴教寺塔、崤函古道石壕段遗址、高昌故城。2020年游客量排名前10的遗产地（图3-45），大部分为生态环境较好的景区，这与近年来旅游模式更趋向户外和自然有关，再加上新冠肺炎疫情影响，这种旅游场所的吸引力更加明显。相较近3年游客量排名前10的遗产地情况，本年度平遥古城首次未列入排名，武当山古建筑群首次进入排名。

（3）90.43%的遗产地游客量出现负增长

相较上年[②]，85处（90.43%）遗产地游客量减少，主要受新冠肺炎疫情影响。减幅在50%以上的有52处遗产地，占比最多。9处（9.57%）遗产地游客量增长，涉及高句丽王城、王陵及贵族墓葬-国内城，五台山-台怀，丝绸之路-汉魏洛阳城遗址、隋唐洛阳城定鼎门遗址、新安汉函谷关遗址、锁阳城遗址，大运河-江南运河无锡城区段、江南运河南浔段，土司遗址-海龙屯。其中，游客量增幅超过1倍的遗产地有2处，分别为丝绸之路-

---

① 共有79处遗产地有效数据，不含大运河。

② 涉及2019年和2020年游客量的有效数据94组。

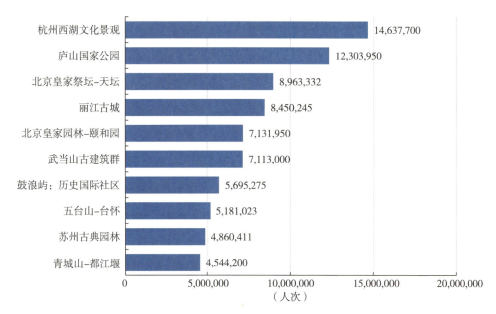

图3-45　2020年游客量排名前10的遗产地

汉魏洛阳城遗址、隋唐洛阳城定鼎门遗址，主要原因是2019年游客量基数小、2020年调整为免费开放等。

（4）境外游客量大幅度减少，占比仅为0.36%

2020年，24项遗产、32处遗产地共接待境外游客人数25.98万人次，比上年减少733.96万人次，占这些遗产地全年总游客量[①]的0.36%，比上年减少2.75%。2020年，境外游客接待量较多的是明清故宫-北京故宫、丽江古城、北京皇家祭坛-天坛。境外游客量接待占比最高的是明清故宫-北京故宫（2.39%），但其占比仍远低于上年最高的秦始皇陵及兵马俑坑（20%）（图3-46）。

（5）日游客承载量超载[②]现象有所下降，预约游客比例增长14%

1）6处遗产地存在日游客量超载现象，相较上年下降10.18%

截至2020年年底，除暂未对公众开放或开敞空间类遗产（如大运河河道）外，我国世

[①] 24项遗产、32处遗产地的总游客量为7,316.13万人次。

[②] 游客承载量通常是指一定时间内、在保障游客安全和遗产安全的前提下，遗产地所能容纳的最大游客量。遗产地游客承载量的制定是根据自身的属性和特点，通过对关键参数指标研究和长期经验积累，确定的每日安全、合理的游客接待量。

图3-46　2020年境外游客量排名前10的遗产地

界文化遗产地均设置了日游客承载量，另外根据新冠肺炎疫情防控要求，各遗产地还根据实际情况适时下调常规日游客承载量。例如，明清故宫-北京故宫原设定日游客承载量8万人次，五一期间限流5,000人次，十一至故宫600周年活动期间以及在新冠肺炎疫情防控状况好转的情况下又上调至3万人次。2020年，5项遗产、6处遗产地存在超出日游客承载量情况，占遗产地总数的5.56%，与上年相比降低10.18%，游客压力有所缓解。涉及超载的遗产地分别为莫高窟（98天），苏州古典园林（18天），土司遗址-海龙屯（11天），丝绸之路-麦积山石窟（4天）、崤函古道石壕段遗址（3天），拉萨布达拉宫历史建筑群-布达拉宫（2天）。超载时间主要集中在疫情相对不严重的4月、5月、10月。相较前两年数据，这6处遗产地均为连续三年超载，其中莫高窟超载天数比上年增加75天，主要原因是莫高窟在旅游旺季结合文物保护及游客参观需求，在保证文物安全、游客安全的前提下适时启动应急参观模式应对超大客流，执行应急门票发售制度。

2）8处遗产地存在瞬时游客量超载现象，相较上年下降6.88%

2020年，34项遗产、70处遗产地设定了瞬时游客承载量，占遗产地总数的64.81%。4项遗产、8处遗产地存在超出瞬时游客承载量情况，占设定瞬时游客承载量遗产地的11.43%，相较上年下降6.88%。其中，3处遗产地为连续三年超载（丝绸之路-克孜尔尕哈烽燧、苏巴什佛寺遗址、崤函古道石壕段遗址），3处为连续两年超载（苏州古典园林[①]、土司遗址－海龙屯、丝绸之路－炳灵寺石窟），2处为本年度新增超载（良渚古城遗址、丝绸之路－麦积山石窟），5处遗产地为去年超载今年未超载（秦始皇陵及兵马俑坑，龙门石窟，丝绸之路－交河故城、克孜尔石窟，武当山古建筑群）。针对游客量连续两年超载的情况，苏州古典园林已设立专项课题进行研究，并增设夜游模式来缓解游客压力。

（6）新增20处遗产地采用预约方式管理游客，预约比例增长13.89%

2020年，29项遗产、64处遗产地采用预约方式管理游客，占遗产地总数的59.26%，与上年相比增加13.89%。本年度新增20处采用预约方式管理游客的遗产地。

数据显示，2020年预约游客量为4,562.03万人次，占涉及遗产地总游客量[②]的50.16%，相较上年增长13.44%；占全国世界文化遗产总游客量的26.68%，相较去年增长14.86%。从单个遗产地看[③]，20处（41.67%）遗产地预约游客量相较去年有所增长，28处（58.33%）有所减少；预约比例超过50%的遗产地有34处，其中预约游客量占比达100%的有9处，分别为明清故宫－北京故宫，秦始皇陵及兵马俑坑，承德避暑山庄及其周围寺庙，皖南古村落－西递，龙门石窟，丝绸之路－隋唐洛阳城定鼎门遗址、小雁塔，大运河－含嘉仓160号仓窖遗址和回洛仓遗址以及良渚古城遗址。

虽然采用预约方式对游客进行了管理，仍有7处遗产地存在游客量超载现象（含日游客量超载或瞬时游客量超载），比上年减少15处。在疫情防控常态化背景下，预约旅游已经成为景区经营的基本要求和人们出行的文明新风尚，文化和旅游部等部门亦多次下发文件倡导景区推行预约制。各遗产地应按照"能约尽约"的原则，推行旅游景区预约常态化，更好地提升游客体验。

（7）讲解服务游客量下降60.37%

2020年，25项遗产、48处遗产地提供了游客讲解服务，共服务游客331.81万人次，比上年减少505.41万人次，降幅60.37%。占这些遗产地游客总量[④]的3.9%，相较上年减少2.8%。占全国世界文化遗产总游客量的1.94%，与上年相比下降0.22%，讲解服务游客量占比仍较低。从单个遗产地看，7处遗产地讲解服务游客量占其游客总量比例超过50%，其

---

① 苏州古典园林所包含9个组成部分中的任意1处园林有瞬时游客量超载现象则计入统计。
② 涉及2020年64处遗产地的游客总量为9,094.44万人次。
③ 涉及2019年和2020年预约游客量的有效数据48组，不含2019年未采用预约方式而2020年采用预约方式的遗产地。
④ 2020年，48处遗产地提供本单位游客讲解服务的游客总量为8,505.22万人次。

中福建土楼 – 华安土楼、丝绸之路 – 锁阳城遗址和克孜尔石窟 3 处遗产地的讲解服务率达100%。讲解服务有助于提高遗产价值传播和公众文物保护意识，建议各遗产地根据游客需求提供多样化、定制化的讲解服务，并注重发挥讲解服务的公益性。同时，各遗产地也应注重提高世界文化遗产的阐释与展示水平。

（8）门票收入和经营性收入均下降60%以上

2020年，80处[①]遗产地的门票收入共计35.6亿元，比去年下降64.91%。另有27处[②]遗产地无门票收入，其中24处遗产地免费开放，3处遗产地未对外开放。从单个遗产地看[③]，4处（5.13%）遗产地相较上年门票收入上升，74处（94.87%）遗产地相较上年门票收入下降，其中门票收入下降50%以上的有52处遗产地，主要原因是受新冠肺炎疫情影响，游客量大幅减少以及实施门票优惠政策，如丝绸之路 – 张骞墓实施"陕西旅游惠民政策"，持续推行免票或半价优惠。

2020年，59处遗产地保护管理机构参与的经营活动收入共计9.53亿元，比上年下降69.94%。另有49处遗产地因收入全额上缴财政、经营性和服务场所关闭或无经营性收入等原因，未统计经营性收入。从单个遗产地看[④]，9处（18.37%）遗产地相较上年收入增长，37处（75.51%）遗产地收入减少。

综合遗产地的门票收入和经营活动收入情况[⑤]，我国世界文化遗产地仍以门票收入为主，门票收入是经营活动收入的近2.5倍。从单个遗产地看，29处（55.77%）遗产地以门票收入为主，21处（40.38%）遗产地以经营活动收入为主[⑥]。部分遗产地的经营活动收入远高于门票收入，如丽江古城、良渚古城遗址的经营活动收入分别是门票收入的15.2倍和4.8倍。综合遗产类型看，古建筑、石窟寺及石刻、文化景观类遗产地完全以门票收入为主（图3–47）。

在遗产旅游促进社会经济发展方面，68处（62.96%）遗产地认为对社会效益起到较显著的影响，主要体现在当地居民参与遗产日常保护管理/旅游服务、提供市民文化活动公共空间、带动周边旅游业、传承传统工艺等方面。82处（75.93%）遗产地认为对环境效益也起到较显著的影响，主要体现在提升景区环境和绿化，建设、改造景区和周边基础设施等方面。

---

① 大运河—江南运河嘉兴段，因游客量统计口径不一，故未纳入计算。
② 根据2020年遗产地监测年度报告的数据显示，27处遗产地门票直接收入为0。
③ 涉及2019年和2020年门票收入的有效数据78组。
④ 涉及2019年和2020年经营收入的有效数据49组。其中，3处数据无变化。
⑤ 涉及2020年有效的门票收入和经营收入数据52组。其中，门票总收入23.23亿元，经营总收入9.38亿元。
⑥ 涉及2020年有效的门票收入和经营收入数据52组。其中，2处遗产地的门票收入和经营收入相同。

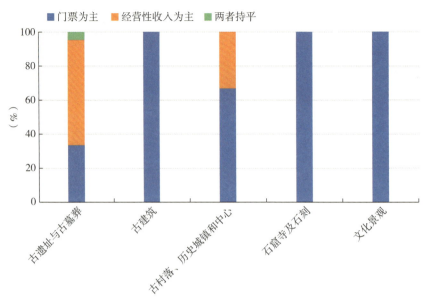

图3-47　2020年不同遗产类型的门票收入与经营性收入情况

案例：遗产旅游助推当地社会效益和环境效益提升

（资料来源于杭州西湖世界文化遗产监测管理中心、杭州良渚古城遗址世界遗产监测管理中心）

杭州西湖文化景观

■ 社会效益：旅游带动约3万居民从事遗产相关工作和经营服务，主要表现在通过产业引导、工艺传承等做法，保留遗产地原有的以龙井茶生产为特色的生产方式；通过规划引导，保留了当地居民的传统生活方式，并有针对性地开发旅游体验项目，实现了遗产保护与遗产体验相结合的互赢体系；通过文化宣传活动，不断提炼遗产的核心价值，扩大遗产的文化引领效应，有效地提升了遗产价值的体验感和市民、游客亲近遗产的愿望，实现遗产的可持续发展，提高了公众对遗产的认识，扩大了遗产的宣传效应。

■ 环境效益：以"五水共治"等工作为抓手，提升遗产地总体水质；以本土植物培育为契机，不断丰富特色植物景观内涵；以智慧交通为重点，不断完善遗产地的交通保障水平。此外，结合日常保护工作，强有力地打击毁林种茶，做好森林火灾预防等行为，优化了遗产地的总体环境水平。

良渚古城遗址

■ 社会效益：旅游带动约1.59万居民从事遗产相关工作和经营服务，目前良渚古城遗址讲解员、保安、保洁、驾驶员、绿化养护员等岗位绝大部分均来自遗址区周边居民（保安占90%，保洁占89%，驾驶员占83%），随着世界遗产溢出效应的不断扩大以及文旅融合的推进，社会效益持续提升，环良渚古城遗址区域已培育了良渚文化村、梦栖小镇、瓶窑老街、安溪老街等文化旅游景点，建设了新港村、杜城村、南山村等景区村庄；在线路上，积极串点成线，依托省市平台广泛推介良渚文化之旅；在产业上，以良渚文化为本底，积极谋划文旅＋"美丽乡村"、特色小镇、文创、演艺、研学等产业融合新发展。

■　环境效益：通过良渚古城遗址村落环境综合整治项目、良渚古城遗址公园水环境生态治理项目、美丽公路项目、良渚古城遗址基础设施提升工程、良渚古城遗址公园旅游基础设施配套工程等进行了河道整治、水系净化、绿化和景观提升等，并对周边村庄进行环境整治。目前，遗址区地面绿化覆盖率达到90%，水系净化率达到95%。遗址区与周边区域整体环境优美，景色宜人。

3.4.5　建设控制

2020年，16项遗产、29处遗产地填报了遗产区划或保护区划内实施的建设项目，占遗产地总数的26.85%，相较上年减少8.34%。建设项目共计98项[①]，与上年相比减少4项，其中遗产区内27项（27.55%），缓冲区内38项（38.78%），遗产区和缓冲区两者之中的32项（32.65%），遗产区和缓冲区之外、保护范围和建设控制地带之内的1项（1.02%）。建设项目类型以住宅、大型游客住宿及相关基础设施、说明性和游览性设施为主。按照《中华人民共和国文物保护法》第十七条、第十八条规定[②]，经文物部门同意的建设项目有83项，占比84.69%，相较上年增加15.08%。未经文物部门同意的建设项目主要位于缓冲区内，项目类型以居民房屋改/扩建、基础设施建设为主。

总体看来，我国世界文化遗产地的建设项目有所减少，但依然存在未按程序履行报批、

---

① 另有206项为丽江古城民居建筑的改建、重建、装修、修缮项目。

② 第十七条：文物保护单位的保护范围内不得进行其他建设工程或者爆破、钻探、挖掘等作业。但是，因特殊情况需要在文物保护单位的保护范围内进行其他建设工程或者爆破、钻探、挖掘等作业的，必须保证文物保护单位的安全，并经核定公布该文物保护单位的人民政府批准，在批准前应当征得上一级人民政府文物行政部门同意；在全国重点文物保护单位的保护范围内进行其他建设工程或者爆破、钻探、挖掘等作业的，必须经省、自治区、直辖市人民政府批准，在批准前应当征得国务院文物行政部门同意。第十八条：在文物保护单位的建设控制地带内进行建设工程，不得破坏文物保护单位的历史风貌；工程设计方案应当根据文物保护单位的级别，经相应的文物行政部门同意后，报城乡建设规划部门批准。

未批先建的问题。按照《中华人民共和国文物保护法》有关规定，位于保护范围和建设控制地带内的任何建设工程，均须履行相应审批手续后实施。未获审批擅自开工的情况，不仅可能危及遗产本体及其环境的保存，不利于遗产价值保护和传承，更是漠视文物保护相关法律规定的违法行为。遗产所在地人民政府应加强对遗产保护区划内建设项目的监督管理，依法行政，依法决策。对于遗产保护管理机构来说，不仅要自身严格履行相应审批手续，而且也要主动对保护区划内的建设项目进行监测，一旦发现有突破法律规定的建设行为，应第一时间向相关部门报告，及时制止违法建设，尽可能把对遗产的负面影响降到最低。

3.4.6 社会环境

（1）遗产地资源开采点、严重污染企业数量均有所减少

2020年，2项遗产、2处遗产地的遗产区或缓冲区内存在严重污染企业2个，涉及秦始皇陵及兵马俑坑、殷墟。原长城-嘉峪关1处位于缓冲区内和建设控制地带内的严重污染企业——嘉峪关天石水泥厂，现已关闭，拟利用原有设施改造为嘉峪关文化旅游创意产业园。

2020年，2项遗产、2处遗产地的遗产区或缓冲区内存在4处资源开采点，涉及云冈石窟（1处）、丝绸之路-高昌故城（3处）。原丝绸之路-炳灵寺石窟遗产区划内的1处河道取沙点已被取缔。

近5年数据显示，我国世界文化遗产地的遗产区或缓冲区内一直存在严重污染企业和资源开采点，建议涉及的遗产地尽快开展专项调查。一旦认为这些社会环境对遗产造成负面影响，应尽快上报，协助相关部门进行整治，为遗产及其环境的整体保护创造条件。遗产所在地人民政府应以可持续发展的保护理念，正确处理遗产保护与经济建设之间的关系。

（2）18处遗产地存在人口疏散需求，其中2处需求显著

2020年，33项遗产、76处遗产地提供了遗产区人口数量，共计128.57万人；32项遗产、75处遗产地提供了缓冲区人口数量，共计622.58万人。2018—2020年数据显示[1]，31处（48.44%）遗产地的遗产区人口未发生变化，6处（9.38%）遗产地人口持续增加，6处（9.38%）遗产地人口持续减少。16处（27.59%）遗产地的缓冲区人口未发生变化，8处（13.79%）遗产地人口持续增加，6处（10.34%）遗产地人口持续减少（图3-48）。数据表明，我国世界文化遗产地遗产区、缓冲区内的人口数量总体稳定。从遗产所在地县/市常

---

[1] 涉及2018—2020年3年均填报遗产区人口数量有效数据64组，缓冲区人口数量有效数据58组。

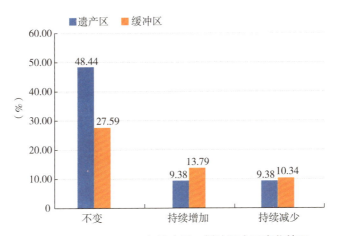

图3-48　2018—2020年遗产区、缓冲区人口变化情况

住人口密度来看①,2018—2020年人口密度连续增长的有5处遗产地（大运河-江南运河嘉兴段、江南运河苏州段，红河哈尼梯田文化景观，开平碉楼与村落，周口店北京人遗址），占比6.1%；连续减少的有2处遗产地（北京皇家祭坛-天坛、黄山），占比2.44%。

2020年，13项遗产、18处遗产地提出遗产区内有人口疏散需求，占遗产地总数的16.67%，占比与2019年一致，其中殷墟、峨眉山-乐山大佛（仅峨眉山）2处遗产地连续2年提出存在显著的人口疏散需求。

近4年数据显示，周口店北京人遗址，北京皇家祭坛-天坛，青城山-都江堰、丝绸之路-汉魏洛阳城遗址、麦积山石窟，大运河-通济渠商丘南关段、峨眉山-乐山大佛（仅峨眉山）7处遗产地持续提出存在人口疏散需求。人口数量过多，会对遗产保护以及当地居民的生产、生活带来负面影响。遗产所在地人民政府应根据遗产保护需求和居民生产、生活需求，为遗产及其周边区域制定合理的人口疏解措施，实现遗产与人的有效平衡及经济社会的可持续发展。

（3）27.17%的遗产所在地的人均GDP高于全国水平

2020年，13项遗产、25处②遗产所在地（县/市）人均GDP超过全国人均GDP③，占比27.17%，相较去年减少4.35%；67处（72.83%）低于全国人均GDP（图3-49）。数据表明，

---

①　涉及2018—2020年3年均填报遗产所在的县/市的常住人口密度有效数据82组。

②　涉及2020年遗产所在地（县/市）人均GDP有效数据92组。

③　2020年全国人均GDP为10,504美元。数据来源于2020年统计公报出炉：我国人均GDP连续两年超1万美元[EB/OL],https://finance.sina.cn/2021-02-28/detail-ikftpnnz0261016.d.html?tt_from=mobile_qq&utm_source=mobile_qq&utm_medium=toutiao_ios&utm_campaign=client_share,2021-02-28/2021-09-29.

目前我国世界文化遗产对当地社会经济的推动作用并不明显。随着文旅融合继续朝纵深发展，各遗产地应在确保遗产价值不受损害的前提下，积极主动地把世界文化遗产保护利用放在当地社会经济发展中去考虑，积极实践创新，让遗产保护与发展从博弈到联动，从对立到共生，实现遗产保护与经济社会的可持续发展。近几年，红河哈尼梯田文化景观通过实施"阿者科计划"，以全民参与、人人受益为原则，在遗产保护与乡村振兴、旅游发展、产业融合等方面的协同发展进行了一些有益探索。

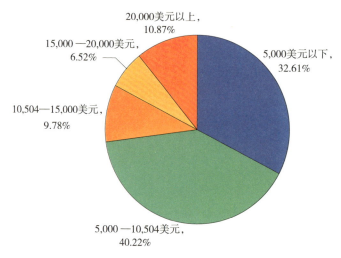

20,000美元以上，10.87%
15,000—20,000美元，6.52%
10,504—15,000美元，9.78%
5,000美元以下，32.61%
5,000—10,504美元，40.22%

图3-49　2020年遗产地所在县/市人均GDP分布情况

案例：红河哈尼梯田文化景观的"阿者科计划"
（资料来源于世界遗产哈尼梯田元阳管理委员会）

　　阿者科村地处红河哈尼梯田文化景观的遗产区内，全村共65户，481人。村寨于1988年建立，因其保存着完好的四素同构、空间肌理、蘑菇房建筑和哈尼族传统文化，成为红河哈尼梯田申遗的5个重点村寨之一，同时也是第三批国家级传统村落。

　　因人均年收入较低，逐渐有村民将传统民居出租给外地经营者，自己搬出村寨。为了保护哈尼传统文化，改变贫困落后状况，2018年，元阳县政府邀请中山大学开展《元阳哈尼梯田旅游区发展战略研究》调研与规划工作，为阿者科村单独编制"阿者科计划"并实施。该计划的主要实施措施是村民自主参与经营和监管，技术团队与政府派干部驻村指导，收入所得按比例分红，即阿者科村实行内源式村集体企业主导开发模式，组织村民成立旅游发展公司，公司组织村民整治村庄，经营旅游产业，公司收入归全村所有，村民对公司经营进行监管。"阿者科计划"坚持"1个模式、2方参与、3个目标、4条底线"的原则，具体为：

1个模式：实行内源式村集体企业主导的开发模式。

2方参与：中山大学协同县政府指派的青年干部，共同驻村。

3个目标：引导全村集体积极参与遗产保护、旅游开发和脱贫攻坚，提高村民自我管理的能力与意识，最终实现村民自主发展。

4条底线：传统民居不租、不售、不破坏；不引进任何外来社会资本，孵育本地村民自主创业就业；不放任本村农户无序经营，严控商业化，力保村落原真性；旅游开发以传统村落保护为首要前提，不破坏传统。

通过"阿者科计划"的实施，村民亲自参与经营、获得利益分红，截至2021年3月，累计分红4次，共计分红47.1万元，实现户均分红7,254元。增加了就业岗位，其中为贫困户村民创造就业岗位13个。提升了人居环境，以村规民约引导村民注重环境卫生，以及以效益作为经费支持完成了公厕改建、水渠疏通、房屋室内宜居化改造。传统村落得以保护，改变了原来传统民居出租的现象。继续发展哈尼村寨文化，增设深度旅游及一系列主题性体验活动。村民享受旅游分红的同时，自发保护村落景观。该计划的实施为乡村振兴、传统村落和梯田文化遗产保护，寻求了一条可持续发展之路。

分红细则（张正秋摄）

3.5 保护项目及相关研究[①]

截至2020年，21项遗产、61处遗产地的保护管理规划报国家文物局审定后由省级人民政府公布实施，占遗产地总数的54.46%[②]。正常实施的规划项目达87.18%，整体实施情况较好。33项遗产、61处遗产地实施了200项保护展示与环境整治工程，以本体保护工程为主。68处遗产地投入约1.5亿元用于遗产的日常养护工作。安防消防方面，中央财政经费所占比例自2018年来逐年增长，2020年达到87.5%，体现了国家对世界文化遗产安全防护的重视；24项遗产、41处遗产地实施了68项安全防护工程。考古项目以主动性发掘为主，对于揭示遗产构成面貌、深化遗产价值认知具有重要意义。科研课题成果丰富，研究指导工程实践的效果开始显现。

3.5.1 保护管理规划

（1）61处遗产地保护管理规划依法依规公布

截至2020年，21项遗产、61处遗产地的保护管理规划报国家文物局审定后由省级人民政府公布实施，占遗产地总数的54.46%（表3-15）。此外，7项遗产、9处遗产地的保护管理规划由市级人民政府或省级文物主管部门公布实施（表3-16）。6项遗产、8处遗产地的保护管理规划已通过国家文物局审定，尚未由省级人民政府公布实施。34处遗产地尚未完成保护管理规划的编制或修编工作，占比30.36%（图3-50）。上述数据说明，我国世界文化遗产的保护管理规划在编制以及公布环节（公布主体、公布时间）存在一些问题。

表3-15 国家文物局审定后由省级人民政府公布实施的保护管理规划

序号	遗产名称	遗产组成	保护管理规划	规划期限
1	明清故宫	北京故宫	《故宫保护总体规划》	2013—2025
2	秦始皇陵及兵马俑坑	—	《秦始皇陵保护规划》	2009—2020
3	莫高窟	—	《敦煌莫高窟保护总体规划》	2006—2025

[①] 保护项目及相关研究主要包含保护管理规划编制及公布实施情况、文物保护展示与环境整治工程实施情况、遗产安消防工程实施情况、考古项目实施情况和相关研究实施情况等。

[②] 此数据来源于我国世界文化遗产地提交的2020年度监测年度报告和中国世界文化遗产监测预警总平台基础数据库，涉及40项遗产、112处遗产地（其中大运河按组成部分算，共计31处），不含澳门历史城区。

续表

序号	遗产名称	遗产组成	保护管理规划	规划期限
4	长城	嘉峪关	《万里长城-嘉峪关文物保护规划》	2010—2030
5	承德避暑山庄及其周围寺庙	—	《承德避暑山庄及其周围寺庙文物保护总体规划》	2011—2020
6	大足石刻	—	《重庆大足石刻文物区保护总体规划》	—
7	明清皇家陵寝	明显陵	《明显陵保护规划》	2010—2020
		清西陵	《清西陵总体规划》	—
8	龙门石窟	—	《龙门石窟区规划》	—
9	云冈石窟	—	《云冈石窟保护总体规划》	2008—2025
10	高句丽王城、王陵及贵族墓葬	国内城	《吉林省集安市高句丽王城、王陵及贵族墓葬保护规划》	2002—2020
11	殷墟	—	《殷墟遗址保护总体规划（修编）》	2012—2025
12	福建土楼	南靖土楼	《南靖土楼保护规划》	2006—2020
		华安土楼	《福建（华安）土楼保护规划》	2006—2025
		永定土楼	《福建（永定）土楼保护规划》	2006—2020
13	五台山	佛光寺	《山西省五台县佛光寺文物保护规划》	2008—2027
14	元上都遗址	—	《元上都遗址保护总体规划》	2010—2025
15	红河哈尼梯田文化景观	—	《红河哈尼梯田保护管理规划》	2011—2030
16	丝绸之路	北庭故城遗址	《北庭故城遗址保护总体规划》	2007—2025
		锁阳城遗址	《锁阳城遗址保护总体规划》	2016—2025
		悬泉置遗址	《悬泉置遗址保护规划》	2013—2030
		克孜尔尕哈烽燧	《克孜尔尕哈烽燧保护管理规划》	2008—2025
		克孜尔石窟	《克孜尔千佛洞保护总体规划》	2012—2030
		苏巴什佛寺遗址	《苏巴什佛寺遗址保护总体规划》	2008—2025
		炳灵寺石窟	《甘肃炳灵寺石窟文物保护规划》	2009—2025
		麦积山石窟	《麦积山石窟保护规划》	2009—2020
17	土司遗址	海龙屯	《海龙屯保护管理规划》	2013—2030

序号	遗产名称	遗产组成	保护管理规划	规划期限
17	土司遗址	老司城遗址	《湖南省永顺县老司城遗址保护规划》	2009—2025
		唐崖土司城址	《唐崖土司城址保护管理规划》	2013—2030
18	左江花山岩画文化景观	—	《左江花山岩画文化景观保护管理总体规划》	2014—2030
19	良渚古城遗址	—	《良渚遗址保护总体规划》	2008—2025
20	武夷山	城村汉城遗址	《武夷山城村汉城遗址总体保护规划》	2005—2025
21	大运河	含嘉仓160号仓窖遗址	《大运河河南段遗产保护规划》	2012—2030
		回洛仓遗址		
		通济渠郑州段		
		通济渠商丘南关段		
		通济渠商丘夏邑段		
		卫河（永济渠）滑县浚县段		
		黎阳仓遗址		
		柳孜运河遗址	《大运河遗产（安徽段）保护规划》	2011—2030
		通济渠泗县段		
		清口枢纽	《大运河清口枢纽总体保护规划》	2012—3030
		总督漕运公署遗址	《大运河遗产（江苏段）保护规划》	2011—2030
		淮扬运河扬州段		
		江南运河常州城区段		
		江南运河无锡城区段	《大运河（浙江段）遗产保护规划》	2012—2030
		江南运河苏州段		
		中河宿迁段		

续表

序号	遗产名称	遗产组成	保护管理规划	规划期限
21	大运河	江南运河嘉兴–杭州段	《大运河（浙江段）遗产保护规划》	2012—2030
		江南运河南浔段		
		浙东运河杭州萧山–绍兴段		
		浙东运河上虞–余姚段		
		浙东运河宁波段		
		宁波三江口		
		北、南运河天津三岔口段	《大运河天津段遗产保护规划》	2011—2030
		南运河沧州–衡水–德州段	《大运河河北段遗产保护规划》《大运河遗产山东段保护规划》	2012—2030
		会通河临清段	《大运河遗产山东段保护规划》	2012—2030
		会通河阳谷段		
		会通河微山段		
		中河台儿庄段		
		南旺枢纽	《大运河遗产南旺枢纽保护规划》	2012—2030

表3-16 国家文物局审定后由其他主体公布实施的保护管理规划

序号	遗产名称	遗产组成	保护管理规划	公布主体	规划期限
1	周口店北京人遗址	—	《周口店遗址保护规划》	北京市文物局	2006—2020
2	平遥古城	—	《平遥古城保护性详细规划》	山西省住房和城乡建设厅	2014—2020
3	登封"天地之中"历史建筑群	—	《登封会善寺保护规划》	河南省文物局	2008—2020
			《嵩山太室阙保护规划》		2006—2020
4	杭州西湖文化景观	—	《杭州西湖文化景观保护管理规划》	杭州市人民政府	2008—2020
5	丝绸之路	汉魏洛阳城遗址	《汉魏洛阳故城保护总体规划》	河南省文物局	2008—2025

续表

序号	遗产名称	遗产组成	保护管理规划	公布主体	规划期限
5	丝绸之路	隋唐洛阳城定鼎门遗址	《隋唐洛阳城定鼎门遗址保护总体规划》	河南省文物局	2007—2020
6	大运河	通惠河北京旧城段	《大运河遗产保护规划（北京段）》	北京市文物局	2012—2030
		通惠河通州段			
7	鼓浪屿：历史国际社区	—	《鼓浪屿文化遗产地保护管理规划》	厦门市人民政府	2013—2025

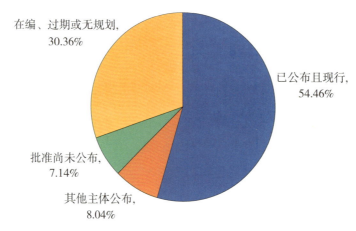

图3-50　2020年我国世界文化遗产保护管理规划编制及公布情况

关于规划公布主体，2006年由原文化部（现文化和旅游部）公布施行的《世界文化遗产保护管理办法》第八条明确指出："世界文化遗产保护规划由省级文物主管部门报国家文物局审定。经国家文物局审定的世界文化遗产保护规划，由省级人民政府公布并组织实施"。我国世界文化遗产绝大部分也是全国重点文物保护单位，按照国家文物局2004年出台的《全国重点文物保护单位保护规划编制审批办法》的规定，"全国重点文物保护单位保护规划编制完成后，应当由规划编制组织单位报省级文物行政部门会同建设规划等部门组织评审，并由省级人民政府批准公布。省级人民政府在批准公布全国重点文物保护单位保护规划前，应征得国家文物局同意。"[①]同时，正在编制的《中华人民共和国文物保护法（修订草案）》也提出："全国重点文物保护单位和省级文物保护单位保护规划，由县级以上地方人民政府文物主管部门组织编制，由省、自治区、直

① 《全国重点文物保护单位保护规划编制审批办法》第十七条。

辖市人民政府公布施行。"[①]据此，世界文化遗产保护管理规划的公布主体应当是省级人民政府。

关于没有公布实施保护管理规划的遗产地，有40%遗产地的规划通过国家文物局审批已超过5年，有的甚至长达10年以上。据初步统计，保护管理规划迟迟不公布的原因主要有以下两点：一是，有些规划编制组织部门不清楚规划应当公布，认为规划通过国家文物局的审批即可实施，因此并没有报请地方人民政府公布；二是，一些遗产地的保护规划与当地发展建设有矛盾之处，故而推迟公布。

值得注意的是，截至2020年年底，已公布实施的保护管理规划中，有13处遗产地的即将到期。据初步统计，目前仅有秦始皇陵及兵马俑坑、周口店北京人遗址、杭州西湖文化景观已经开展了新一轮的规划编制工作，建议其他10处遗产地也尽快开展规划编制工作。随着世界遗产委员会对遗产保护状况审核愈加严格，保护管理规划作为世界文化遗产保护、利用和管理工作的基本依据，其重要性更加凸显，同时也在一定程度上弥补了我国世界文化遗产管理中法律基础缺失的问题。遗产所在地省级人民政府和规划编制组织机构要进一步加强我国世界文化遗产的保护管理规划编制和依法依规公布的工作。

（2）正常实施的规划项目达87.18%

贯彻规划要求、落实规划措施是编制世界文化遗产保护管理规划的主要目的，也是衡量世界文化遗产是否得到有效保护的重要指标。根据遗产地填报的有效数据统计[②]，2020年正常实施的规划项目占87.18%，与上年基本持平（图3-51）。

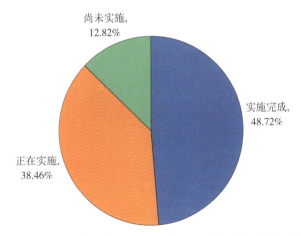

图3-51　2020年已公布实施的保护管理规划中的规划项目实施情况

---

① 《中华人民共和国文物保护法（修订草案）》第二十条。
② 该项数据根据已经公布实施的保护管理规划中，按要求填报的规划项目数据进行统计。

于2020年到期的规划中①，周口店北京人遗址、承德避暑山庄及其周围寺庙、登封"天地之中"历史建筑群3处遗产地已实施完成的规划项目占比超过66%，其中周口店北京人遗址的规划项目完成率达到90%。

数据显示，我国世界文化遗产保护管理规划在一定程度上存在重编制、轻实施的现象，并且在实际工作中不按规划实施的情况比比皆是。在已实施的规划中，缺少对规划实施情况的有效评估。作为规划过程中的重要一环，规划的实施评估具有较强的现实意义和探索指导意义，既有利于保护措施的进一步落实和管理者对保护策略的把握与判断，也有利于修正保护方法和措施，为后续规划修编提供切实的依据。各遗产地应提高对保护管理规划执行及评估工作的认识，完善规划执行保障，以更好地发挥保护管理规划应有的作用。

3.5.2 保护展示与环境整治工程

（1）本体保护依旧是工程实施的重点

2020年，33项遗产、61处遗产地实施了200项保护展示与环境整治工程，工程数量与上年基本持平。项目类型以本体保护工程②为主，一共130项，占全部工程的65%。多年数据显示，本体保护工程一直是工程实施的重点（图3-52）。

图3-52　2015—2020年遗产地实施各类工程的数量情况

---

① 2020年到期的保护管理规划有13个（包括省级人民政府公布实施的7个，其他主体公布的6个），其中10个规划项目填报不规范，属于无效数据。

② 含保护性设施建设工程。

2020年，30项遗产、50处遗产地实施了本体保护工程。长城保护工程、"平安故宫"工程、西藏重点文物保护工程等"十三五"重大文物保护工程逐步收官，石窟寺的保护修缮工作有序推进。作为川渝石窟保护重点示范项目，大足石刻宝顶山卧佛、小佛湾造像保护修缮工程取得阶段性成果（图3-53）。卧佛水害治理已基本达成目标，正在进行更为艰巨的卧佛表面修复工作。同时，大足石刻启动了针对其他中小型石窟的保护工程，计划全面改善中小型石窟文物保存状况。

图3-53　大足石刻宝顶山小佛湾造像保护修缮工程

峨眉山–乐山大佛（仅乐山大佛）、丝绸之路–新安汉函谷关遗址、长城–山海关3处遗产地强化应急处置，组织开展抢险加固工程，全力确保文物安全。2020年8月18日，乐山遭遇特大洪灾，乐山大佛的佛脚及脚踏被洪水漫灌浸泡，北门临江窟龛造像受到影响。洪水退后，乐山大佛景区管委会迅速邀请专家指导开展乐山大佛的佛脚及脚踏的灾后保养项目和乐山大佛附属造像105、125、136窟紧急抢险排危工程，及时消除文物安全隐患（图3-54）。丝绸之路–新安汉函谷关遗址对关楼、南北关墙及阙台遗迹进行抢险加固保护，确保夯土墙垣的稳定性，避免风雨、雪及各种病害对夯土层的破坏（图3-55）。

2020年5月13日，国家文物局公布实施《文物保护工程安全检查督察办法（试行）》，针对文物保护工程安全管理，从安全责任人员、安全管理制度建设、安全风险评估、安全防护设施配置管理、现场安全施工作业、危险物品管理、文物安全防护措施、日常安全巡查、安全教育培训等14个方面实施检查督察。与此同时，一些遗产地也通过制定文物保护

对险情影响进行检测评估　　　　　　　　　　实施排危抢险工程

图3-54　乐山大佛北门临江窟龛紧急抢险排危工程

（图片来源于乐山大佛乌尤文物保护管理局）

加固后的关墙　　　　　　　　　　加固后的南阙台

图3-55　加固后的新安汉函谷关遗址

（图片来源于新安县汉函谷关保护管理所）

工程管理制度，进一步加强对工程的管理。如平遥古城制定了《平遥古城修缮历史建筑技术主持制度》《平遥古城传统建筑工匠备案管理制度》，对历史建筑修缮的技术要求、人员管理进行了规范。承德避暑山庄及其周围寺庙编制了《避暑山庄及周围寺庙古建筑保护调查表》《避暑山庄及周围寺庙古建筑预防性保护规程》，建立了古建筑预防性保护调查与评估系统，促进了古建筑保护从被动修缮逐步向主动预防性修缮的转变。

值得一提的是，"鼓浪屿：历史国际社区"日本领事馆旧址保护修缮工程入选2020年度中国古迹遗址保护协会推荐的优秀古迹遗址保护项目[①]，为同类型遗产的保护修缮技术和工程管理提供了借鉴。

案例："鼓浪屿：历史国际社区"日本领事馆旧址保护修缮工程
（资料来源于中国古迹遗址保护协会）

基本情况

鼓浪屿日本领事馆旧址是鼓浪屿岛上完整留存的19世纪外国领事馆建筑之一，与其相邻的警察署旧址和宿舍旧址共同组成了历史上的鼓浪屿日本领事馆建筑群，是第六批全国重点文物保护单位"鼓浪屿近代建筑群"的一部分，文物建筑面积总计4,274平方米，庭院占地3,630平方米。现属厦门大学产权。日本领事馆旧址保护修缮工程于2016年4月19日开工，2017年10月完成四方验收，2019年9月由福建省文物局组织终验并通过。

工程主要内容

本次保护工程主要修复了建筑经年累月受自然和人为使用形成的严重病害，主要包括：解决屋面防水层、结合层等构造材料老化，平屋面面砖破裂，坡屋面瓦件缺失等造成的严重漏雨和渗水；外廊及室内的无序封堵、分隔对历史平面格局的改变；后期装修、增建卫生间厨房等对建筑原有天花、地面和墙面的侵蚀、遮蔽和改变；长期空置导致榕树等植物根系侵入砖墙体内，使纵横墙连接处产生裂缝，局部墙体空鼓形变甚至歪闪；结构构件老化如混凝土楼板保护层碳化脱落、露筋全面锈蚀、砌筑砂浆强度衰减导致墙体抗侧向力不足等；原始结构存在缺陷如砌体无圈梁、结构柱构造，地下层和一层大部分墙体都存在承载力不足的问题等。

在修复病害的同时，关注到历史改造与干预的痕迹，除了恢复建筑最为典型的外廊样式特点及基本的历史平面布局外，也小心保留了室内诸多在施工过程中呈现的历史改造痕迹，尤其后期改造的和室，是日本领事馆体现多元文化交流的实证。作为重点价值载体，在发现相邻墙体和屋架存在结构问题时，技术措施重点考虑了和室价值保护。

[①] 全国共有4个项目获推荐。另外3个项目分别是：山西临汾尧都区东羊后土庙修缮、福建泉州府文庙大成殿修缮、广东河源仙坑村四角楼修缮。

此外，在门窗、五金、栏杆、抹灰线脚、装饰通风口、栏杆宝瓶、雨落管、砖瓦、抹灰等历史特征构件的修复上，建立了科学检测引导和传统工艺修复结合的工作方法。在工程实施过程中，还兼顾了申遗迎检相关的整理与展示需求，突发性暴雨、台风灾害的预警应急处理和灾后修复，业主单位后续利用需求在隐蔽工程中的衔接等。

专家推荐理由

鼓浪屿日本领事馆旧址保护工程体现了细致、深入的研究，施工过程中设计、施工、监理、业主、地方政府各方密切配合，是一个特别值得推荐并推广的项目。

● 设计团队通过历史和文献研究恢复了建筑的历史格局并保留了有价值的后期改造，细致地研究了不同价值载体，包括材料和各种工艺，如木材、五金、砖瓦、抹灰等工艺做法。在研究的基础上采取谨慎的加固手段最大限度保留建筑的风格特征。受限于今时、今日的匠人与生产条件，完全还原历史的材料和工艺，并如何在施工中保证被修复价值载体的真实性，是一个很大的考验。在这个工程中，施工团队的努力值得肯定。

● 修缮工程对历史原状的研究贯穿了从前期勘察到施工过程的所有阶段，包括从日本相关机构收集文献、史料、历史图纸和照片等，结合施工时暴露的更多现场痕迹，确定保护维修的具体目标，不是将建筑看作单一时期的一个时间点的状态，而是强调对价值积累的若干重要阶段的核心特征的保护。建筑外廊、和室等各自的时代特征在工程中得以确保，而结构加固措施选择了对建筑外观和室内扰动最小的方案。

● 修缮工程消除了经年劳损造成的结构隐患，也有效应对了在施工过程中由于台风暴雨等自然灾害引发的次生建筑损毁，监理方起到了及时组织各方的积极作用。修缮工程关照了厦门大学后续的使用需求，在历史天花的恢复中兼顾考虑了照明、空调、水电等方面的需求，大大提高了建筑遗产保护与利用的可持续性。另外，业主方给与了很大的支持和配合，使修缮工程同时也成为了展示历史、文化和建筑艺术的场所。

● 施工过程中，设计方与施工方配合密切，对拱券修复、勾缝砂浆、屋面瓦、雨落管、宝瓶栏杆、木构件材料和油漆颜色、五金配件等关键修复材料和工艺进行了谨慎选择和定制；并及时根据现场情况采取应急措施或调整方案，比如对墙皮下发现的历史痕迹进行展现、对施工中遭遇台风灾害采取的防御措施和对产生的损毁进行的应急处理等。

加固措施中对特征要素的细节控制——外廊顶板石膏线脚

一层壁炉（左）与修复瓷砖后的二层壁炉（右）

修复后的整体效果

（2）展示的内容和方式更加多元

随着文化遗产日益受到大众的关注，遗产地对展示利用工作也越发重视，通过各种方式"让文物活起来"。2020年，6项遗产、11处遗产地实施了18项展示利用工程。如秦始皇陵和兵马俑坑推出"秦始皇帝陵博物院线上展览"板块，以全景亿像素、高清图片、虚拟展示等方式展示世界文化遗产的魅力（图3-56）。莫高窟实施"莫高窟窟内文物窟外看"智能化虚拟体验项目，通过数字化技术把莫高窟壁画"搬"到户外，实现"沉浸式"洞窟数字游览（图3-57）。明清故宫-沈阳故宫依托古建筑油饰彩画保护修复二期工程，举办了4次辽宁省首项文物保护工程公共示范和观摩体验活动，吸引社会公众广泛参与，弘扬了古建筑建造技艺及现代文物保护理念。

图3-56　秦始皇帝陵博物院网络互动平台

（图片来源于秦始皇帝陵博物院）

图3-57　莫高窟窟外展示游览技术让九色鹿"飞入实景"

（图片来源于敦煌研究院）

（3）35处遗产地已建设或正在建设（提升）监测平台

2020年，8处遗产地正在建设（提升）监测平台，包括明清故宫–北京故宫，拉萨布达拉宫历史建筑群–布达拉宫、罗布林卡，庐山国家公园，平遥古城，明清皇家陵寝–明孝陵，元上都遗址，土司遗址–唐崖土司城址。截至2020年，已有25项遗产、35处遗产地已建设或正在建设（提升）监测平台，占全部遗产地[①]的31.53%（表3–17）。

另外，本年度还有一些遗产地针对突出、典型的遗产本体病害问题进行了专项监测。如"高句丽王城、王陵及贵族墓葬–国内城"实施了将军坟、好太王碑变形破坏与岩土环境监测项目；大运河–江南运河杭州段连续多年对富义仓、拱宸桥开展结构稳定的专项监测，为遗产本体安全性评估提供了可靠的数据（图3–58）。

表3–17　我国世界文化遗产监测预警系统建设情况（截至2020年）

序号	遗产名称		监测平台建设情况
1	明清故宫	北京故宫	正在建设（提升）平台
2	莫高窟		已建设平台
3	周口店北京人遗址		已建设平台
4	长城	嘉峪关	已建设平台
5	拉萨布达拉宫历史建筑群	布达拉宫	正在建设（提升）平台
6		罗布林卡	正在建设（提升）平台
7	庐山国家公园		正在建设（提升）平台
8	平遥古城		正在建设（提升）平台
9	苏州古典园林		已建设平台
10	丽江古城		已建设平台
11	北京皇家园林–颐和园		已建设平台
12	大足石刻		已建设平台
13	明清皇家陵寝	明孝陵	正在建设（提升）平台
14	龙门石窟		已建设平台
15	高句丽王城、王陵及贵族墓葬	国内城	已建设平台
16	登封"天地之中"历史建筑群		已建设平台

---

① 此数据来源于我国世界文化遗产地提交的2020年度监测年度报告和中国世界文化遗产监测预警总平台基础数据库，涵盖40项遗产、111处遗产地，不含澳门历史城区。

序号	遗产名称		监测平台建设情况
17	杭州西湖文化景观		已建设平台
18	元上都遗址		正在建设（提升）平台
19	丝绸之路	新安汉函谷关遗址	已建设平台
20		玉门关遗址	已建设平台
21		炳灵寺石窟	已建设平台
22		麦积山石窟	已建设平台
23	大运河	清口枢纽	已建设平台
24		淮扬运河扬州段	已建设平台
25		江南运河苏州段	已建设平台
26		江南运河－杭州段和浙东运河杭州萧山段	已建设平台
27		浙东运河宁波段和宁波三江口、浙东运河余姚段	已建设平台
28	土司遗址	老司城遗址	已建设平台
29		唐崖土司城址	正在建设（提升）平台
30		海龙屯	已建设平台
31	左江花山岩画文化景观		已建设平台
32	鼓浪屿：历史国际社区		已建设平台
33	良渚古城遗址		已建设平台
34	黄山		已建设平台
35	峨眉山－乐山大佛	乐山大佛	已建设平台

拱宸桥周期性监测

拱宸桥多年监测的数据成果

图3-58 大运河－江南运河杭州段拱宸桥监测数据积累与研究

（图片来源于杭州市京杭运河〈杭州段〉综合保护中心）

（4）遗产地普遍重视日常巡查和养护工作

2020年，所有遗产地均开展了日常巡查工作，大部分遗产地的日常巡查记录规范，能够如实反映问题。除用于支付巡查人员的劳务费外，68处遗产地投入专门的经费用于遗产的日常养护工作，共计15,042.31万元。

数据显示，35处遗产地连续三年均投入经费开展日常巡查和养护工作。如大运河－江南运河南浔段持续开展遗产区和缓冲区内遗产安全和建设情况的排查，通过定期巡查和不定期巡视，完整走访遗产区、缓冲区。殷墟建立智慧殷墟文物保护巡更平台，为殷墟所涉3个区66个村（社区）182个四级网格，配备"守护殷墟"专用手机，对巡查情况进行及时监管。特别是2020年，针对巡查中发现的违法建设问题，采取约谈项目责任人、签订保证书、协调公安传唤、移交文物行政执法机构等多种途径予以处理，并在安阳电视台等媒体上进行通报。

一些遗产地还制定了日常巡查的专项制度，进一步规范巡查工作。如殷墟印发《殷墟文物安全巡查问题交办、督办、问责办法》，明确巡查问题交办程序和问题督办、问责办法；针对不同季节的防范重点，采取日常巡查、联合巡查、安全隐患专项排查、突击检查等多种形式。丝绸之路－唐长安城大明宫遗址编制了《大明宫遗址巡查管理办法》，进一步加强了大明宫遗址保护管理。

2020年我国世界文化遗产的日常管理工作整体较好，全年没有发生因日常保养维护不到位导致遗产本体病害加剧或者遗产本体受损的情况。

3.5.3　安防消防

2020年，党中央、国务院高度重视文物安全工作，习近平总书记多次指示批示，要求加强文化遗产安全工作。国家文物局先后组织编制《文物建筑电气火灾防控技术规程》《文物建筑防火设计规程》等技术标准，出台《文物博物馆单位文物安全直接责任人公告公示办法》，推动实施文物安全直接责任人公告公示制度，启动文物火灾隐患整治和消防能力提升三年行动项目等，进一步加强文物安全制度建设和文物安全专项工作。

（1）中央财政经费对安消防的投入持续两年保持约20%增长

2020年，24项遗产、41处遗产地实施了68项安全防护工程。全年经费约2.4亿元，其中中央财政占比87.5%，较上年增长23.24%。自2018年，中央财政资金比例逐年增长，体现了国家对世界文化遗产安全防护的重视。从单个遗产地看，53.65%的遗产地安消防经费以中央财政为主，相较前两年，这类遗产地的数量越来越多，表明中央财政经费对遗产地安消防工作支持的覆盖面和支持力度均有所加强（图3-59）。

图3-59　2018—2020年遗产地安消防经费的来源情况

（2）各遗产地进一步加强遗产安全工作

加强制度建设，落实文物安全责任制。如北京皇家园林–颐和园，北京皇家祭坛–天坛，明清故宫–北京故宫，大运河–北、南运河天津三岔口段等遗产地制定了文物安全制度，将文物安全直接责任人的公告公示工作及文物安全直接责任人的履职情况纳入文物安全日常检查、巡查内容。长城–嘉峪关、武当山古建筑群、丝绸之路–玉门关遗址等遗产地全面落实文物安全责任制，与文物安全负责人签订综合工作目标责任书。

多数遗产地通过完善文物安全防护设施和文物安全监管平台建设，强化安全防护能力。如殷墟建设了智慧技术安全防范系统工程，在城市建成区投入使用2,650个高清摄像头，应用了视频监控、人脸识别、车辆识别、WIFI捕获、信息布控、智能巡查、高空瞭望、三维地图和无人机系统，对遗址保护区主次干道交叉口、村庄社区出入口、重点部位、人员密集场所等实施监控。同时使用无人机在保护区内开展空中巡逻，提升了打防文物犯罪技术的支撑能力。承德避暑山庄及其周围寺庙通过不断完善和优化景区安消防系统，建立了景区内外安防监控系统、消防监控系统、边远山区无人机巡查系统，实现了人防、物防、技防三位一体的安全管理体系。

一些遗产地与相关部门进行联动，建立文物安全防护合作机制。如殷墟、苏州古典园林、明清皇家陵寝-清东陵建立了公安、消防、属地政府、乡（街道）等多部门参与的联动联防机制，对文物安全工作进行责任分包，切实保障遗产本体安全。大足石刻、云冈石窟与当地检察院签订合作协议书，建立文物保护公益诉讼案件信息共享、线索移送等长效工作机制。

此外，22处遗产地开展了安消防培训和应急演练，进一步提升了相关业务人员的文物消防安全意识和技能水平。

一年来，我国世界文化遗产安全形势总体良好，安全长效机制持续健全，安全防线不断筑牢，但威胁遗产安全的因素仍然存在。大运河-江南运河嘉兴段的长虹桥自2019年起多次遭受来往船只的撞击，2020年7月、8月，长虹桥中孔西南侧和东侧又受到船只的碰撞，遗产本体受到一定程度的破坏。"鼓浪屿：历史国际社区"的居民餐厅及厨房小面积失火，所幸及时扑灭，无人员伤亡，未对遗产造成影响。文物安全是文物保护的生命线，各遗产地务必加强文物安全排查，重点检查易发生失火、失盗、损毁、坍塌等事件的隐患点。对排查出的隐患点，严格按照整改标准，逐个整改验收，坚决遏制和预防文物安全事故发生。

3.5.4　考古项目

（1）18处遗产地开展考古调查和发掘项目

考古工作对于揭示世界文化遗产内涵、研究遗产价值具有重要作用。2020年，11项遗产、18处遗产地开展了25项考古调查和发掘项目。本年度，考古发掘面积达1.4万平方米，回填率58.2%，其中8项考古发掘项目完成了所有发掘区域的回填工作。13项考古发掘项目投入专门经费对遗址发掘现场进行保护，占全部项目的52%。

2020年，17项（68%）考古项目为主动性发掘。一些遗产地通过考古发掘，进一步揭示了遗产构成面貌，有利于遗产内涵和价值认识的深化，同时也为下一步保护措施的实施提供依据。如武当山古建筑群的回龙观考古发掘项目，揭示了回龙观遗址的建筑布局，出土的建筑材料等遗物为研究明代武当山建筑特征提供了实证。同时，还根据回龙观的考古成果完善了回龙观遗址文物保护方案，为回龙观遗址文物保护工程提供了详实依据。殷墟为配合"殷墟国家考古遗址公园"建设，在宫殿宗庙区、洹北商城等地主动开展了多项考古调查、勘探与发掘项目，其中宫殿区池苑遗址的发现，改变了学术界对于殷墟宫殿区遗迹分布和整体布局的认识；洹北商城新发现的制陶与制骨作坊区以及制骨作坊中心，填补了商代中期手工业作坊的空白（图3-60）。

考古人员清理遗迹   遗址出土骨料遗存

图3-60　殷墟洹北商城制骨作坊区的发掘

（图片来源于安阳殷墟世界文化遗产保护管理委员会）

（2）3处遗产地发表8项考古成果

2020年，"高句丽王城、王陵及贵族墓葬-国内城"，殷墟，丝绸之路-唐长安城大明宫遗址出版或发表了考古报告、简报（表3-18）。

表3-18　2020年遗产地出版的考古报告/简报

序号	遗产地	考古报告、简报	编写单位	出版时间
1	高句丽王城、王陵及贵族墓葬-国内城	《2015年度洞沟古墓群山城下墓区清理报告》	吉林省文物考古研究所、集安市博物馆	2020年10月
2	殷墟	《安阳北徐家桥2001—2002年发掘报告》	安阳市文物考古研究所	2020年09月
		《河南安阳市洹北商城铸铜作坊遗址2015—2019年发掘简报》	中国社会科学院考古研究所安阳工作队、安阳师范学院历史与文博学院考古系	2020年10月
3		《安阳郭家湾新村》	中国社会科学院考古研究所、安阳市文物考古研究所	2020年10月
5	丝绸之路-唐长安城大明宫遗址	《西安市大明宫国家遗址公园勘探》	中国社会科学院考古研究所陕西第一工作队	2020年06月
6		《西安市唐大明宫含耀门以西过水涵洞遗址》	中国社会科学院	2020年06月
7		《西安市唐大明宫玄武门东南过水涵洞遗址》	中国社会科学院	2020年06月
8		《西安市唐大明宫太液池南岸石桥遗址》	中国社会科学院	2020年06月

面对公众对考古关注度的不断提高，有些遗产地在考古发掘现场组织了面向公众的体验教育活动。例如良渚古城遗址公园设置了公众考古区和实验考古区，公开招募志愿者，在浙

江省文物考古研究所工作人员的带领下，公众可以体验田野考古发掘工作，加入实验考古课题研究，是调动社会力量共同推进遗产保护工作的创新实践（图3-61）。

图3-61 良渚古城遗址公园开展公众考古活动

（图片来源于杭州良渚古城遗址世界遗产监测管理中心）

3.5.5 学术研究

（1）56.48%的遗产地开展学术研究

2020年，34项遗产、61处遗产地的保护管理机构开展了学术研究，占遗产地总数的56.48%，相较上年上涨26.85%。各项学术研究成果共计552项，其中科研课题171项、著作62项、论文319项。相较上年，科研课题增加13项，著作减少1项，论文增加39项。从研究内容看，本年度的学术研究成果仍以历史文化和理论研究为主。

图3-62 2018—2020年遗产地各项科研成果的研究方向

2020年，25项遗产、35处遗产地投入13,734.99万元开展科研课题。其中，国家级科研课题31项，涉及11处遗产地，研究方向以文物保护工程技术和理论为主（表3-19）。例如，莫高窟开展的《多场耦合下土遗址劣化过程及保护技术研究》，由国家科技部委托，围绕土遗址保护需求，研究病害区域特征与赋存环境关系、多场耦合下土遗址劣化机制，静动荷载作用下结构失稳机制等重大科学问题。开平碉楼与村落开展了《世界文化遗产开平碉楼修缮的传统工法体系研究》，并针对碉楼及传统民居壁画空鼓的修缮发明了专利技术，能够对原有地仗和壁画起到较好的保护，该专利已通过国家知识产权局的实质性审查。在基础研究方面，令人瞩目的是《布达拉宫馆藏贝叶经目录整理、对勘与研究》，对布达拉宫馆藏梵文、藏文和其他文种的贝叶经进行释读翻译，整理成梵、藏、汉、英四种文字，并进行了数字化采集。

表3-19　2020年遗产地开展的国家级科研课题

序号	遗产名称	课题名称
1	明清故宫-北京故宫	《明清官式建筑营造技艺科学认知与本体保护关键技术研究与示范》
2		《北京故宫慈宁宫遗址考古资料整理与研究》
3		《有机质可移动文物价值认知及关键技术研究》
4		《不可移动文物本体劣化风险监测分析技术和装备研发》
5		《抬梁式木构古建抗震性能系统化研究》
6		《元大内规划复原研究》
7	秦始皇陵及兵马俑坑	《秦始皇帝陵K9901考古报告整理》
8	莫高窟	《墓葬壁画原位保护关键技术研究》
9		《多场耦合下土遗址劣化过程及保护技术研究》
10		《丝路文物数字复原关键技术研发》
11		《平顶窟顶板岩体加固技术研发》
12		《石窟寺壁画突发性微生物病害成因机制及防治对策研究》
13		《植物对甘肃境内土长城遗址的影响及防护研究》
14		《西北干旱区土遗址裂隙修复浆——土界面粘结机制与耐候性能研究》
15		《丝绸之路中国段世界文化遗产数字展示与交流平台建设》

序号	遗产名称	课题名称
16	莫高窟	《科技和艺术结合——多光谱影像技术在敦煌壁画艺术多角度价值阐释中的应用》
17	拉萨布达拉宫历史建筑群－罗布林卡	《北斗自助智慧导览在疫情环境下的示范应用》
18	庐山国家公园	《常绿阔叶木本植物叶形态性状与光合敏感性对低温的响应》
19		《亚热带山地植物多样性与资源利用》
20	大足石刻	《大足石刻宝顶山景区客流量控制联动系统》
21		《石窟文物风化评估研究及保护技术应用示范》
22		《石窟水盐运移的监测系统及规律研究》
23		《图像与历史：两宋时期陕北与川东地区佛教石窟艺术的综合研究》
24		《乡风民俗文物展示及教育服务》
25	云冈石窟	《高校文博专业〈石质文物保护基础〉教材编撰（19BKG035）》
26		《石窟文物风化评估研究及保护技术应用示范》
27	高句丽王城、王陵及贵族墓葬－国内城	《高句丽壁画墓原址保护》
28	殷墟	《洹北商城发掘报告（1996—2007年）》
29	大运河－江南运河常州城区段	《大运河遗产江南段明清古桥建造技术、民俗文化和装饰艺术演变研究》
30	良渚古城遗址	《长江下游区域文明的演进和模式——从崧泽到良渚（2020—2025）》
31		《中华文明探源第五期（2020—2024）子课题——良渚遗址群与良渚文明研究》

（2）9处遗产地开展监测相关课题

2020年，9处遗产地开展了以遗产监测为研究方向的科研课题11项，主要涉及遗产监测体系、石质文物和土遗址的病害监测、监测装备和技术应用（表3-20）。其中故宫博物院、敦煌研究院牵头的"十三五"国家重点研发计划——《不可移动文物本体劣化风险监测分析技术和装备研发》项目，在文物微变、裂隙、振动、倾斜监测，以及颗粒物、VOC等环境监测方面研发具有自主知识产权的7类14种传感器，在不可移动文物风险评估、微变监测、监测专用传感器等方面形成创新成果。北京皇家祭坛－天坛开展了《基于"自然－文化融合"理念的天坛世界文化遗产监测研究》，基于自然文化融合理念和遗产保护与管理监测角度，对天坛生态监测需求进行探讨、研究。登封"天地之中"历史建筑群以预防性保护为目标，对监测指标体进行了研究。

表3–20　2020年遗产地开展的监测相关课题

序号	遗产名称	课题名称	级别
1	明清故宫－北京故宫	《不可移动文物本体劣化风险监测分析技术和装备研发》	国家级
2	长城－嘉峪关	《嘉峪关夯土遗址病害监测研究》	省级
3	北京皇家祭坛－天坛	《基于"自然－文化融合"理念的天坛世界文化遗产监测研究》	市级
4	大足石刻	《石窟水盐运移的监测系统及规律研究》	国家级
5		《大足石刻千手观音修复效果跟踪监测》	省级
6		《大足石刻千手观音造像微环境监测》	省级
7	明清皇家陵寝－明孝陵	《基于遗产监测预警体系的文物保护工作探索——以明孝陵为例》	自主课题
8	云冈石窟	《云冈石窟核心保护区振动监测及石雕稳定性对振动的动力响应研究》	省级
9	登封"天地之中"历史建筑群	《世界文化遗产登封"天地之中"历史建筑群预防性保护——监测指标体系研究》	市级
10	大运河－江南运河苏州段	《空间信息技术在大运河苏州遗产监测中的研究与应用》	市级
11	大运河－江南运河杭州段	《文物建筑监测体系模式研究及应用保护管理实践——以杭州富义仓为例》	自主课题

3.5.6　相关规划

2020年，13项遗产、20处遗产地编制了29个相关规划，规划类型涉及城市规划、风景名胜区规划、交通规划、林业规划、旅游规划、土地利用规划、遗址公园规划及其他。其中，其他规划多为行业发展规划，例如大运河沿线城市针对大运河文化带建设和国家公园建设编制的大运河保护传承利用实施规划，以及遗产保护事业发展规划。

以上相关规划中，除《秦始皇陵国家考古遗址公园规划》对遗产保护管理的影响尚不确定外，其他均为正面影响。

3.6　舆情监测①

2020年，我国世界文化遗产舆情总量有所下降，各遗产地舆情数量分布依然呈现极不平衡的特点。石窟寺及石刻类遗产关注度近两年持续提升。受新冠肺炎疫情影响，2月世界文化遗产关注度最低，"旅游与游客管理"相关舆情较去年涨幅明显。从舆情情感倾向看，"旅游与游客管理"相关的负面舆情数量最多，古建筑类遗产和"遗产保存与影响因素"相关舆情负面发生率最高。

3.6.1　总体情况

（1）核心舆情总量三年最低

2020年，海内外媒体发布的涉及我国世界文化遗产的核心舆情信息②7,895篇，涉及全部的遗产地。相较上年，2020年的核心舆情信息量减少3,592条，下降31.27%，为三年来最低（图3-63）。

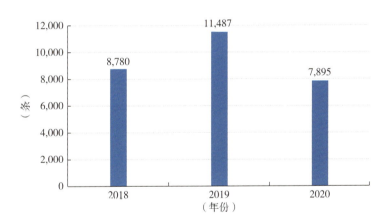

图3-63　2018—2020年我国世界文化遗产核心舆情数量

核心舆情信息数量排名前五位的遗产分别是明清故宫（北京故宫、沈阳故宫）、大运河、长城、莫高窟、丝绸之路，占总量64.64%，涉及的遗产与前两年保持一致（图3-64）。核心舆情信息数量排名后五位的遗产分别是周口店北京人遗址，左江花山岩画文化景观，

---

① 舆情信息数据来源于中国世界文化遗产监测预警总平台舆情专项监测，涵盖我国所有世界文化遗产，共计41项。

② 2020年，涉及我国世界文化遗产的相关舆情信息共计50,485,755篇。为确保分析的准确性，避免冗余信息的干扰，本章以涉及我国世界文化遗产地的核心舆情信息为分析对象。核心舆情信息，即非转载的独立报道。

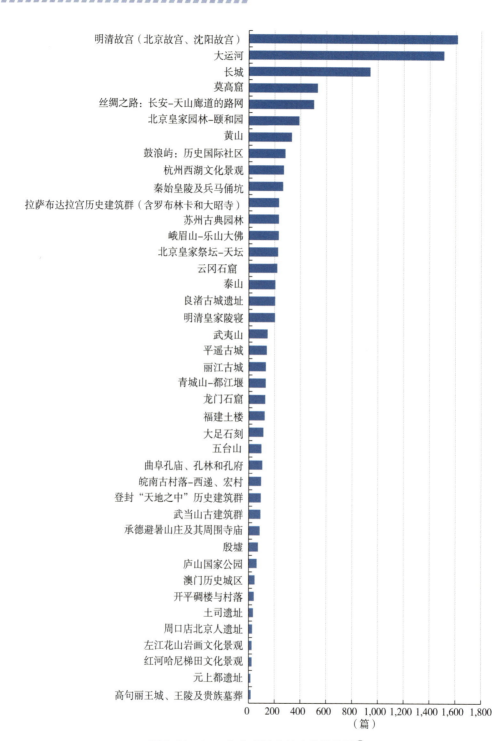

图3-64　2020年各项遗产核心舆情数量[①]

---

① 一篇核心舆情可能会涉及多个遗产地，所以41项遗产的核心舆情数量之和会大于核心舆情总数。

红河哈尼梯田文化景观，元上都遗址，"高句丽王城、王陵及贵族墓葬"，占总量1.23%，其中后三项连续三年均排在后五位。数据显示，我国世界文化遗产舆情信息呈现长期集中于少数遗产地的特点，部分遗产地长期关注度较低，整体分布仍然处于极不平衡的状态。经初步分析，造成这一现象的主要原因有：大运河、长城和丝绸之路等大型系列遗产跨越多个省级行政区分布，内涵丰富、规模宏大，易受关注；明清故宫、莫高窟知名度较高、观赏性较强、开放度比较成熟，更容易被大众关注；排名靠后的遗产大都位于我国边疆省份、交通不便，且遗产价值不容易被普通公众认知和观赏，不利于被公众关注。

从单项遗产的核心舆情数量看，与上年相比，32项（78.05%）遗产报道量均有不同程度的下降，仅云冈石窟，苏州古典园林，"皖南古村落－西递、宏村"，登封"天地之中"历史建筑群，元上都遗址，龙门石窟，武夷山，福建土楼8项遗产报道量有所增长，主要受党中央高度重视或是管理体制机制创新的影响（表3-21）。2020年5月，习近平总书记到云冈石窟考察历史文化遗产保护工作；2020年10月，山西大学云冈学研究院暨北京大学—山西大学云冈学研究中心正式揭牌等事件，使云冈石窟受到较大关注。2020年8月，苏州古典园林开展"1元游园林"活动，虎丘、拙政园、耦园、怡园开园时间延至19时，拙政园于2020年11月1日再度开放夜间游园等事件，提升了苏州古典园林的社会关注度。在疫情期间景区关闭的情况下，皖南古村落－西递探索"云旅游"新模式，通过镜头在线分享美景、解答网友提问，成为疫情背景下遗产旅游的新形式，使西递备受关注。

表3-21　2019—2020年各项遗产核心舆情数量的变化情况

序号	遗产名称	2020年舆情增减幅度
1	云冈石窟	39.46%
2	苏州古典园林	28.76%
3	皖南古村落－西递、宏村	17.53%
4	登封"天地之中"历史建筑群	7.37%
5	元上都遗址	6.67%
6	龙门石窟	3.88%
7	武夷山	2.04%
8	福建土楼	0.80%
9	曲阜孔庙、孔林和孔府	0.00%
10	左江花山岩画文化景观	−12.50%
11	明清皇家陵寝	−16.67%

续表

序号	遗产名称	2020年舆情增减幅度
12	黄山	−17.07%
13	拉萨布达拉宫历史建筑群（含罗布林卡和大昭寺）	−17.52%
14	五台山	−21.82%
15	开平碉楼与村落	−29.27%
16	峨眉山－乐山大佛	−31.03%
17	丽江古城	−32.09%
18	周口店北京人遗址	−32.14%
19	青城山－都江堰	−33.08%
20	北京皇家园林－颐和园	−34.02%
21	鼓浪屿：历史国际社区	−34.15%
22	长城	−35.81%
23	大运河	−37.55%
24	大足石刻	−42.61%
25	泰山	−43.20%
26	土司遗址	−45.71%
27	殷墟	−49.32%
28	高句丽王城、王陵及贵族墓葬	−50.00%
29	丝绸之路	−51.19%
30	北京皇家祭坛－天坛	−58.15%
31	杭州西湖文化景观	−58.46%
32	庐山国家公园	−58.73%
33	澳门历史城区	−63.83%
34	平遥古城	−70.21%
35	莫高窟	−72.23%
36	武当山古建筑群	−79.35%
37	秦始皇陵及兵马俑坑	−86.84%
38	承德避暑山庄及其周围寺庙	−102.33%
39	明清故宫（北京故宫、沈阳故宫）	−102.79%
40	良渚古城遗址	−106.34%
41	红河哈尼梯田文化景观	−162.50%

（2）石窟寺及石刻类遗产舆情关注度持续提升

2020年，古建筑类遗产的报道数量依然领先，占全部核心舆情信息的48.62%，其次为石窟寺及石刻类（12.8%），古遗址及古墓葬类（12.65%），混合遗产（10.94%），"古村落、历史城镇和中心"类（10.14%），文化景观类遗产的核心舆情数量最少，占比4.85%。

2018—2020年舆情数据显示，古建筑类遗产一直报道量最高，受到公众媒体的广泛关注；石窟寺及石刻类遗产的报道数量占比呈逐年上升趋势，本年度关注度排名第二，这与近几年国家高度重视石窟寺的保护利用工作有关（图3-65）。2020年2月，《求是》杂志发表了习近平总书记的重要文章《在敦煌研究院座谈时的讲话》；2020年5月，敦煌研究院樊锦诗先生当选感动中国2019年度人物；2020年10月，大足石刻陈卉丽荣膺全国三八红旗手标兵；2020年11月4日，国务院办公厅印发我国石窟寺保护利用重要里程碑式文件——《关于加强石窟寺保护利用工作的指导意见》。以上事件在很大程度上提升了石窟寺及石刻类遗产的社会关注度。古遗址及古墓葬类遗产的核心舆情数量近三年占比基本维持在13%左右，远低于该类遗产数量所占的比重（38%），遗产关注度依旧不足。

图3-65　2018—2020年不同类型遗产的核心舆情数量占比情况

（3）"旅游与游客管理"类舆情报道量涨幅明显

从舆情报道的话题[①]来看，"宣传展示利用"类话题关注度最高，核心舆情信息量占总量的53.61%；其次是"旅游与游客管理"和"保护管理"，"遗产保存情况与影响因素"和"行政批复"类主题的舆情信息总体较少（图3-66）。

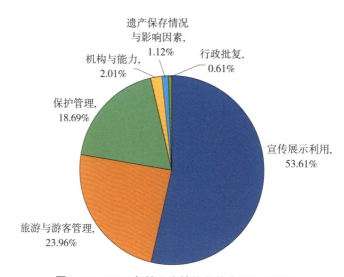

图3-66　2020年核心舆情信息的内容分布情况

2018—2020年舆情数据显示，"宣传展示利用"一直是关注度最高的话题类型，但报道量占比呈现逐年下降的趋势；"保护管理"类话题的关注度逐年上升；"旅游与游客管理"类话题的关注度相较上年增长11.82%，涨幅明显，这与2020年受新冠肺炎疫情的影响，各遗产地配合疫情防控工作，及时制定和调整旅游与游客管理措施有关。"机构与能力"和"遗产保存情况与影响因素"类话题的关注度一直较低，且无明显变化（图3-67）。

（4）上半年舆情报道量首次高于下半年

从舆情月度分布来看，2020年上半年（1—6月）舆情信息数量略高于下半年，报道量占全年的54.73%，相较前两年分别增长14.99%、10.59%，为近三年首次高于下半年。月度报道量较大的为1月、4月，其中1月报道量较大的主要原因为故宫推出年夜饭、女子闭馆日开车

---

① 参考《中国世界文化遗产监测数据规范（试行版）》，舆情信息按照不同内容主题分为宣传展示利用、保护管理、旅游与游客管理、机构与能力、遗产保存情况与影响因素、行政批复六类。

图 3-67 2018—2020 年不同主题的核心舆情数量占比情况

进故宫等事件引发大量关注，4 月报道量较多的原因为黄山出现新冠肺炎疫情以来第一个游客量高峰，网上有关黄山景区被游客"挤爆"的话题热度持续上升；2 月份是全年报道量最低的月份，受全国新冠肺炎疫情全面爆发的影响，此时正处于我国抗击新冠肺炎疫情的关键时期。此外，9 月涉及的"云冈石窟、华严寺等景区国庆假期限流""2020 中国大运河文化带京杭对话在北京开幕""大运河文化保护传承利用规划体系搭起四梁八柱"等信息也受到媒体高度关注和网友广泛讨论。总体看来，2020 年的舆情月度分布差异相较往年有所减小（图 3-68）。

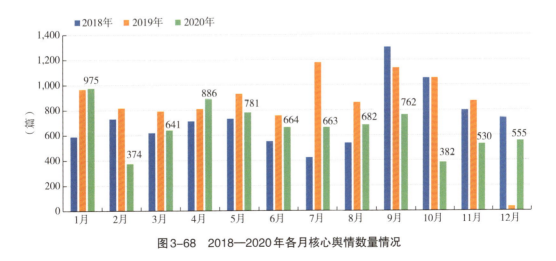

图 3-68 2018—2020 年各月核心舆情数量情况

表3-22　2020年转载量排名前10的核心舆情

序号	新闻标题	涉及遗产	日期	转载量
1	故宫5月12日起上调每日限流至8000人	明清故宫（北京故宫、沈阳故宫）	2020年5月10日	156篇
2	故宫深夜道歉：乱停车这锅我们背，不关别人事	明清故宫（北京故宫、沈阳故宫）	2020年1月21日	106篇
3	习近平赴山西考察调研	云冈石窟	2020年5月11日	106篇
4	线上线下互动各具创意，各地群众共度"不一样的端午节"	北京皇家园林－颐和园 北京皇家祭坛－天坛	2020年6月25日	75篇
5	中宣部授予敦煌研究院文物保护利用群体"时代楷模"称号	莫高窟	2020年1月17日	69篇
6	网友晒闭馆日开"大奔"进故宫引热议故宫未回应	明清故宫（北京故宫、沈阳故宫）	2020年1月17日	68篇
7	故宫博物院自5月1日起有序开放公告	明清故宫（北京故宫、沈阳故宫）	2020年4月29日	67篇
8	男子驾车强行驶入故宫东华门，已被采取刑事强制措施	明清故宫（北京故宫、沈阳故宫）	2020年3月18日	58篇
9	8项江南非遗邂逅拙政园赏荷雅集感受苏式生活	苏州古典园林	2020年6月15日	57篇
10	OMG！国产美妆"宫斗"争宠，买它？	明清故宫（北京故宫、沈阳故宫）	2020年1月20日	55篇

3.6.2　负面舆情

（1）负面舆情占比仅1.43%，涉及遗产比去年减少3项

从情感倾向看，2020年我国世界文化遗产核心舆情信息绝大部分为非负面，负面舆情仅113篇，占比1.43%，相较上年增长0.57%。本年度的负面舆情共涉及12项遗产，比去年减少3项。其中，明清故宫（北京故宫、沈阳故宫）负面舆情最多，达53篇，占全部负面舆情近一半，主要由"女子闭馆日开车进故宫"等事件引起；其次是长城，主要由八达岭－长城发生游客刻字事件引起（表3-23）。

表3-23　2020年负面舆情数量排名前5的遗产地

序号	遗产名称	主要事件
1	明清故宫（北京故宫、沈阳故宫）	女子闭馆日开车进故宫；轿车冲撞东华门
2	长城	八达岭长城游客刻字

续表

序号	遗产名称	主要事件
3	五台山	五台山森林火灾；游客徒步登山被困
4	北京皇家祭坛–天坛	明代坛墙遭游客刻字
5	泰山	游客脚踏泰山古迹五岳独尊拍照

从单项遗产的负面舆情发生率[①]看，2020年五台山负面舆情发生率最高，其次是明清故宫（北京故宫、沈阳故宫）、武当山古建筑群。五台山的负面舆情主要因3月19日台怀镇佛母洞锦绣索道停车场附近发生火情事件引起，此事件受到媒体广泛关注和转发。武当山古建筑群的负面舆情主要由于5月3日两名游客在武当山景区游玩时私自进入未开发区域，山路崎岖导致摔伤而引起。

（2）84.96%的负面舆情与"旅游与游客管理"相关

从内容看，负面舆情信息主要集中于"旅游与游客管理""遗产保存情况与影响因素"两大类，其中"旅游与游客管理"类最多，占比达84.96%，主要由于"闭馆日女子开车进故宫""八达岭长城刻字"等事件引起。

从负面舆情发生率看，"遗产保存情况与影响因素"负面舆情发生率最高，较上年有大幅度增长；其次较高的是"旅游与游客管理"；"保护管理""机构与能力"负面舆情发生率依然较低；"宣传展示利用"近两年均未发生负面舆情（图3-69）。

图3-69　2019—2020年不同主题负面舆情发生率情况

---

① 单项遗产的负面舆情发生率=单项遗产负面舆情数量/单项遗产舆情总数。

（3）古建筑类遗产负面舆情发生率最高，相较上年涨幅明显

2020年，古建筑类遗产负面舆情发生率最高，相较上年涨幅明显，主要由于本年度的几件热点负面舆情均涉及古建筑类遗产，事件类型主要与"旅游与游客管理"相关。文化景观，混合遗产，"古村落、历史城镇和中心"，古遗址及古墓葬类遗产的负面舆情发生率相较上年均有所下降。石窟寺及石刻类遗产本年度未发生负面舆情（图3-70）。

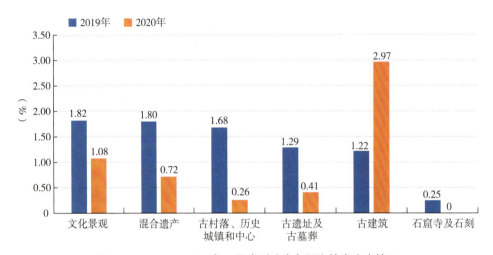

图3-70　2019—2020年不同类型遗产负面舆情发生率情况

第4章
总结与建议

2020年，新冠肺炎疫情袭来，对全球各行各业均产生了深远的影响，我国世界文化遗产的保护管理工作也面临着更加严峻的挑战。受疫情影响，原定于我国福州举办的第44届联合国教科文组织世界遗产委员会会议未能如期召开。全球绝大多数世界遗产地一度关闭，遗产旅游业遭受重大冲击。线上工作与教学成为全世界文化遗产相关活动的主要方式之一。"气候变化""可持续发展""非洲优先"等议题受到世界遗产委员会的持续关注。世界遗产框架下的"世界遗产城市计划""气候脆弱指数""传统知识体系应用于遗产保护管理"等重要议题的讨论和研究持续开展。新遗产类型——茶文化景观引发热议。疫后重建也成为全球文化遗产领域的重要话题。

2020年是"十三五"收官之年，我国取得了决胜全面建设小康社会的重大胜利。世界文化遗产事业经历了疫情影响下暂时的困境之后迅速步入正轨，日益发挥中国文化遗产的旗帜和引领作用。中国世界文化遗产年会成功召开，第三轮定期报告彰显中国话语，石窟寺保护走向纵深，"中国特色、中国风格、中国气派"的考古学扬帆起航。国家文化公园建设和大型系列遗产体系化保护工作稳步推进，云南普洱景迈山古茶林文化景观、北京中轴线等预备名单及申遗培育项目有序推进。社会舆情对我国世界文化遗产的影响初步显现。

2020年，我国世界文化遗产地的保护管理与监测工作取得不俗成绩，面对国内外形势的深刻变化，也进入关键转型阶段。随着国际层面对于《世界遗产公约》缔约国的履约要求愈发严格，我国世界文化遗产保护与监测体系的不断完善与经验的不断积累，世界文化遗产管理不断迈向综合化、专业化和精细化。

主观上，遗产管理者要顺应时代要求，不断学习新知识，努力提高自身的专业素质；客观上，当前世界文化遗产保护管理工作所面临的问题已经越来越超出文物行业能够独立承担的范围。多年数据显示，我国世界文化遗产地经济发展水平总体上一直低于全国平均水平。2020年，遗产所在地（县/市）人均GDP超过全国人均GDP的数量和比例较2019年有所下降，说明世界文化遗产地的经济发展受疫情影响显著，且发展速度相对落后于全国。如何定位遗产的作用，发挥世界遗产这张"金色名片"在地区社会经济发展中的潜力，是当地人民政府和遗产管理者应当共同认真思考的问题。

我国世界文化遗产保护管理专业人员需要开阔视野，将视线转向行业之外，从遗产地区域社会经济发展全局的角度来考虑遗产突出普遍价值的保存，尊重利益相关者，实现遗产与人的统一，努力探索以遗产保护促发展的道路。遗产保护专业人士要积极走向社会，思考观念、制度、技术的发展。遗产保护专业人士也要有自己的坚持，树立责任担当，为遗产战斗和发声。"社会大协作"是等不来的，文物部门和遗产地管理者应当抓住一切机会，积极主动争取。让遗产保护与发展从博弈到联动，从对立到共生，这是当代中国世界文化遗产保护管理者的集体初心和使命。

与此同时，政府的法定主体责任有必要不断被强调。"可持续发展"需要社会大协作，政府是世界文化遗产保护的主体责任者和唯一有能力组织社会大协作的角色，理应发挥各方利益协调者的作用，做好顶层设计，统筹各方利益与资源，支持遗产保护管理专业机构开展工作，并为我国世界文化遗产保护管理创造良好的外部环境。

4.1　优化顶层设计　协调保护传承发展

近年来，习近平总书记高度重视文物保护利用，向第44届世界遗产大会致贺信，考察多处文博单位，作出系列重要论述和重要指示批示，为文物工作提供了根本遵循和有力指引。我国文物事业正处于战略机遇期、落实关键期、转型磨合期，世界文化遗产管理者要进一步强化使命担当，提高政治站位，完整准确全面贯彻落实新发展理念，加强顶层设计、改革创新，抓紧抓实文物重点工作，全面推进实施《"十四五"文物保护和科技创新规划》的指标任务，系统加强文物保护管理，全面落实让文物活起来，促进文物人才与文物科技双轮驱动，不断推进文物事业高质量发展。

4.1.1　政府责任：面向专业需求　加强制度建设

（1）推进立法修法　确保有效落实

2020年，我国世界文化遗产地新颁布的规章与制度数量同比增加了一倍以上，其中新制定的保护管理机构内部制度数量涨幅明显，体现了遗产地管理工作的日益规范和精细化。

截至目前，已有八成遗产地专门制定了符合自身保护管理需求的地方性法规和地方政府规章。但仍有两成遗产地没有法规和规章保护，也存在部分遗产地早年颁布的法规和规章不能适应新形势下的保护管理需要，亟待修订；同时，随着制度的不断增加和完善，如何确保有效执行成为需要加以关注的重点。

当前，包括世界文化遗产在内的文物行业法律法规和规章普遍存在可操作性弱和执行不力的情况，各遗产地在今后的立法过程中，一方面需要在法律法规和规章的制定与编修过程中，根据各遗产地的实际与特色，进一步明确效力范围、权责、奖惩等规定，另一方面需要将制度执行和政策落实情况纳入各遗产地绩效考核管理，保证制度的执行。而法律体系的建设，需要发挥地方人民政府的积极性。

（2）加强机构建设　提升权责配置

2020年，按照中央部署，是事业单位分类改革的全面完成之年，由于最主要的机构调整在2019年已基本完成，本年度仅有17处遗产地的保护管理机构主要进行了机构合并更名、行政级别提升、经费来源更换等调整。截至目前，我国世界文化遗产地的行政级别仍以处级（含副处级）和处级以下为主，机构行政级别与管理权限直接相关，权力配置不足依然是我国世界文化遗产保护管理工作的重要制约。本年度，所有遗产地均指定了部门/机构承担监测工作，但仅有39处遗产地成立了专职机构，占比仍未达到半数。对于专业性较强的遗产监测工作而言，监测机构的建设亟待加强。遗产所在地人民政府应当对遗产地保护管理机构与监测机构建设给予必要的政策支持，提升权责配置，落实人员编制。

（3）优化岗位结构　明确权责分工

我国世界文化遗产从业人员总数下降和专业人员数量占比不足，从某种程度上反映出观念和体制机制问题，部分遗产所在地人民政府对文物工作在地区社会经济发展中的角色认知不足；部分遗产地在文旅融合过程的机构改革中造成"一人多岗""岗外担责"等现象，实际上使文物成为旅游的配角，从而削弱了世界文化遗产保护管理队伍。这种状态的改善，有赖政府层面的制度优化。

（4）优化经费结构　加强经费管理

2020年，我国世界文化遗产保护总经费和平均经费出现了五年来第一次同比下降，但也有47处遗产地的经费增长，其中18处增幅达1倍以上。在经费结构方面，中央财政经费和地方财政经费仍是我国世界文化遗产保护管理最重要的经费来源；人员公用和环境整治为经费投入最多的类型；古建筑类遗产总保护经费最高，文化景观类遗产平均经费最高，"古村落、历史城镇和中心"类遗产总经费和平均经费均为最低；监测工作总经费稳定，其中自筹经费涨幅明显，古遗址及古墓葬、石窟寺及石刻两类遗产的监测经费投入明显不足。

综上所述，在下一年度的经费安排中，"古村落、历史城镇和中心"类遗产地应加大经费投入力度；古遗址及古墓葬、石窟寺及石刻类遗产地应加大监测经费投入。为确保世界文化遗产保护经费的整体充足与合理分配，需要从以下方面着力：一是中央财政应进一步加大对欠发达地区的支持力度；二是在国家和遗产所在地政府公共财政预算中单列世界文化遗产保护经费；最后，建立科学化、精细化的世界文化遗产保护经费预算管理和绩效管理制度与机制，提高资金使用效率，确保资金能够最有效地用在遗产的保护和管理上。

4.1.2 保护管理机构的义务：加强应用研究 理论联系实际

（1）加强体制机制研究 提升工作质量

2020年，我国世界文化遗产地开展的学术研究工作取得了不少成果，成果数量较上一年度有所增加。在研究方向方面，3年来历史文化研究成果占比逐年下降，但本年度仍然最多；理论研究和行业指导方向的成果则逐年上升。这表明应用研究日益受到关注，并与基础研究趋于平衡。从本年度承担的科研课题级别与内容的关系看，中央财政支持的国家级科研课题更多关注文物保护工程技术和理论研究，这表明国家对于遗产研究强调"学以致用"的态度，并给予了积极的科技支撑。部分遗产地也开展了一些遗产监测与预防性保护的项目，但占比仍然很小。

总体来说，世界文化遗产保护应用研究仍然有很大发展潜力。我国世界文化遗产保护管理工作的发展和监测体系的逐步完善，对遗产保护管理工作提出了更高的要求。各遗产地应积极开展面向保护管理的应用研究，为世界文化遗产保护管理工作的精细化提供指导。除了保护技术，还应注重法律制度研究，理顺管理体制，吸收先进经验，促进科研成果转化与推广机制建设，不断推动中国世界文化遗产保护管理工作的高质量发展。

（2）稳定专业队伍 创新用人机制

2020年，我国世界文化遗产从业人员中的专业技术人才占比情况与2019年大体持平，仍然远远达不到《全国文博人才发展中长期规划纲要（2014—2020年）》的要求，但相较上年，高级职称比例有所增长，专业人才结构出现积极变化。

在现有人员条件短期内无法满足世界文化遗产管理需求的情况下，遗产地文物行政部门和管理机构应当着力于现有专业人员队伍的稳定和素质的提升。一是用足国家和各级法律法规政策，落实2019年国家文物局和人力资源社会保障部印发的《关于进一步加强文博事业单位人事管理工作的指导意见》《深化文物博物专业人员职称制度改革的指导意见》，制定配套实施细则，通过规范人事管理，完善考核和奖惩制度，尤其是奖励制度，细化评价标准，丰富评价方式，提高经济待遇和加强其他必要的经费支持等手段将熟悉文物工作的干部和专业人员留在世界文化遗产管理队伍中，让他们能够安心工作，尽职尽责，实现个人价值；二是创新用人机制，拓宽人才引进渠道，适度放宽文物保护相关专业技术岗位公开招聘学历条件，努力实现专业队伍稳中有升；三是建立定期、分类、分级培训制度，加强工作各环节和各项工作内容的专业培训，尤其是岗前和转岗培训，通过线上线下等不同渠道和方式创造培训机会，扩大培训覆盖面。培训对象除基层专业干部外，还应考虑面向更多遗产地利益相关者，如政府机构中的遗产保护相关责任人、社区居民中的遗产管理直接或间接参与者等，积极推动社会力量参与世界文化遗产保护工作。应注重加强对他们的专业性培训，而不是普通意义的宣传教育培训。

（3）顺应发展趋势 创新培训形式

2020年，受新冠肺炎疫情影响，世界文化遗产保护管理培训产生了一些新的特点。一是以监测理论与技术、旅游管理与服务为主题的培训明显增加。各地针对监测工作积极开展培训，是对世界文化遗产保护的发展要求与趋势的顺应。旅游培训的大幅增加是应对疫情的重要措施，体现了遗产管理者关注遗产地经济社会发展，努力走出困境的积极态度。二是培训形式的显著变化，各遗产地积极利用互联网技术，线上培训成为培训的重要形式，有效降低了新冠肺炎疫情对培训工作的负面影响，是"新常态"下应当坚持的培训手段发展方向之一。

4.2 发挥监测职能 融入保护管理工作

4.2.1 监测机构的行动：加强监测研究 完善监测机制

（1）深度参与遗产本体和载体病害监测工作

2020年，我国世界文化遗产地本体和载体病害调查工作稳中向好。严重病害数量有所下降，不存在严重病害的遗产地有所增加，这表明本年度的病害治理取得了效果。与此同时，各地病害监测工作也继续呈现不平衡的态势。一方面有近半数遗产地连续3年开展了病害调查工作，同时也有超过1/4的遗产地连续3年病害调查工作缺失。这类遗产的监测工作还有很大的提升空间，需要各遗产地投入更多力量。

从已发现的严重病害分布情况看，各类遗产要素的病害数量多寡不均。造像/雕塑/碑刻/壁画类遗产严重病害数量很少，但恶化比例最高，其中严重恶化的病害全部集中于此类遗产。建/构筑物类遗产要素的严重病害率相对较低。

从实施机构看，有超过半数遗产地的严重病害监测工作由监测机构独立承担，或由监测机构与其他部门合作完成，也有相当比例的遗产地由本单位其他部门或机构独立承担，还有些遗产地严重病害监测工作直接由其他单位承担。严重病害监测工作具有很强的专业性，可能超出了部分遗产地监测机构的能力，需要通过与专业部门/机构合作的方式实现，但是部分遗产地的监测机构被完全排除在严重病害的监测工作之外，这样不利于监测机构对整体监测工作，特别是承载遗产价值的核心要素——遗产本体保存状况的整体把握。建议未参与严重病害监测的监测机构在将来能够加强与监测实施部门/机构/单位的联系，并积极、主动地参与到所有监测工作中去。

（2）加强遗产本体保存情况的跟踪监测

世界文化遗产保护管理的目标是维护、传承遗产的突出普遍价值，而实现这一目标的首要任务是确保承载遗产价值特征的载体的真实性和完整性得到有效保存。2020年，我国绝大多数世界文化遗产的总体格局、使用功能和要素单体均保持了高度稳定或发生了积极变化，个别遗产地发生了负面变化，所幸及时采取了应对措施，未对遗产价值造成不可挽回的损失。各遗产地在今后的工作中，应加强对价值载体保存情况的监测，及时发现变化，适时采取措施，尽量把各项威胁控制在最小范围内。

在总体格局保护方面，各遗产地应加强以下三项工作。首先，在申遗文本和第三轮定期报告的基础上，做好遗产总体格局价值特征的识别、梳理和确认，明确保护对象；其次，在有可能开展影响到遗产价值的大规模建设工程时，按照《操作指南》172条规定，尽快（例如，在起草具体工程的基本文件之前）且在做出任何难以逆转的决定之前向世界遗产委员会报告，以便委员会及时提供帮助并寻找合适的解决办法，保证遗产的突出的普遍价值得以维护；第三，在日常管理工作中加强对遗产周边建设项目的监测，特别是对高层住宅、地面交通基础设施、主要的游客膳宿及相关基础设施、商业开发等建设项目的监测，发现异常变化后，主动采取措施，变国际被动监管为国内主动预警处置。遗产地可采用遥感监测手段，获取遗产区和缓冲区内的建设情况，辅助建设项目的管控。

案例：如何利用遥感监测提升遗产保护管理能力

遥感监测的优势是能够直观全面地呈现遗产地发生的物理变化。但其所提供的只是变化的现象或者状态，变化的尺度囊括了总体格局、使用功能和要素单体保存等各种情况，具体的定性还需要通过专业的人工解译和实地验证相结合的方法来判断。世界文化遗产遥感监测的难点在于这项工作对解译人员的素质和验证过程的时间、精力成本都有较高的要求，需要同时具有遥感专业技术能力和对世界文化遗产保护管理工作的深度理解，并对海量的遗产地图斑变化进行一一现场核实后，才能对地物变化的性质做出准确判断。

中国世界文化遗产监测预警总平台经过多年的遥感专项监测实践发现，关于涉建项目的遥感图斑变化数量远大于遗产地主动上报数量。造成这一现象的原因有两方面：一是现有遗产保护管理机构的力量确实不足以及时掌握当地全部的建设项目情况；二是基层遗产管理者普遍存在避责心理。一些地方政府主体责任得不到落实，再加上基层单位薄弱的公关能力，导致文物部门和遗产保护管理机构"越负责，越问责"，这使他们更倾向于不主动上报情况。

综上所述，要想更好地发挥遥感监测在世界文化遗产保护工作中的作用，一是要充分支持现有队伍和资源，通过抽查的方式对监测结果进行一定程度的验证；二是要加强基层专业队伍的培养、培训；三是有赖世界文化遗产保护工作中政府主体责任的落实。后者又是前二者的重要保障。

在使用功能和遗产要素单体方面，各遗产地除了要深入贯彻中央对文物保护利用的要求，以价值为核心，积极、主动地实施高质量、高水平的遗产保护利用工程外，还应注重各项工程实施后的效果是否达到预期，加强事后的跟踪评估工作。对于遗产日常保养维护或维修工程来说，实施的直接目的是解决遗产的安全问题，但新的材料和干预措施多少会导致遗产的原状发生改变。评价一项保护工程引起的要素单体变化是积极的还是消极的，要看它是否排除了遗产的安全隐患，以及造成的变化是否符合"最小干预"原则，是否在可以接受的范围内，最终是要看其是否有利于遗产突出普遍价值的保护和传承。具体到每

个遗产要素来说，就是关注工程的实施是否有利于要素价值特征的保持。

（3）加强自然环境监测需求研究及监测数据的分析与利用

2020年，自然与人为因素继续对我国世界文化遗产产生广泛影响。受新冠肺炎疫情影响，人为因素对世界文化遗产的影响下降，人为破坏减少，建设压力、游客压力得到缓解。与此同时，暴雨、台风、地震等自然灾害因素的负面影响相对凸显，自然环境因素对遗产地负面影响的防治总体较好或控制正常，但也有个别古遗址及古墓葬、石窟寺及石刻类遗产明显恶化。

一些遗产地根据遗产自身特点，开展了具有针对性的自然环境监测，并根据积累的监测数据分析结果开展保护工作、确定预警阈值和采取预防性保护措施，这标志着我国世界文化遗产的自然环境监测工作发生了质的飞跃，实现了《国家文物事业发展"十三五"规划》中提出的"由注重抢救性保护向抢救性与预防性保护并重转变"的要求。

有部分遗产地开展的自然环境监测仍然存在需求不明的情况，建议这些遗产地进一步开展监测需求调研，明确本遗产地的特色问题，从实际出发，加强自然环境监测工作的针对性，加大数据分析力度，并应用于保护实践。

（4）完善自然灾害风险预警处置机制

2020年，暴雨和台风仍然是遗产地受灾的主要类型。在本年度遭受的自然灾害中，灾前采取防范措施的遗产地占比相较上年有所增长，这表明我国世界文化遗产地防范自然灾害的意识和能力有所加强。

灾害的发生具有长期规律性和短期不确定性。随着遗产地抗灾能力的提高和经验的积累，当前已经具备对自然灾害风险进行精细化评估、总体规划应急处置管理和编制通用实施方案的条件。在当前联合国教科文组织关注全球气候变化和遗产防灾减灾的大背景下，各遗产地应抓住机遇积极开展相关研究工作，加强遗产应急管理能力和开展预防性保护实践。

4.2.2 保护管理机构的职责：深耕保护项目 加强能力建设

（1）树立"大监测"观念 推进安防融入遗产监测

2020年，在党中央国务院的关心支持下，国家文物局制定了一系列技术规程与管理办法，推动实施文物安全直接责任人公告公示制度，启动能力提升专项工作，连续3年增加对遗产地安消防工程的经费，半数以上遗产地的安消防经费以中央财政为主，体现了国家对遗产安全防护工作的重视。各遗产地也出台配套制度，建设信息平台，完善安防体系，并与相关部门进行联动，建立信息共享与合作联动机制。一年来，我国世界文化遗产安全形势总体良好，安全防线不断筑牢。

确保文物安全不是一劳永逸的，需要长期坚持，及时发现和排除隐患。从这个意义上讲，文物安防工作应当作为世界文化遗产监测工作的一个重要方面来看待。各地应当实现文物安全检查、防灾减灾与日常监测巡查的有机结合。

（2）了解工作程序　加快遗产保护管理规划编制实施

2020年，没有新增公布实施的遗产地保护管理规划。截至目前，全国仍有近一半世界文化遗产地没有合法合规的保护管理规划，这意味着有一半世界文化遗产地缺乏科学的行动指导，发展处于无序状态。究其原因，主要是由于遗产地管理者和规划编制者对相关法律法规缺乏了解，在编制和公布程序上出现问题。管理者和规划编制者应加强对相关法律法规的学习，按照法定程序完成规划编制与公布。本年度，还有一批世界文化遗产地保护管理规划即将到期，各地应抓紧开展规划更新和修编工作，力求新旧规划的无缝衔接。已经通过国家文物局审定的保护管理规划也应尽快报请省级人民政府公布实施，明确保护管理规划的法律地位。

随着世界遗产委员会对遗产保护状况审核愈加严格，保护管理规划的重要性更加凸显。除了加快编制和公布实施外，更重要的是对规划的有效贯彻落实。从已公布规划的遗产地看，有些遗产地存在重编制、轻实施的现象，或者缺少对已实施规划项目的有效评估。遗产地保护管理规划的目的在于指导保护实践，而规划评估有利于保护措施的进一步落实和管理者对保护策略的把握与判断，修正或完善保护方法和措施。保护管理机构应按照规划内容和期限严格落实，依规管理，依规保护，并做好实施评估工作，为后续规划修编及规划深化提供切实的依据。

（3）加强过程管理　做好总结示范

2020年，我国世界文化遗产保护展示与环境整治工程数量与2019年基本相当，本体保护工程仍是其中的主要内容。各级文物部门和遗产地保护管理机构针对文物保护工程项目的安全、技术和人员管理制定了一系列的制度，更加注重预防性措施和过程控制。遗产的展示与阐释包括对保护工作本身的展示得到加强，部分遗产地开展了需求更加明确的专项监测工作，一些遗产地经过长期数据积累，已经开始分析和利用数据指导日常管理工作。

本年度遗产地的日常管理工作整体较好，所有遗产地均开展了日常巡查工作，巡查范围基本覆盖了所有遗产要素，并有比较完善的巡查记录和问题处理记录。一些遗产地制定了日常巡查专项制度，进一步规范工作。全年没有因日常保养维护不到位导致遗产本体受损或病害加剧的情况。

总体来看，本年度世界文化遗产保护工作取得了不少新进展。下一步，各地应在此基础上，深入开展文物保护项目。部分遗产保护管理机构参与保护项目的程度有限，无法掌控项目进展和相关信息，在项目完成后也缺乏总结和评估，因而无法有效实施管理。建议相关遗产保护管理机构将来深度参与到遗产保护项目中，提高对工程项目的认识，加强管理，并在项目实施过程中加强跟踪，项目结束后开展效果评估、经验教训与成果总结，梳理已有的项目，形成案例汇编、实施导则和学术成果。

（4）积极开展面向保护展示的世界文化遗产考古　发挥示范引领作用

2020年，我国世界文化遗产地的考古工作取得新进展。古遗址类遗产地结合价值阐释与展示需求，开展主动性考古发掘项目，进一步揭示了遗产构成，同时投入专项经费用于发掘现场保护。一批考古报告陆续面世。部分遗产地在考古发掘现场组织了公众体验活动，以满足社会对考古工作日益增长的兴趣。

古遗址类世界文化遗产是我国古遗址类文化遗产中的精华，不但具有较高的学术研究价值，而且也有很大的展示价值和教育意义。因而世界文化遗产考古发掘不同于一般的主动性考古发掘，除了带着学术目的之外，还要肩负着遗产的保护展示和公众宣传职能。2020年，我国世界文化遗产地开展的考古工作大多很好地贯彻了这一精神，将考古工作视为世界文化遗产保护管理工作的有机组成部分，兼顾了研究、保护与公众的精神文化需求，应当作为典型案例在考古工作中加以推广，为建设"中国特色、中国风格、中国气派"的考古学，发挥示范引领作用。

（5）加强旅游科技支撑　提高展示阐释水平

2020年，受新冠肺炎疫情影响，我国世界文化遗产地接待游客量骤降50%以上。在疫情防控常态化背景下，更多遗产地采用预约方式管理游客，并根据疫情控制情况，适时调整日参观游客量限制值，游客压力相较上年得到极大的缓解。同时，为满足疫情期间公众对世界文化遗产的精神文化需求，多数遗产地尝试引入互联网技术手段，开启线上线下相结合的旅游新模式，效果显著。2020年，接受遗产地讲解服务的游客数量占比仍较低，可能是受到遗产地展示阐释方式和水平、游客认知水平和意愿等方面的影响。提供游客讲解服务不但有助于遗产价值传播，推动文旅融合，而且在一定程度上可以对游客进行约束，减少游客不文明行为对遗产的影响。随着全社会文旅素质的提高和个性化需求提升，各遗产地应加强研究如何创新讲解服务形式，提高价值阐释水平和服务质量。

（6）积极研究疫情影响　提高突发事件应急处置能力

2020年，新冠肺炎疫情对我国世界文化遗产事业的影响是显而易见的，特别是对遗产旅游和专业培训等人员聚集性活动的影响，但由于我国整体抗疫较为成功，这些活动也尽快得到了恢复。相对而言，文物保护项目和日常巡查工作的实施受疫情影响较小。这些现象背后的原因值得探讨。遗产地为应对疫情而发生的工作模式、形式、频率等变化及其效果都是应当认真研究的课题。做好2020年遗产地抗击新冠肺炎疫情实践的研究，不只是对一次疫情的总结，还有助于吸取应对突发事件的经验教训，提高未来遗产地灾时应对和灾后恢复能力。

4.3　加强各方沟通　争取行业外部支持

4.3.1　遗产保护管理机构的任务：加强与外界沟通　争取广泛支持

（1）加强涉建项目执法巡查　鼓励社会监督

2020年，遗产区划或保护区划内存在建设项目的遗产地数量在上年较大增长后明显回落。建设内容主要为住宅、大型游客住宿及相关基础设施、说明性和游览性设施。遥感监测结果显示，我国世界文化遗产近半数的图斑变化为自然地物转为人工地物。可见，建设项目仍然是我国世界文化遗产保护管理的主要影响因素。

多数建设项目经文物部门审批同意后实施，相较上年大幅上涨。而未批先建的项目也占到相当比例，常常涉及法人违法、文物部门弱势、处理难度较大等问题，若要解决还需要多方配合，文物部门和遗产管理者应采取力所能及的措施，努力推动大环境的改善。首先是要与社会建立紧密联系，加强普法宣传，提高全社会的遗产保护意识，鼓励社会力量多渠道监督；二是要与政府部门做好沟通，争取文物执法权或与执法部门联合，建立常态化的执法巡查督查机制，及时掌握情况，发现问题依法处理。

（2）有效利用舆情数据　增强舆情应对能力

重大社会事件的发生及其应对、国家领导人的指示批示和国家政策的实施，是2020年我国世界文化遗产舆情发展趋势的主要影响因素。新冠肺炎疫情作为本年度的突发公共卫生事件，其影响十分广泛，对于我国世界文化遗产的负面影响同样显著，但是程度和周期都有限。而政府和社会的态度，对于世界文化遗产保护管理工作的影响更加深刻。当前世界文化遗产乃至整个文物行业对于社会舆情数据的搜集和使用很不充分，舆情应对能力仍然较差。世界文化遗产地管理者和各级文物部门应当顺应这一形势，积极寻找专业需求与社会需求的平衡点，回应社会关切，发出专业声音，讲好专业故事，提升自身的舆情处置能力，创造世界文化遗产保护的良好外部环境。

4.3.2　政府角色：积极组织协调　支持遗产保护管理工作

（1）协调部门利益　支持遗产保护管理规划落实

世界文化遗产保护管理规划的编制涉及遗产地各方面的利益相关者，存在多方博弈，协调较为困难。这需要政府承担组织协调责任，协调各部门利益，积极化解矛盾，兼顾统一文物保护单位、历史文化名城、风景名胜区等国内管理体系与世界遗产管理体系的保护管理要求，获取世界文化遗产保护管理规划所需要的最大公约数，将遗产规划纳入当地国土空间规划体系。

（2）缓解工业压力　守护遗产价值

2020年，我国世界文化遗产的遗产区和缓冲区内的严重污染企业、资源开采点均有所减少，但工业生产对世界文化遗产保护的负面影响仍然存在。遗产所在地人民政府应对这一问题予以高度重视，秉承绿色发展和可持续发展理念，严格管控遗产区和缓冲区内的工业生产，逐步推进污染企业外迁，关停资源开采点，同时发展替代产业，在保护遗产本体与环境景观的同时保障遗产地居民，特别是当地严重污染企业和资源开采从业者的生存权和发展权。

（3）推进遗产地人口疏散　实现遗产与人的协调发展

2020年，我国世界文化遗产的遗产区划内的人口情况总体较稳定，遗产区人口相对控制较好。提出人口疏散需求的遗产地数量与上年持平，仍然保持在较低的比例。但也有一些连续多年提出人口疏散需求的遗产地未能有效缓解人口压力，还有待各地人民政府发挥作用，支持遗产地完成人口疏散。遗产地居民是遗产的重要利益相关者，他们与遗产之间存在价值和利益的联系。当地人民政府应当邀请专业机构协助制定方案，在确保遗产真实性和完整性得到保存和居民利益不受损的条件下，有序开展人口疏散工作。

（4）积极履行国际义务　兑现申遗承诺

2020年，我国仍有少量世界文化遗产存在非正常履行的承诺事项。从内容看，涉及村庄搬迁、现代建筑拆除、建设控制地带调整。

上述几类承诺事项能否履行，与遗产所在地人民政府的支持力度是否足够大，遗产地居民和建设方等利益相关者态度是否积极息息相关。履行承诺事项是《世界遗产公约》缔约国应尽的责任和义务，遗产所在地方人民政府应积极、主动作为，按要求兑现国际承诺。

1　明清故宫
　　1-1 北京故宫　　1-2 沈阳故宫
2　秦始皇陵及兵马俑坑
3　莫高窟
4　泰山
5　周口店北京人遗址
6　长城
　　6-1 山海关　6-2 八达岭　6-3 嘉峪关
7　黄山
8　武当山古建筑群
9　拉萨布达拉宫历史建筑群
　　9-1 布达拉宫　9-2 大昭寺　9-3 罗布林卡
10　承德避暑山庄及其周围寺庙
11　曲阜孔庙、孔林和孔府
12　庐山国家公园
13　峨眉山-乐山大佛
　　13-1 乐山大佛　13-2 峨眉山
14　平遥古城
15　苏州古典园林
16　丽江古城
17　北京皇家园林-颐和园
18　北京皇家祭坛-天坛
19　大足石刻
20　武夷山
　　20-1 武夷山景区　20-2 城村汉城遗址
21　皖南古村落-西递、宏村
　　21-1 西递　　21-2 宏村
22　明清皇家陵寝
　　22-1 明显陵　22-5 明十三陵
　　22-2 清东陵　22-6 清永陵
　　22-3 清西陵　22-7 清福陵
　　22-4 明孝陵　22-8 清昭陵
23　龙门石窟
24　青城山-都江堰
25　云冈石窟
26　高句丽王城、王陵及贵族墓葬
　　26-1 国内城、丸都山城及高句丽王陵和贵族墓葬
　　26-2 五女山城
27　澳门历史城区
28　殷墟
29　开平碉楼与村落
30　福建土楼
　　30-1 南靖土楼　30-2 华安土楼　30-3 永定土楼
31　五台山
　　31-1 台怀　31-2 佛光寺
32　登封"天地之中"历史建筑群
33　杭州西湖文化景观
34　元上都遗址
35　红河哈尼梯田文化景观
36　丝绸之路：长安-天山廊道的路网
　　36-1 汉长安城未央宫遗址
　　36-2 汉魏洛阳城遗址
　　36-3 唐长安城大明宫遗址
　　36-4 隋唐洛阳城定鼎门遗址
　　36-5 高昌故城
　　36-6 交河故城
　　36-7 北庭故城遗址
　　36-8 新安汉函谷关遗址
　　36-9 崤函古道石壕段遗址
　　36-10 锁阳城遗址
　　36-11 悬泉置遗址
　　36-12 玉门关遗址
　　36-13 克孜尔尕哈烽燧
　　36-14 克孜尔石窟
　　36-15 苏巴什佛寺遗址
　　36-16 炳灵寺石窟
　　36-17 麦积山石窟
　　36-18 彬县大佛寺石窟
　　36-19 大雁塔
　　36-20 小雁塔
　　36-21 兴教寺塔
　　36-22 张骞墓
37　大运河
　　37-1 含嘉仓160号仓窖遗址
　　37-2 回洛仓遗址
　　37-3 通济渠郑州段
　　37-4 通济渠商丘南关段
　　37-5 通济渠商丘夏邑段
　　37-6 柳孜运河遗址
　　37-7 通济渠泗县段
　　37-8 卫河（永济渠）滑县浚县段
　　37-9 黎阳仓遗址
　　37-10 清口枢纽
　　37-11 总督漕运公署遗址
　　37-12 淮扬运河扬州段
　　37-13 江南运河常州城区段
　　37-14 江南运河无锡城区段
　　37-15 江南运河苏州段
　　37-16 江南运河嘉兴-杭州段
　　37-17 江南运河南浔段
　　37-18 浙东运河杭州萧山-绍兴段
　　37-19 浙东运河上虞-余姚段
　　37-20 浙东运河宁波段
　　37-21 宁波三江口
　　37-22 通惠河北京旧城段
　　37-23 通惠河通州段
　　37-24 北、南运河天津三岔口段
　　37-25 南运河沧州-衡水-德州段
　　37-26 会通河临清段
　　37-27 会通河阳谷段
　　37-28 南旺枢纽
　　37-29 会通河微山段
　　37-30 中河台儿庄段
　　37-31 中河宿迁段
38　土司遗址
　　38-1 老司城遗址
　　38-2 唐崖土司城址
　　38-3 海龙屯
39　左江花山岩画文化景观
40　鼓浪屿：历史国际社区
41　良渚古城遗址

专题图例
● 世界文化遗产
● 世界文化和自然混合遗产
　　长城
　　丝绸之路：长安-天山廊道的路网
　　大运河

底图图例
　　国界、未定国界
　　省、自治区、直辖市界
　　特别行政区界
　　湖泊、水库
　　珊瑚礁、暗沙
比例尺 1:19 000 000

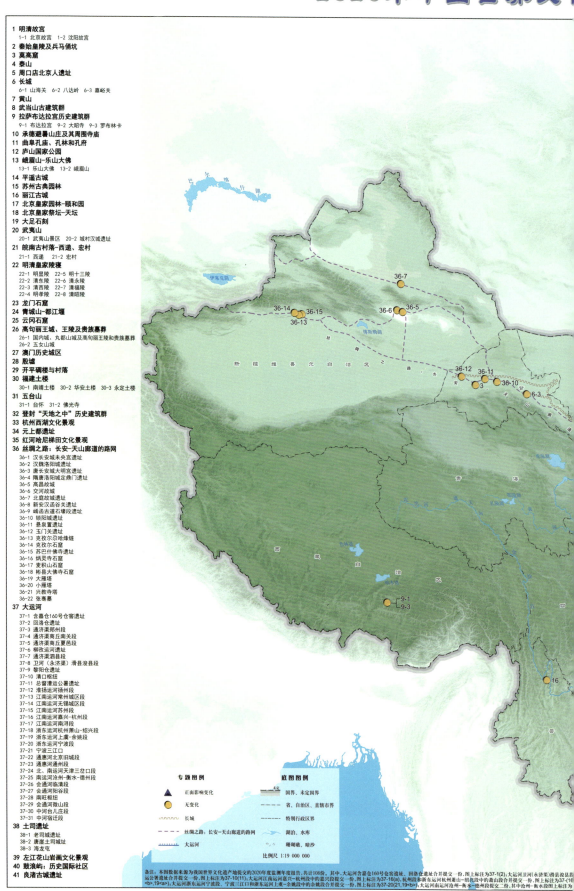

专题图例
△ 正面影响变化
○ 无变化
↟↟↟ 长城
═ ═ 丝绸之路:长安-天山廊道的路网
△△△ 大运河

底图图例
国界、未定国界
── ── 省、自治区、直辖市界
── ── 特别行政区界
湖泊、水库
珊瑚礁、暗沙

比例尺 1:19 000 000

备注:本图数据来源为我国世界文化遗产地提交的2020年度监测年度报告,共计108份。其中,大运河含嘉仓160号仓窖遗址、回洛仓遗址合并提交一份,图上标注为37-1(2);大运河卫河(永济渠)滑县浚县段
运公署遗址合并提交一份,图上标注为37-10(11);大运河江南运河嘉兴-杭州段中的嘉兴段合并提交一份,图上标注为37-16(a);杭州和浙东运河萧山-绍兴段中的萧山段合并提交一份,图上标注为37-(16
<b>,19<a>);大运河浙东运河宁波段、宁波三江口和浙东运河上虞-余姚段中的余姚段合并提交一份,图上标注为37-20(21,19<a>);大运河南运河沧州-衡水-德州段提交二份,其中沧州-衡水段图上标注为

37-8(a). 黎阳仓遗址和浚县段合并提交一份，图上标注为37-9(8<b>)；大运河清口枢纽、总督潼
十萧山—绍兴段中的绍兴段、浙东运河上虞—余姚段中的上虞段合并提交一份，图上标注为37-(18
5(b)；大运河南旺枢纽组提交两份，其中清宁段图上标注为37-28(a)、泰安段图上标注为37-28(b)。

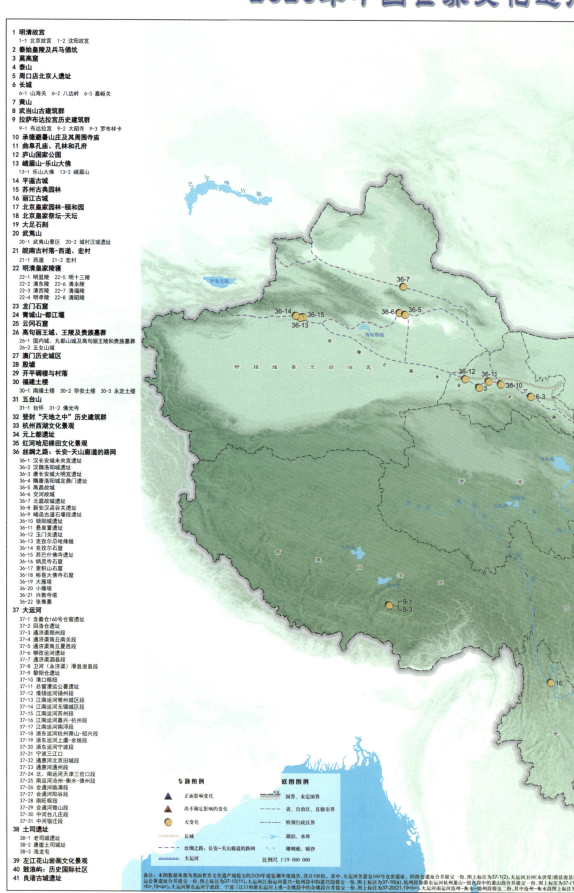

1 明清故宫
 　1-1 北京故宫　1-2 沈阳故宫
2 秦始皇陵及兵马俑坑
3 莫高窟
4 泰山
5 周口店北京人遗址
6 长城
 　6-1 山海关　6-2 八达岭　6-3 嘉峪关
7 黄山
8 武当山古建筑群
9 拉萨布达拉宫历史建筑群
 　9-1 布达拉宫　9-2 大昭寺　9-3 罗布林卡
10 承德避暑山庄及其周围寺庙
11 曲阜孔庙、孔林和孔府
12 庐山国家公园
13 峨眉山-乐山大佛
 　13-1 乐山大佛　13-2 峨眉山
14 平遥古城
15 苏州古典园林
16 丽江古城
17 北京皇家园林-颐和园
18 北京皇家祭坛-天坛
19 大足石刻
20 武夷山
 　20-1 武夷山景区　20-2 城村汉城遗址
21 皖南古村落-西递、宏村
 　21-1 西递　21-2 宏村
22 明清皇家陵寝
 　22-1 明显陵　22-5 明十三陵
 　22-2 清东陵　22-6 清永陵
 　22-3 清西陵　22-7 清福陵
 　22-4 明孝陵　22-8 清昭陵
23 龙门石窟
24 青城山-都江堰
25 云冈石窟
26 高句丽王城、王陵及贵族墓葬
 　26-1 国内城、丸都山城及高句丽王陵和贵族墓葬
 　26-2 五女山城
27 澳门历史城区
28 殷墟
29 开平碉楼与村落
30 福建土楼
 　30-1 南靖土楼　30-2 华安土楼　30-3 永定土楼
31 五台山
 　31-1 台怀　31-2 佛光寺
32 登封"天地之中"历史建筑群
33 杭州西湖文化景观
34 元上都遗址
35 红河哈尼梯田文化景观
36 丝绸之路：长安-天山廊道的路网
 　36-1 汉长安城未央宫遗址
 　36-2 汉魏洛阳城遗址
 　36-3 唐长安城大明宫遗址
 　36-4 隋唐洛阳城定鼎门遗址
 　36-5 高昌故城
 　36-6 交河故城
 　36-7 北庭故城遗址
 　36-8 新安汉函谷关遗址
 　36-9 崤函古道石壕段遗址
 　36-10 锁阳城遗址
 　36-11 悬泉置遗址
 　36-12 玉门关遗址
 　36-13 克孜尔尕哈烽燧
 　36-14 克孜尔石窟
 　36-15 苏巴什佛寺遗址
 　36-16 炳灵寺石窟
 　36-17 麦积山石窟
 　36-18 彬县大佛寺石窟
 　36-19 大雁塔
 　36-20 小雁塔
 　36-21 兴教寺塔
 　36-22 张骞墓
37 大运河
 　37-1 含嘉仓160号仓窖遗址
 　37-2 回洛仓遗址
 　37-3 通济渠郑州段
 　37-4 通济渠商丘南关段
 　37-5 通济渠商丘夏邑段
 　37-6 柳孜运河遗址
 　37-7 通济渠泗县段
 　37-8 卫河（永济渠）滑县浚县段
 　37-9 黎阳仓遗址
 　37-10 清口枢纽
 　37-11 总督漕运公署遗址
 　37-12 淮扬运河扬州段
 　37-13 江南运河常州城区段
 　37-14 江南运河无锡城区段
 　37-15 江南运河苏州段
 　37-16 江南运河嘉兴-杭州段
 　37-17 江南运河南浔段
 　37-18 浙东运河杭州萧山-绍兴段
 　37-19 浙东运河上虞-余姚段
 　37-20 浙东运河宁波段
 　37-21 宁波三江口
 　37-22 通惠河北京旧城段
 　37-23 通惠河通州段
 　37-24 北、南运河天津三岔口段
 　37-25 南运河沧州-衡水-德州段
 　37-26 会通河临清段
 　37-27 会通河阳谷段
 　37-28 南旺枢纽
 　37-29 会通河微山段
 　37-30 中河台儿庄段
 　37-31 中河淮阳迁段
38 土司遗址
 　38-1 老司城遗址
 　38-2 唐崖土司城址
 　38-3 海龙屯
39 左江花山岩画文化景观
40 鼓浪屿：历史国际社区
41 良渚古城遗址

专题图例
▲ 正面影响变化
▲ 尚不确定影响的变化
○ 无变化
〰 长城
〰 丝绸之路：长安-天山廊道的路网
〰 大运河

底图图例
—— 国界、未定国界
- - - 省、自治区、直辖市界
- · - · 特别行政区界
湖泊、水库
珊瑚礁、暗沙
比例尺 1:19 000 000

备注：本图数据来源为我国世界文化遗产地提交的2020年度监测年度报告，共计108份，其中，大运河含嘉仓160号仓窖遗址、回洛仓遗址合并提交一份，图上标注为37-1(2)；大运河卫河(永济渠)滑县浚县段
大运河筹道地合并提交一份，图上标注为37-10(11)；大运河江南运河嘉兴-杭州段中的嘉兴段提交一份，图上标注为37-16(a)；杭州段和新东运河杭州萧山-绍兴段中的萧山段合并提交一份，图上标注为37-(16<
b>,19<a>)；大运河浙东运河宁波段、宁波三江口和浙东运河上虞-余姚段中的余姚段合并提交一份，图上标注为37-20(21,19<b>)；大运河河南运河沧州-衡水-德州段提交二份，其中沧州-衡水段提交一份，

南海诸岛
1:38 000 000

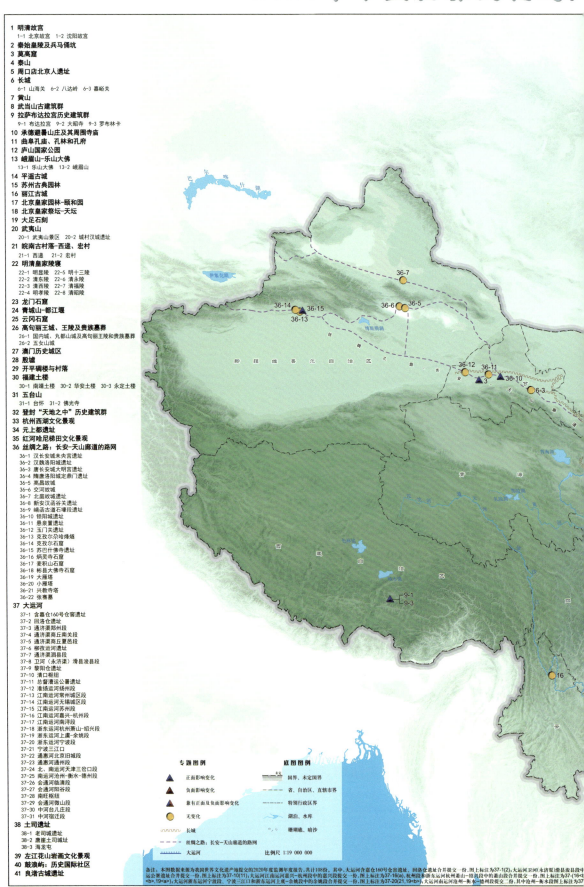

1 明清故宫
  1-1 北京故宫   1-2 沈阳故宫
2 秦始皇陵及兵马俑坑
3 莫高窟
4 泰山
5 周口店北京人遗址
6 长城
  6-1 山海关   6-2 八达岭   6-3 嘉峪关
7 黄山
8 武当山古建筑群
9 拉萨布达拉宫历史建筑群
  9-1 布达拉宫   9-2 大昭寺   9-3 罗布林卡
10 承德避暑山庄及其周围寺庙
11 曲阜孔庙、孔林和孔府
12 庐山国家公园
13 峨眉山-乐山大佛
  13-1 乐山大佛   13-2 峨眉山
14 平遥古城
15 苏州古典园林
16 丽江古城
17 北京皇家园林-颐和园
18 北京皇家祭坛-天坛
19 大足石刻
20 武夷山
  20-1 武夷山景区   20-2 城村汉城遗址
21 皖南古村落-西递、宏村
  21-1 西递   21-2 宏村
22 明清皇家陵寝
  22-1 明显陵   22-5 明十三陵
  22-2 清东陵   22-6 清永陵
  22-3 清西陵   22-7 清福陵
  22-4 明孝陵   22-8 清昭陵
23 龙门石窟
24 青城山-都江堰
25 云冈石窟
26 高句丽王城、王陵及贵族墓葬
  26-1 国内城、丸都山城及高句丽王陵和贵族墓葬
  26-2 五女山城
27 澳门历史城区
28 殷墟
29 开平碉楼与村落
30 福建土楼
  30-1 南靖土楼   30-2 华安土楼   30-3 永定土楼
31 五台山
  31-1 台怀   31-2 佛光寺
32 登封"天地之中"历史建筑群
33 杭州西湖文化景观
34 元上都遗址
35 红河哈尼梯田文化景观
36 丝绸之路: 长安-天山廊道的路网
  36-1 汉长安城未央宫遗址
  36-2 汉魏洛阳城遗址
  36-3 唐长安城大明宫遗址
  36-4 隋唐洛阳城定鼎门遗址
  36-5 高昌故城
  36-6 交河故城
  36-7 北庭故城遗址
  36-8 新安汉函谷关遗址
  36-9 崤函古道石壕段遗址
  36-10 锁阳城遗址
  36-11 悬泉置遗址
  36-12 玉门关遗址
  36-13 克孜尔尕哈烽燧
  36-14 克孜尔石窟
  36-15 苏巴什佛寺遗址
  36-16 炳灵寺石窟
  36-17 麦积山石窟
  36-18 彬县大佛寺石窟
  36-19 大雁塔
  36-20 小雁塔
  36-21 兴教寺塔
  36-22 张骞墓
37 大运河
  37-1 含嘉仓160号仓窖遗址
  37-2 回洛仓遗址
  37-3 通济渠郑州段
  37-4 通济渠商丘南关段
  37-5 通济渠商丘夏邑段
  37-6 柳孜运河遗址
  37-7 通济渠泗县段
  37-8 卫河(永济渠)滑县浚县段
  37-9 黎阳仓遗址
  37-10 清口枢纽
  37-11 总督漕运公署遗址
  37-12 淮扬运河扬州段
  37-13 江南运河常州城区段
  37-14 江南运河无锡城区段
  37-15 江南运河苏州段
  37-16 江南运河嘉兴-杭州段
  37-17 江南运河南浔段
  37-18 浙东运河杭州萧山-绍兴段
  37-19 浙东运河上虞-余姚段
  37-20 浙东运河宁波段
  37-21 宁波三江口
  37-22 通惠河北京旧城段
  37-23 通惠河通州段
  37-24 北、南运河天津三岔口段
  37-25 南运河沧州-衡水-德州段
  37-26 会通河临清段
  37-27 会通河阳谷段
  37-28 南旺枢纽
  37-29 会通河微山段
  37-30 中河台儿庄段
  37-31 中河宿迁段
38 土司遗址
  38-1 老司城遗址
  38-2 唐崖土司城址
  38-3 海龙屯
39 左江花山岩画文化景观
40 鼓浪屿: 历史国际社区
41 良渚古城遗址

专题图例
▲ 正面影响变化
▲ 负面影响变化
▲ 兼有正面及负面影响变化
● 无变化

━━ 长城
- - - 丝绸之路: 长安-天山廊道的路网
━━ 大运河

底图图例
━━ 国界、未定国界
- - - 省、自治区、直辖市界
- - - 特别行政区界
～ 湖泊、水库
珊瑚礁、暗沙

比例尺 1:19 000 000

备注: 本图数据来源为我国世界文化遗产地提交的2020年度监测年度报告, 共计108份。其中, 大运河含嘉仓160号仓窖遗址、回洛仓遗址合并提交一份, 图上标注为37-1(2), 大运河卫河(永济渠)滑县浚县段和运河公署遗址合并提交一份, 图上标注为37-10(11); 大运河江南运河嘉兴-杭州段中的嘉兴段提交一份, 图上标注为37-16(a), 杭州段和浙东运河杭州萧山-绍兴段中的萧山段合并提交一份, 图上标注为37-16<b>,19<a>); 大运河浙东运河宁波段、宁波三江口和浙东运河上虞-余姚段中的余姚段合并提交一份, 图上标注为37-20(21,19<a>), 大运河南运河沧州-衡水-德州段提交二份, 其中沧州-衡水段数据图上标注为

1:38 000 000

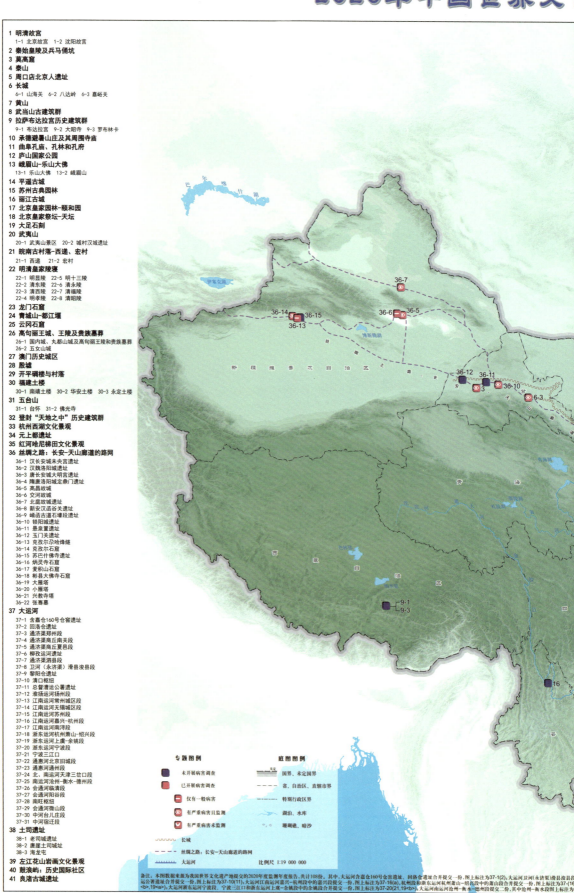

1 明清故宫
　　1-1 北京故宫　　1-2 沈阳故宫
2 秦始皇陵及兵马俑坑
3 莫高窟
4 泰山
5 周口店北京人遗址
6 长城
　　6-1 山海关　　6-2 八达岭　　6-3 嘉峪关
7 黄山
8 武当山古建筑群
9 拉萨布达拉宫历史建筑群
　　9-1 布达拉宫　　9-2 大昭寺　　9-3 罗布林卡
10 承德避暑山庄及其周围寺庙
11 曲阜孔庙、孔林和孔府
12 庐山国家公园
13 峨眉山－乐山大佛
　　13-1 乐山大佛　　13-2 峨眉山
14 平遥古城
15 苏州古典园林
16 丽江古城
17 北京皇家园林－颐和园
18 北京皇家祭坛－天坛
19 大足石刻
20 武夷山
　　20-1 武夷山景区　　20-2 城村汉城遗址
21 皖南古村落－西递、宏村
　　21-1 西递　　21-2 宏村
22 明清皇家陵寝
　　22-1 明显陵　　22-5 明十三陵
　　22-2 清东陵　　22-6 清永陵
　　22-3 清西陵　　22-7 清福陵
　　22-4 明孝陵　　22-8 清昭陵
23 龙门石窟
24 青城山－都江堰
25 云冈石窟
26 高句丽王城、王陵及贵族墓葬
　　26-1 国内城、丸都山城及高句丽王陵和贵族墓葬
　　26-2 五女山城
27 澳门历史城区
28 殷墟
29 开平碉楼与村落
30 福建土楼
　　30-1 南靖土楼　　30-2 华安土楼　　30-3 永定土楼
31 五台山
　　31-1 台怀　　31-2 佛光寺
32 登封"天地之中"历史建筑群
33 杭州西湖文化景观
34 元上都遗址
35 红河哈尼梯田文化景观
36 丝绸之路：长安－天山廊道的路网
　　36-1 汉长安城未央宫遗址
　　36-2 汉魏洛阳城遗址
　　36-3 唐长安城大明宫遗址
　　36-4 隋唐洛阳城定鼎门遗址
　　36-5 高昌故城
　　36-6 交河故城
　　36-7 北庭故城遗址
　　36-8 新安汉函谷关遗址
　　36-9 崤函古道石壕段遗址
　　36-10 锁阳城遗址
　　36-11 悬泉置遗址
　　36-12 玉门关遗址
　　36-13 克孜尔尕哈烽燧
　　36-14 克孜尔石窟
　　36-15 苏巴什佛寺遗址
　　36-16 炳灵寺石窟
　　36-17 麦积山石窟
　　36-18 彬县大佛寺石窟
　　36-19 大雁塔
　　36-20 小雁塔
　　36-21 兴教寺塔
　　36-22 张骞墓
37 大运河
　　37-1 含嘉仓160号仓窖遗址
　　37-2 回洛仓遗址
　　37-3 通济渠郑州段
　　37-4 通济渠商丘南关段
　　37-5 通济渠商丘夏邑段
　　37-6 柳孜运河遗址
　　37-7 通济渠泗县段
　　37-8 卫河（永济渠）滑县浚县段
　　37-9 黎阳仓遗址
　　37-10 清口枢纽
　　37-11 总督漕运公署遗址
　　37-12 淮扬运河扬州段
　　37-13 江南运河常州城区段
　　37-14 江南运河无锡城区段
　　37-15 江南运河苏州段
　　37-16 江南运河嘉兴－杭州段
　　37-17 江南运河南浔段
　　37-18 浙东运河杭州萧山－绍兴段
　　37-19 浙东运河上虞－余姚段
　　37-20 浙东运河宁波段
　　37-21 宁波三江口
　　37-22 通惠河北京旧城段
　　37-23 通惠河通州段
　　37-24 北、南运河天津三岔口段
　　37-25 南运河沧州－衡水－德州段
　　37-26 会通河临清段
　　37-27 会通河阳谷段
　　37-28 南旺枢纽
　　37-29 会通河微山段
　　37-30 中河台儿庄段
　　37-31 中河宿迁段
38 土司遗址
　　38-1 老司城遗址
　　38-2 唐崖土司城址
　　38-3 海龙屯
39 左江花山岩画文化景观
40 鼓浪屿：历史国际社区
41 良渚古城遗址

专题图例
　未开展病害调查
　已开展病害调查
　仅有一般病害
　有严重病害且监测
　有严重病害未监测
　　　长城
　　　丝绸之路：长安－天山廊道的路网
　　　大运河

底图图例
　　　国界、未定国界
　　　省、自治区、直辖市界
　　　特别行政区界
　　　湖泊、水库
　　　珊瑚礁、暗沙

比例尺 1:19 000 000

附注：本图数据源为我国世界文化遗产地提交的2020年度监测年度报告，共计108份。其中，大运河含嘉仓160号仓窖遗址、回洛仓遗址合并提交一份，图上标注为37-1(2)；大运河（永济渠）滑县浚县段中
　运公署遗址合并提交一份，图上标注为37-10(11)；大运河江南运河嘉兴－杭州段中的嘉兴运河提交一份，图上标注为37-16(段)；杭州段和浙东运河杭州萧山－绍兴段中的萧山段合并提交一份，图上标注为37-(16<b
　,19<a>)；大运河浙东运河宁波段、宁波三江口和浙东运河上虞－余姚段中的余姚段合并提交一份，图上标注为37-20(21,19<b>)；大运河南运河沧州－衡水－德州段提交二份，图上标注为37-

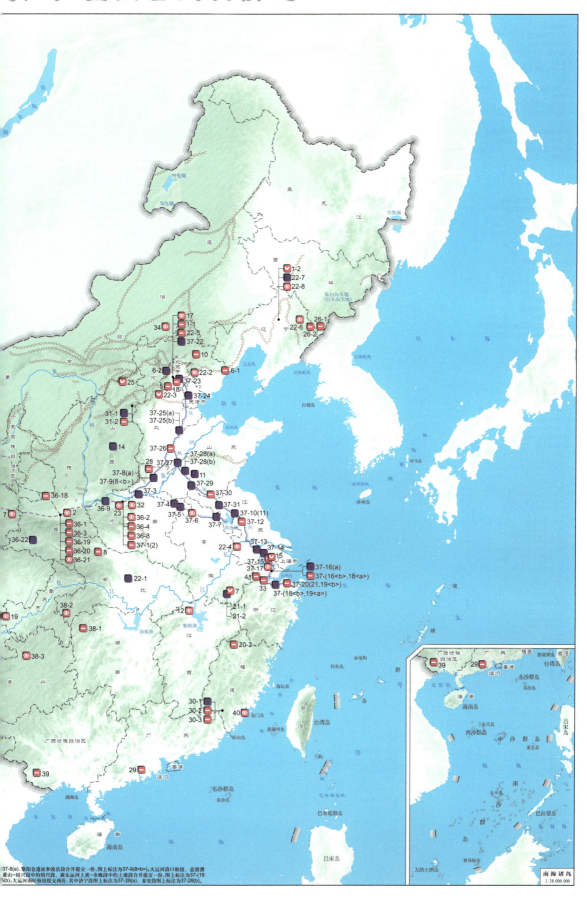

37-8(a), 黎阳仓遗址和浚县段合并提交一份, 图上标注为37-9(8<b>), 大运河清口枢纽、总督漕
萧山—绍兴段中的绍兴段、浙东运河上虞—余姚段中的上虞段合并提交一份, 图上标注为37-(18
<b>); 大运河南旺和组提交两份, 其中清宁段图上标注为37-28(a), 泰安段图上标注为37-28(b)。

1 明清故宫
 1-1 北京故宫　1-2 沈阳故宫
2 秦始皇陵及兵马俑坑
3 莫高窟
4 泰山
5 周口店北京人遗址
6 长城
 6-1 山海关　6-2 八达岭　6-3 嘉峪关
7 黄山
8 武当山古建筑群
9 拉萨布达拉宫历史建筑群
 9-1 布达拉宫　9-2 大昭寺　9-3 罗布林卡
10 承德避暑山庄及其周围寺庙
11 曲阜孔庙、孔林和孔府
12 庐山国家公园
13 峨眉山-乐山大佛
 13-1 乐山大佛　13-2 峨眉山
14 平遥古城
15 苏州古典园林
16 丽江古城
17 北京皇家园林-颐和园
18 北京皇家祭坛-天坛
19 大足石刻
20 武夷山
 20-1 武夷山景区　20-2 城村汉城遗址
21 皖南古村落-西递、宏村
 21-1 西递　21-2 宏村
22 明清皇家陵寝
 22-1 明显陵　22-5 明十三陵
 22-2 清东陵　22-6 清永陵
 22-3 清西陵　22-7 清福陵
 22-4 明孝陵　22-8 清昭陵
23 龙门石窟
24 青城山-都江堰
25 云冈石窟
26 高句丽王城、王陵及贵族墓葬
 26-1 国内城、丸都山城及高句丽王陵和贵族墓葬
 26-2 五女山城
27 澳门历史城区
28 殷墟
29 开平碉楼与村落
30 福建土楼
 30-1 南靖土楼　30-2 华安土楼　30-3 永定土楼
31 五台山
 31-1 台怀　31-2 佛光寺
32 登封"天地之中"历史建筑群
33 杭州西湖文化景观
34 元上都遗址
35 红河哈尼梯田文化景观
36 丝绸之路：长安-天山廊道的路网
 36-1 汉长安城未央宫遗址
 36-2 汉魏洛阳城遗址
 36-3 唐长安城大明宫遗址
 36-4 隋唐洛阳城定鼎门遗址
 36-5 高昌故城
 36-6 交河故城
 36-7 北庭故城遗址
 36-8 新安汉函谷关遗址
 36-9 崤函古道石壕段遗址
 36-10 锁阳城遗址
 36-11 悬泉置遗址
 36-12 玉门关遗址
 36-13 克孜尔尕哈烽燧
 36-14 克孜尔石窟
 36-15 苏巴什佛寺遗址
 36-16 炳灵寺石窟
 36-17 麦积山石窟
 36-18 彬县大佛寺石窟
 36-19 大雁塔
 36-20 小雁塔
 36-21 兴教寺塔
 36-22 张骞墓
37 大运河
 37-1 含嘉仓160号仓窖遗址
 37-2 回洛仓遗址
 37-3 通济渠郑州段
 37-4 通济渠商丘南关段
 37-5 通济渠商丘夏邑段
 37-6 柳孜运河遗址
 37-7 通济渠泗县段
 37-8 卫河（永济渠）滑县浚县段
 37-9 黎阳仓遗址
 37-10 清口枢纽
 37-11 总督漕运公署遗址
 37-12 淮扬运河扬州段
 37-13 江南运河常州城区段
 37-14 江南运河无锡城区段
 37-15 江南运河苏州段
 37-16 江南运河嘉兴-杭州段
 37-17 江南运河南浔段
 37-18 浙东运河杭州萧山-绍兴段
 37-19 浙东运河上虞-余姚段
 37-20 浙东运河宁波段
 37-21 宁波三江口
 37-22 通惠河北京旧城段
 37-23 通惠河通州段
 37-24 北、南运河天津三岔口段
 37-25 南运河沧州-衡水三德州段
 37-26 会通河临清段
 37-27 会通河阳谷段
 37-28 南旺枢纽
 37-29 会通河微山段
 37-30 中河台儿庄段
 37-31 中河宿迁段
38 土司遗址
 38-1 老司城遗址
 38-2 唐崖土司城址
 38-3 海龙屯
39 左江花山岩画文化景观
40 鼓浪屿：历史国际社区
41 良渚古城遗址

专题图例
🟠 开采压力影响因素
🟣 污染影响因素
🟣 人口压力影响因素
🟢 建设压力影响因素
🟠 人为破坏影响因素
🟤 自然侵蚀影响因素
🟤 自然灾害影响因素
⚪ 无影响因素
— 长城
---- 丝绸之路：长安-天山廊道的路网
—— 大运河

底图图例
—— 国界、未定国界
---- 省、自治区、直辖市界
---- 特别行政区界
—— 湖泊、水库
　　 珊瑚礁、暗沙
比例尺 1:19 000 000

附注：本图数据根据我国世界文化遗产地提交的2020年度监测年度报告，共计108份，其中，大运河含嘉仓160号仓窖遗址、回洛仓遗址合并提交一份，图上标注为37-1(2)；大运河卫河（永济渠）滑县浚县段运河公署道址合并提交一份，图上标注为37-10(11)；大运河江南运河嘉兴-杭州段中的嘉兴段提交一份，图上标注为37-16(a)；杭州段和浙东运河杭州萧山-绍兴段中的萧山段合并提交一份，图上标注为37-(16<b>,19<a>)；大运河浙东运河宁波段、宁波三江口和浙东运河上虞-余姚段中的余姚段合并提交一份，图上标注为37-20(21,19<b>)；大运河南运河沧州-衡水-德州段提交二份，其中沧州-衡水段图上标注为3

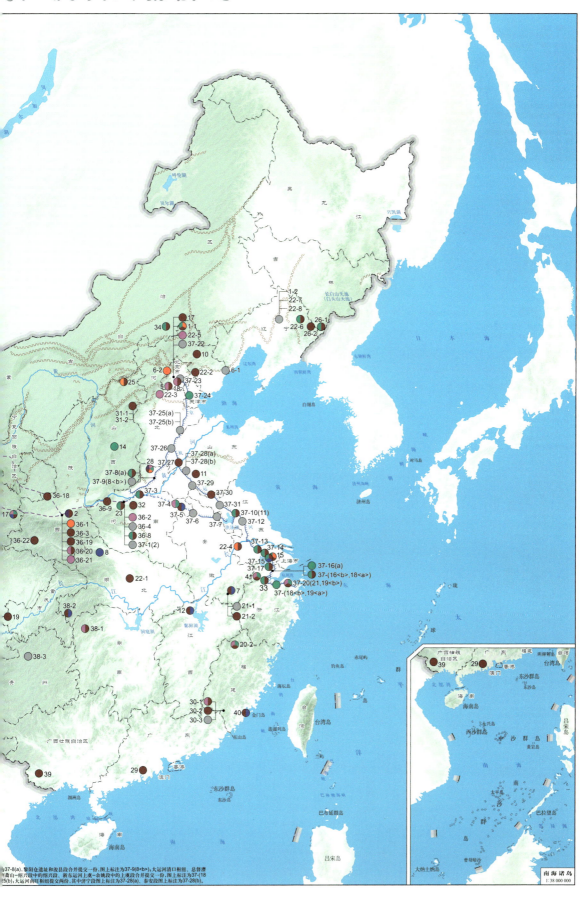

南海诸岛
1:38 000 000

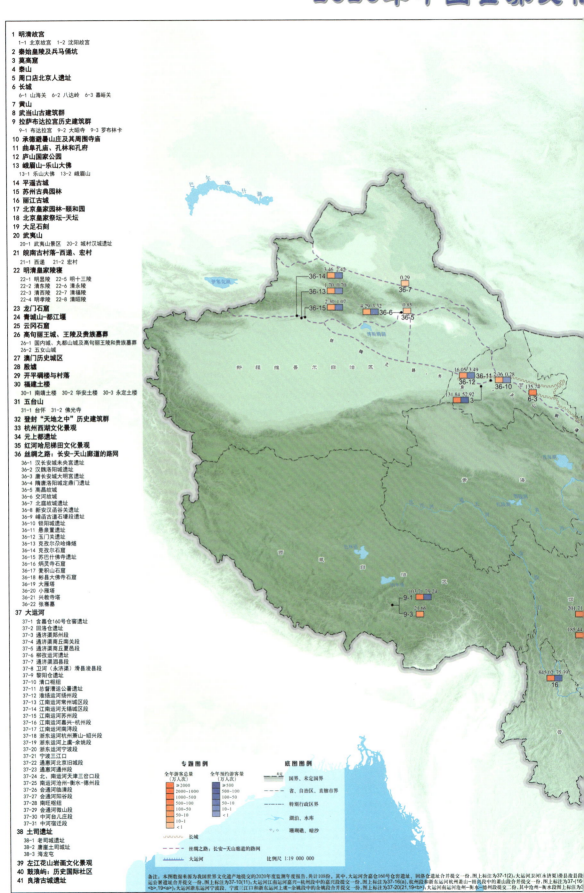

1 明清故宫
  1-1 北京故宫 1-2 沈阳故宫
2 秦始皇陵及兵马俑坑
3 莫高窟
4 泰山
5 周口店北京人遗址
6 长城
  6-1 山海关 6-2 八达岭 6-3 嘉峪关
7 黄山
8 武当山古建筑群
9 拉萨布达拉宫历史建筑群
  9-1 布达拉宫 9-2 大昭寺 9-3 罗布林卡
10 承德避暑山庄及其周围寺庙
11 曲阜孔庙、孔林和孔府
12 庐山国家公园
13 峨眉山-乐山大佛
  13-1 乐山大佛 13-2 峨眉山
14 平遥古城
15 苏州古典园林
16 丽江古城
17 北京皇家园林-颐和园
18 北京皇家祭坛-天坛
19 大足石刻
20 武夷山
  20-1 武夷山景区 20-2 城村汉城遗址
21 皖南古村落-西递、宏村
  21-1 西递 21-2 宏村
22 明清皇家陵寝
  22-1 明显陵 22-5 明十三陵
  22-2 清东陵 22-6 清永陵
  22-3 清西陵 22-7 清福陵
  22-4 明孝陵 22-8 清昭陵
23 龙门石窟
24 青城山-都江堰
25 云冈石窟
26 高句丽王城、王陵及贵族墓葬
  26-1 国内城、丸都山城及高句丽王陵和贵族墓葬
  26-2 五女山城
27 澳门历史城区
28 殷墟
29 开平碉楼与村落
30 福建土楼
  30-1 南靖土楼 30-2 华安土楼 30-3 永定土楼
31 五台山
  31-1 台怀 31-2 佛光寺
32 登封"天地之中"历史建筑群
33 杭州西湖文化景观
34 元上都遗址
35 红河哈尼梯田文化景观
36 丝绸之路：长安-天山廊道的路网
  36-1 汉长安城未央宫遗址
  36-2 汉魏洛阳城遗址
  36-3 唐长安城大明宫遗址
  36-4 隋唐洛阳城定鼎门遗址
  36-5 高昌故城
  36-6 交河故城
  36-7 北庭故城遗址
  36-8 新安汉函谷关遗址
  36-9 崤函古道石壕段遗址
  36-10 锁阳城遗址
  36-11 悬泉置遗址
  36-12 玉门关遗址
  36-13 克孜尔尕哈烽燧
  36-14 克孜尔石窟
  36-15 苏巴什佛寺遗址
  36-16 炳灵寺石窟
  36-17 麦积山石窟
  36-18 彬县大佛寺石窟
  36-19 大雁塔
  36-20 小雁塔
  36-21 兴教寺塔
  36-22 张骞墓
37 大运河
  37-1 含嘉仓160号仓窖遗址
  37-2 回洛仓遗址
  37-3 通济渠郑州段
  37-4 通济渠商丘南关段
  37-5 通济渠商丘夏邑段
  37-6 柳孜运河遗址
  37-7 通济渠泗县段
  37-8 卫河（永济渠）滑县浚县段
  37-9 黎阳仓遗址
  37-10 淮口枢纽
  37-11 总督漕运公署遗址
  37-12 淮扬运河扬州段
  37-13 江南运河常州城区段
  37-14 江南运河无锡城区段
  37-15 江南运河苏州段
  37-16 江南运河嘉兴-杭州段
  37-17 江南运河南浔段
  37-18 浙东运河杭州萧山-绍兴段
  37-19 浙东运河上虞-余姚段
  37-20 浙东运河宁波段
  37-21 宁波三江口
  37-22 通惠河北京旧城段
  37-23 通惠河通州段
  37-24 北、南运河天津三岔口段
  37-25 南运河沧州-衡水-德州段
  37-26 会通河临清段
  37-27 会通河阳谷段
  37-28 南旺枢纽
  37-29 会通河微山段
  37-30 中河台儿庄段
  37-31 中河宿迁段
38 土司遗址
  38-1 老司城遗址
  38-2 唐崖土司城址
  38-3 海龙屯
39 左江花山岩画文化景观
40 鼓浪屿：历史国际社区
41 良渚古城遗址

专题图例

全年游客总量
（万人次）
≥2000
2000-1000
1000-500
500-100
100-50
50-10
10-1
<1

全年预约游客量
（万人次）
≥500
500-100
100-50
50-10
10-1
<1

底图例

国界、未定国界
省、自治区、直辖市界
特别行政区界
湖泊、水库
珊瑚礁、暗沙

长城
丝绸之路：长安-天山廊道的路网
大运河

比例尺 1:19 000 000

备注：本图数据来源为我国世界文化遗产地提交的2020年度监测年度报告，共计108份，其中，大运河含嘉仓160号仓窖遗址、回洛仓遗址合并提交一份，图上标注为37-1(2)；大运河卫河（永济渠）滑县浚县段运公署遗址合并提交一份，图上标注为37-10(11)；大运河江南运河嘉兴-杭州段中的嘉兴段提交一份，图上标注为37-16(a)；杭州段和浙东运河杭州萧山一绍兴段中的萧山合并提交一份，图上标注为37-18 ,19<a>；大运河浙东运河宁波段，宁波三江口和浙东运河上虞-余姚段中的余姚段合并提交一份，图上标注为37-20(21,19)；大运河南运河沧州-衡水-德州段提交二份，其中沧州-衡水段图上标注为3

36-14 　3
36-13
36-15
36-6　36-5
36-7
36-12　36-11　36-10
6-3
3 4 　

9-1 　3
9-3 　

1
16

专题图例
本体保护工程
保护性设施建设工程
环境整治工程
监测工程
展示工程
安消防工程
其他工程
长城
丝绸之路:长安-天山廊道的路网
大运河

底图图例
国界、未定国界
省、自治区、直辖市界
特别行政区界
湖泊、水库
珊瑚礁、暗沙
比例尺 1:19 000 000

为37-8(a)、黎阳仓遗址和皮县段合并提交 一份，图上标注为37-9(8<b>)，大运河潜口柜组、总普清州萧山—绍兴段中的绍兴段、浙东运河段中的上虞~余姚段合并提交 一份，图上标注为37-(18 25(b)，大运河南旺柜组提交两份，其中清宁段图上标注为37-28(a)，泰安段图上标注为37-28(b)。

II　专题报告

中国世界文化遗产第三轮定期报告初步分析

罗　颖　张　欣　高晨翔

（中国文化遗产研究院　中国世界文化遗产中心）

摘　要： 定期报告是世界遗产委员会监督缔约国实施《世界遗产公约》情况的官方程序。本文通过对我国世界文化遗产于2021年7月完成的第三轮定期报告填报工作的初步分析，得出我国世界文化遗产保护管理工作具有以下特点："气候变化和恶劣天气事件""突发生态或地质事件"等自然灾害对遗产的负面影响显著扩大，遗产社会价值和旅游方面的利用给遗产带来了更为普遍的正面影响；管理体系/管理规划足以保持遗产突出普遍价值，法律框架基本健全，但遗产管理者与部分群体的合作关系有待进一步加强；绝大多数群体对世界文化遗产列入理由具有一定程度的认识和理解；专业人才基本满足遗产管理需求，能力建设计划或方案对遗产管理者自身专业技术水平的提升作用有限。建议遗产管理者在后续工作中应关注：加强灾害风险应对；拓展当地社区参与遗产保护管理的深度和广度；完善保护管理机制，进一步厘清保护管理工作与突出普遍价值之间的关系；加强遗产管理者、当地社区以及志愿者等利益相关者的能力建设等。

关键词： 第三轮定期报告；遗产监测；保护管理

引　言

定期报告是缔约国根据《世界遗产公约》第29条的规定，通过世界遗产委员会向联合国教科文组织大会提交《世界遗产公约》实施情况报告的官方程序，通常以每六年为一个周期，按照阿拉伯地区、非洲地区、亚洲和太平洋地区、拉丁美洲和加勒比地区、欧洲和北美地区这五大地理文化区分别依次提交。

各地理文化区内的缔约国及其所列入《世界遗产名录》的遗产管理者先以填写问卷的形式编写定期报告（含缔约国和遗产地报告，分别为问卷第一部分和第二部分）；世界遗产中心与各国国家协调中心①在此基础上共同编写各地理文化区报告。国家协调中心、遗产管理者、咨询机构和世界遗产中心在各地理文化区报告的基础上，分别制定相应的行动计划，以对定期报告工作所确定和提出的需求、挑战、威胁、优势和机遇做出可衡量的、随时间推移可逐步实现的具体目标。截至目前，全球世界遗产已完成两轮定期报告工作，第三轮定期报告工作于2018年正式启动，将在2024年结束（表1）。

表1　全球世界遗产定期报告工作的基本情况②

各地理文化区	第一轮参与时间，涉及的缔约国数量	第二轮参与时间，涉及的缔约国数量	第三轮参与时间，涉及的缔约国数量
阿拉伯地区	1998—1999年，18	2008—2009年，18	2018—2019，19
非洲地区	1999—2000年，34	2009—2010年，34	2019—2020，47
亚洲和太平洋地区	2001—2002年，36	2010—2011年，36	2020—2021，44
拉丁美洲和加勒比地区	2002—2003年，28	2011—2012年，32	2021—2022，33
欧洲和北美地区	2003—2004年，50	2012—2015年，50	2022—2023，51

根据联合国教科文组织世界遗产委员会对亚太地区第三轮定期报告的总体安排，我国世界遗产第三轮定期报告工作于2020年10月正式拉开帷幕。在国家文物局的统筹指导以及各省级文物主管部门、遗产保护管理机构与中国文化遗产研究院中国世界文化遗产中心的通力合作下，历经前期准备、初稿填报/审核/修改、终稿翻译/校核等近10个月的紧张工作后（表2），我国世界文化遗产第三轮定期报告已于2021年7月31日通过世界遗产中心官网正式提交至世界遗产中心，这标志着我国世界文化遗产第三轮定期报告填报工作正式结束，之后将进入亚太地区第三轮定期报告以及亚太地区行动计划的编制阶段。

表2　我国世界文化遗产第三轮定期报告实施要点

实施阶段	主要实施要点
前期准备（2020.10—2020.11）	收集、整理、校译第三轮定期报告中出现的相关公约、名录、政策文件以及国际指导材料，为填报人员了解定期报告的基本情况和世界遗产领域及其相关领域的政策、规则、理念提供依据与工具。

---

① 每个国家都会指定世界遗产国家协调中心，负责密切关注在该国进行的与公约有关的活动，并作为世界遗产中心信息沟通的渠道。在定期报告填报阶段，国家协调中心主要负责编写国家报告（定期报告第一部分），监督遗产管理者编写的遗产地报告（定期报告第二部分）。中国世界遗产协调中心为国家文物局、国家林业和草原局。

② World Heritage Center.Periodic Reporting[EB/OL]. http://whc.unesco.org/en/periodicreporting,2021-09-07.

实施阶段	主要实施要点
前期准备 （2020.10— 2020.11）	建立国内保护管理数据与第三轮定期报告数据之间的对应关系，并通过在中国世界文化遗产监测预警总平台（以下简称"总平台"）上研发第三轮定期报告模块，实现支撑材料的在线查询和下载。
	参与联合国教科文组织地区办事处举办的国际培训班，同时组织策划涵盖我国世界文化遗产所有填报人员、省级文物主管部门代表的国内培训班，让填报人员进一步掌握第三轮定期报告的特点、填报难点以及要点。
初稿填报/审核/ 修改阶段 （2020.12–2021.4）	填报人员根据总平台提供的支撑材料，补充收集文物、旅游、环保、自然资源、建设等方面的资料，并与其他保护称号的管理人员、当地社区、志愿者等利益相关者进行沟通后，如实填写报告以反映保护管理工作中取得的成绩和存在的问题；而后经遗产所在的市（县）人民政府、省级文物主管部门、国家文物局层层审核；填报人员根据各方反馈的审核意见，对有理念偏差和事实性错误的内容进行了修改。
终稿提交阶段 （2021.5–2021.7）	由国家文物局统一组织翻译，确保用词规范、统一；后经中国世界文化遗产中心遗产专员校核后定稿。

为了进一步发挥定期报告的自检自查作用，本报告对我国世界文化遗产第三轮定期报告[①]部分填报结果进行初步分析，旨在根据国际要求，总结我国世界文化遗产保护管理工作的成绩和不足，给下一步保护管理工作的推进提供决策依据。同时，也给下阶段亚太地区第三轮定期报告以及亚太地区行动计划提供参考。

一、第三轮定期报告填报结果初步分析

（一）影响因素

第三轮定期报告中共列举了13类因素，82个具体因素供遗产管理者进行评估，以审视这些因素对遗产的影响是积极或（和）消极的。填报结果显示，目前我国世界文化遗产的

[①] 数据来源为37份我国世界文化遗产第三轮定期报告，具体包括明清故宫（北京故宫、沈阳故宫），秦始皇陵及兵马俑坑，莫高窟，周口店北京人遗址，长城，武当山古建筑群，拉萨布达拉宫历史建筑群（含罗布林卡和大昭寺），承德避暑山庄及其周围寺庙，曲阜孔庙、孔林和孔府，庐山国家公园，平遥古城，苏州古典园林，丽江古城，北京皇家园林–颐和园，北京皇家祭坛–天坛，大足石刻，"皖南古村落–西递、宏村"，明清皇家陵寝，龙门石窟，青城山–都江堰，云冈石窟，"高句丽王城、王陵及贵族墓葬"，澳门历史城区，殷墟，开平碉楼与村落，福建土楼，五台山，登封"天地之中"历史建筑群，杭州西湖文化景观，元上都遗址，红河哈尼梯田文化景观，"丝绸之路：长安–天山廊道的路网"，大运河，土司遗址，左江花山岩画文化景观，"鼓浪屿：历史国际社区"，良渚古城遗址。

主要正面影响因素为"管理与制度""遗产的社会/文化利用""建筑与开发";主要负面影响因素为"影响物理结构的当地条件①""建筑与开发""气候变化和恶劣天气事件"（图1）。相较东北亚文化遗产第二轮定期报告填报结果②，从负面影响因素看，"影响物理结构的当地条件""建筑与开发（主要的游客膳食及相关基础设施、解说和参观设施除外）和交通基础设施③"仍为主要因素，显著的变化是"气候变化和恶劣天气事件（干旱、沙漠化、海水变化、气温变化除外）和突发生态或地质事件④"从第二轮的第7位上升为第4位，"旅游业（含主要的游客膳食及相关基础设施、解说和参观设施以及旅游/参观/娱乐的影响）⑤"从第二轮的第1位下降到第三轮的第5位，这说明近十年"自然灾害"对于我国世界文化遗产的负面影响更加普遍，而"旅游业"通过合理规划和科学引导，对遗产突出普遍价值的负面影响得到了较好的控制。从正面影响因素看，排名顺序未发生明显变化，"管理活动""旅游业""与社会的相互作用（旅游/参观/娱乐活动除外）"依旧为最主要因素（表3）。

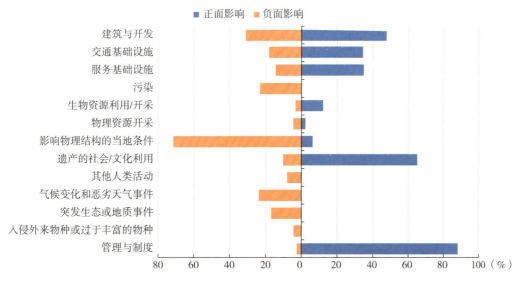

图1　我国世界文化遗产影响因素情况

---

① 英文描述为"Local conditions affecting physical fabric"，即为影响遗产的自然环境。

② Understanding World Heritage in Asia and the Pacific[EB/OL]. http://whc.unesco.org/en/prcycle3, 2021-09-07.

③ 第三轮定期报告中的"建筑与开发（主要的游客膳食及相关基础设施、解说和参观设施除外）和交通基础设施"与第二轮定期报告中的"基础设施"内容基本一致。

④ 第三轮定期报告中的"气候变化和恶劣天气事件（干旱、沙漠化、海水变化、气温变化除外）和突发生态或地质事件"与第二轮定期报告中的"自然灾害"内容基本一致。

⑤ "旅游业"为第二轮定期报告中影响因素类型之一，具体内容包含第三轮定期报告中的"建筑与开发"的"主要的游客膳食及相关基础设施""解说和参观设施"，以及"遗产的社会/文化利用"中的"旅游/参观/娱乐的影响"。

表3 东北亚世界文化遗产第二轮定期报告与我国世界文化遗产第三轮定期报告填报结果对比情况

序号	影响因素类型	正面影响因素排序		负面影响因素排序	
		第二轮	第三轮	第二轮	第三轮
1	建筑与开发（主要的游客膳食及相关基础设施、解说和参观设施除外）和基础设施	5	5	3	2
2	服务设施	4	4	4	6
3	污染	10	9	4	3
4	生物资源利用/开采	6	6	12	12
5	物理资源开采	7	8	10	10
6	影响物理结构的当地条件	8	7	1	1
7	与社会的相互作用（旅游/参观/娱乐活动除外）	3	3	8	9
8	旅游业（含旅游和解说设施及旅游/参观/娱乐活动）	2	2	1	5
9	人类不利活动	10	9	11	8
10	自然灾害（含恶劣天气和突发生态或地质事件）	10	9	7	4
11	气候变化	8	9	8	7
12	入侵外来物种或过于丰富的物种	10	9	6	11
13	管理与制度	1	1	13	13

综合我国世界文化遗产的主要影响因素情况，以下分别从"影响物理结构的当地条件""气候变化和恶劣天气事件""突发生态或地质事件""遗产的社会/文化利用""建筑与开发""管理与制度"等六方面进行详细分析，以了解这些因素的具体特点。

1. 影响物理结构的当地条件

数据显示（问卷第二部分4.7），所有遗产（100%）均指出，当地条件给它们造成了负面影响。从具体因子看，水（雨水/地下水）（91.89%）和相对湿度（91.89%）的负面影响最为普遍，其次是气温（78.38%）、风（72.97%）（图2）。从遗产类型看，古遗址及古墓葬主要受水（雨水/地下水）、相对湿度、气温、微生物的负面影响；古建筑主要受水（雨水/地下水）、相对湿度、有害动植物的负面影响；石窟寺及石刻主要受水（雨水/地下水）、相对湿度、气温、辐射/光、灰尘、有害动植物的负面影响。明清故宫（北京故宫、沈阳故宫），莫高窟，拉萨布达拉宫历史建筑群（含罗布林卡和大昭寺），丽江古城，北京皇家祭坛–天坛，明清皇家陵寝，龙门石窟，"丝绸之路：长安–天山廊道的路网"（简称丝绸之路），土司遗址等9项遗产的管理者认为，遗产受到第三轮定期报告提出的所有当地条件的负面影响。

同时，也有10项遗产（27.03%）的管理者认为，当地条件给遗产带来了正面影响，其中认为水（雨水/地下水）（24.32%）带来的正面影响较多（图2）。如大运河的遗产管理者认为，水（雨水/地下水）是延续中国大运河水利及航运功能的正面因素。庐山国家公园、北京皇家园林–颐和园的遗产管理者认为水（雨水/地下水）有助于水体要素的保护和展示。

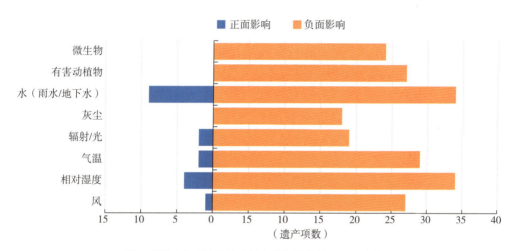

图2 "影响物理结构的当地条件"的具体因子分布情况

2. 气候变化和恶劣天气事件、突发生态或地质事件

所有遗产（100%）的管理者均认为"气候变化和恶劣天气事件"不会对遗产造成正面影响（问卷第二部分4.10）。30项遗产（81.08%）的管理者指出，"气候变化和恶劣天气事件"对遗产造成了负面影响。从具体因子看，认为暴风雨（72.97%）、气温变化（37.84%）、洪水（32.43%）的负面影响较为普遍（图3）。特别是古建筑和土遗址类遗产管理者表示，因遗产材料的脆弱性更容易受到气候变化和恶劣天气事件带来的负面影响。

所有遗产（100%）的管理者也都认为"突发生态或地质事件"不会对遗产造成正面影响（问卷第二部分4.11）。21项遗产（56.76%）的管理者指出，"突发生态或地质事件"对遗产造成了负面影响。其中，受火灾（野火）（48.65%）、地震（29.73%）的负面影响较为突出（图4）。

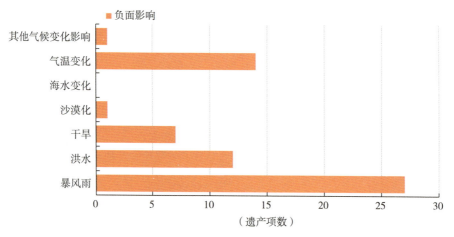

图3 "气候变化和恶劣天气事件"的具体因子分布情况

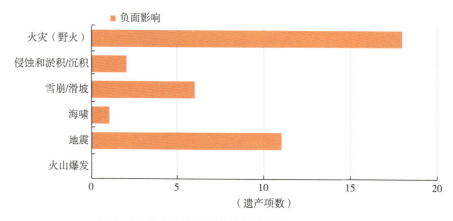

图4 "突发生态或地质事件"的具体因子分布情况

3. 遗产的社会／文化利用

所有遗产（100%）的管理者均表示受到遗产利用的正面影响（问卷第二部分4.8），尤其是在知识和传统的传承、社会凝聚力等社会价值方面的利用，正面影响率高达100%；其次是"旅游／参观／娱乐的影响"，正面影响率为94.59%，主要体现在旅游／参观／娱乐活动有利于遗产突出普遍价值的宣传和当地社区的收入增加等。

同时，也有11项遗产（29.73%）的管理者指出，遗产利用给遗产带来了负面影响，其中"旅游／参观／娱乐的影响"（24.32%），"身份、社会凝聚力、当地人口和社区的变化"

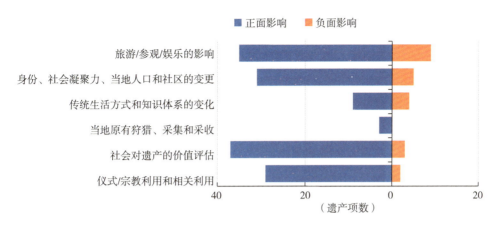

图5 "遗产的社会/文化利用"的具体因子分布情况

（13.51%），"传统生活方式和知识系统的变化"（10.81%）造成的负面影响更为显著（图5）。明清故宫（北京故宫、沈阳故宫）、长城、庐山国家公园、苏州古典园林、丽江古城、明清皇家陵寝、澳门历史城区、丝绸之路、"鼓浪屿：历史国际社区"9项遗产的管理者指出，旅游/参观/娱乐对遗产造成了负面影响。丽江古城、红河哈尼梯田文化景观、"鼓浪屿：历史国际社区"、苏州古典园林4项遗产的管理者指出，"传统生活方式和知识系统的变化"对遗产造成了负面影响。如红河哈尼梯田的遗产管理者提出，随着村民生产生活方式的转变，农耕传统知识和行为的传承面临挑战。丽江古城的遗产管理者认为，在高速发展的旅游业带动下，本地居民出租房屋后迁出古城的现象依然存在，对价值传承造成负面影响。

4. 建筑与开发

36项遗产（97.3%）的管理者认为（问卷第二部分4.1），"建筑与开发"对遗产突出普遍价值有正面影响。其中，"解说和参观设施"的正面影响较为普遍（91.89%），主要体现在通过建设解说和参观设施，如大运河新建的隋唐大运河文化博物馆、扬州中国大运河博物馆等展示馆，更有利于遗产突出普遍价值的宣传和展示。

30项遗产（81.08%）的管理者指出，"建筑与开发"对遗产突出普遍价值造成负面影响。其中，"住宅"（59.46%）、"主要的游客膳宿及相关基础设施"（35.14%）的负面影响较为突出，具体表现在这些建设项目破坏了自然环境或者历史景观。如有些遗产地新建的缆车等旅游服务设施对景观视域的完整性造成了负面影响（图6）。

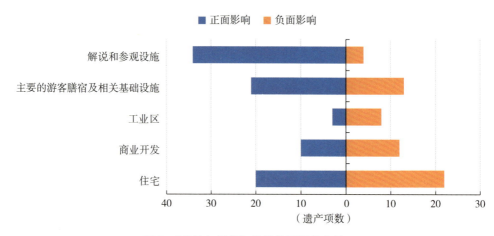

图6 "建筑与开发"的具体因子分布情况

5. 管理与制度

37项遗产（100%）的管理者均认为受到"管理活动"带来的正面影响（问卷第二部分4.13）。2项遗产（5.41%）的管理者表示，该因素也带来了负面影响，如明清故宫的遗产管理者提出，因管理人员认识不足、监管不力、干预不当造成了遗产突出普遍价值的丧失和破坏。丝绸之路的遗产管理者提出[①]，管理计划执行不完全、缺乏资金和人力资源，也对遗产造成了负面影响。

（二）遗产的保护和管理

1. 遗产区和缓冲区

遗产边界内应包含完整的反映遗产突出普遍价值的载体。关于遗产边界是否足以保持遗产突出普遍价值（问卷第二部分5.1.1，5.1.3），34项遗产（91.89%）的管理者认为遗产区边界足以保持遗产突出普遍价值，庐山国家公园、北京皇家园林－颐和园2项遗产（5.41%）的管理者认为遗产区边界仍有改善空间，长城遗产（2.7%）被认为，部分价值载体在遗产区边界之外，不足以保持遗产突出普遍价值；36项遗产（97.3%）的管理者认为，缓冲区边界足以保持遗产突出普遍价值，长城遗产（2.7%）被指出缓冲区边界不完善，给保护遗产突出普遍价值造成困难（图7）。针对以上提出的边界问题，不论是遗产区还是缓冲区，都需进一步研究边界的合理性，必要时根据《操作指南》的要求，按照规定程序对边界进行调整。

---

① 涵盖丝绸之路所有组成部分的情况。

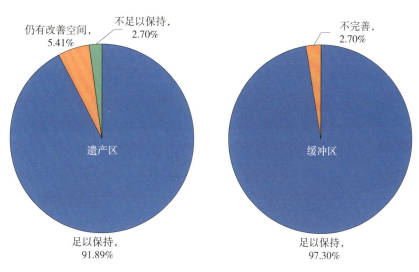

图7　遗产区、缓冲区范围是否足以保持遗产突出普遍价值

关于边界是否已知且被认可（问卷第二部分5.1.2，5.1.4），37项遗产（100%）的管理者均认为，管理权力机关和当地社区/土地所有者都知晓和认可遗产区边界，不仅如此，其中管理权力机关还知道认可缓冲区边界。6项遗产（16.22%）的管理者认为当地社区/土地所有者不知晓缓冲区边界，包括苏州古典园林、明清故宫（北京故宫、沈阳故宫）、北京皇家祭坛–天坛、长城、云冈石窟、左江花山岩画文化景观（图8）。清晰认知遗产区和缓冲区边界是世界遗产保护管理的重要基础，当地社区/土地所有者缺乏对边界的认知，可能会导致遗产要素或遗产环境的毁坏和恶化。因此，对于存在这种问题的遗产地，建议进一步增进当地社区/土地所有者对遗产边界的认识。

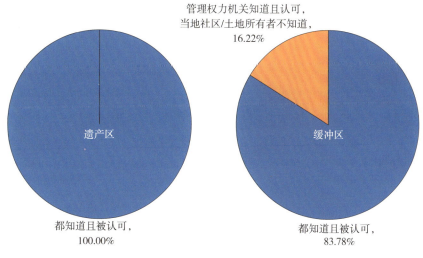

图8　遗产区、缓冲区范围是否足已知且被认可

2. 法律框架

《操作指南》第97条指出，"列入《世界遗产名录》的所有遗产必须有长期、充分的立法、规范、机构和/或传统的保护及管理，以确保遗产得到保护。"关于遗产区的法律框架是否足以保持遗产突出普遍价值（问卷第二部分5.2.3），各遗产的回复显示，37项遗产（100%）均有保持突出普遍价值的恰当法律框架，足以为遗产区的保护管理提供依据，但其中有9项遗产（24.32%）的法律框架实施有缺陷。关于缓冲区的法律框架是否足以保持遗产突出普遍价值（问卷第二部分5.2.4），数据显示36项遗产（97.3%）有保持突出普遍价值的恰当法律框架，足以为缓冲区的保护管理提供依据，但其中有12项遗产（32.43%）的法律框架实施有缺陷；另外还有1项遗产的管理者提出法律框架不完善，不足以保持遗产突出普遍价值（图9）。各项遗产的回复显示，绝大部分遗产有保持突出普遍价值的法律框架，但在实施层面存在一些不足；相对而言，缓冲区的法律框架实施情况更差一些。法律框架实施层面存在不足的原因主要包括法律框架操作性较差、基层执法能力不足、各项法规之间协调不够等。相关遗产地应采取针对性的应对措施，加强法律框架的执行能力，以确保法律框架的有效性。

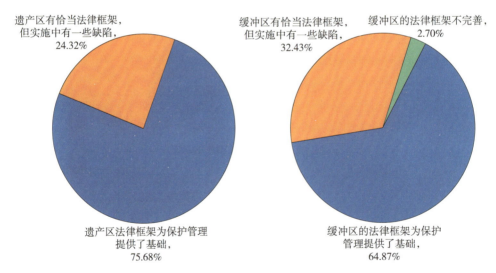

图9　遗产区、缓冲区法律框架是否足以保持突出普遍价值

3. 管理体系/管理规划

《操作指南》第108条指出，每一处申报遗产都应有适宜的管理规划或其它有文可依的管理体制，旨在确保现在和将来对申报遗产进行有效的保护。关于管理体系/管理规划是否

足以保持遗产突出普遍价值（问卷第二部分5.3.12），35项遗产（94.59%）的管理者认为，现有管理体系/管理规划足以保持遗产突出普遍价值；2项遗产（5.41%）的管理者指出，其管理体制/管理规划仅部分保持遗产突出普遍价值，主要体现在管理体制/管理规划没有对遗产突出普遍价值的保存、保护、传承等提出有针对性的措施（图10）。

为促进遗产的有效管理，协调各个行政管理层级（国家、省级、市级）是非常重要的工作（问卷第二部分5.3.11）。18项遗产（48.65%）的管理者认为所有行政层级之间都有充分的协调，而19项遗产（51.35%）的管理者表示，协调工作还有改进空间（图11）。许多遗产的管理者已经认识到协调的重要性，如宁波市建立了大运河市、区两级移动巡查以及督办机制，加强了相关单位之间的合作、沟通关系，为大运河遗产保护管理工作建立了牢固的管理基础。

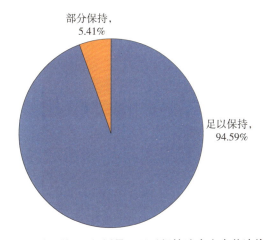

图10　管理体系/规划是否足以保持遗产突出普遍价值

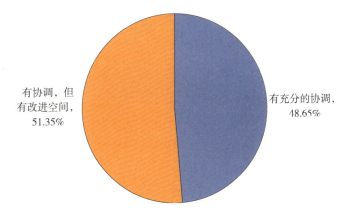

图11　参与世界遗产管理的多个行政层级之间的协调程度

关于我国世界文化遗产管理者与不同群体之间的合作关系（问卷第二部分5.3.16），35项遗产（94.59%）的管理者认为与当地/市级权力机关的合作关系较好，也有少部分遗产表示与当地企业和产业（8.11%）、非政府组织（2.7%）之间的合作关系较差或不存在（图12）。相较亚太地区第二轮定期报告①结果，与遗产管理者合作关系普遍较好的群体由研究者变为当地/市级权力机关，反映了这几年当地政府对文化遗产事业越发重视。从与当地社区②的关系看，认为合作关系较好的遗产地也从第二轮的42%左右，上升到第三轮的56.77%，说明越来越多的遗产管理者意识到当地社区参与世界遗产保护管理工作的重要性。

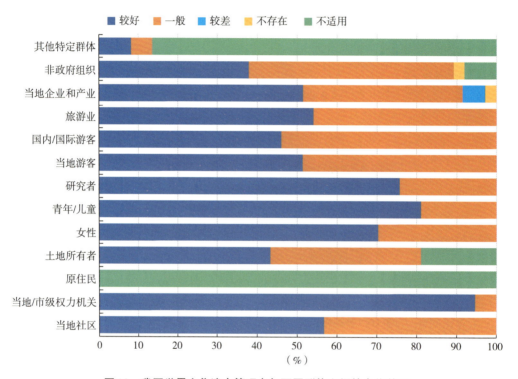

图12　我国世界文化遗产管理者与不同群体之间的合作关系

（三）财政和人力资源

关于当前可获得的预算（问卷第二部分6.1.3），仅有11项遗产（29.73%）的管理者认为预算足以支撑世界文化遗产的有效管理，26项遗产（70.27%）的管理者认为仍有可增加的空间（图13）。

---

① 　WHC-12/36 COM/10A[EB/OL].http://whc.unesco.org/en/sessions/36COM/documents,2021-09-08.

② 　2007年，社区被确定为《世界遗产公约》5个战略目标之一。

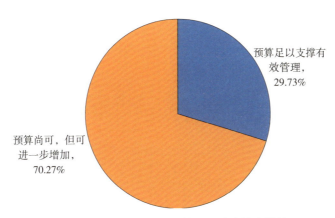

图13　当前预算是否足以支撑世界遗产的有效管理

在满足遗产管理需求的专业人才的充足性方面（问卷第二部分6.1.8），绝大部分遗产的管理者表示具备各个学科领域的专业技术人才，但也有6项遗产（16.22%）的管理者表示有不存在或极度缺乏的专业人才。其中，遗产保护和游客管理/旅游的专业技术人才普遍供应较好，最缺乏市场和推广方面的人才（图14）。

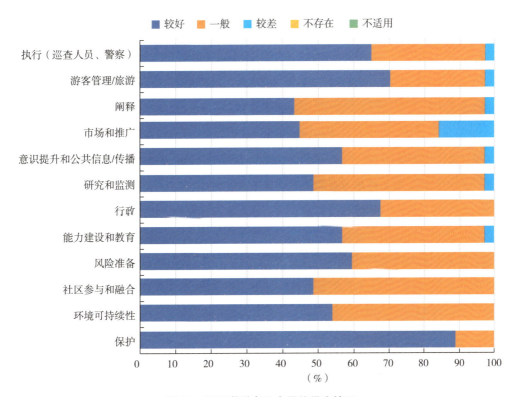

图14　不同学科专业人员的供应情况

在能力建设方案制定及实施情况方面（问卷第二部分6.1.12），仅有12项遗产（32.43%）制定的计划或方案完全得到实施，并把所有技能传授给了当地遗产管理者；25项遗产（67.57%）的计划或方案部分得到实施并把一些技能传授给了当地遗产管理者，但大多数技术工作是由外部工作人员完成（图15）。部分遗产管理者已经意识到自身专业技术的重要性，开始通过专项培训的方式获取专业知识。如苏州古典园林之前的绿化养护工作基本依赖于外部工作人员，现已计划开展园林植物病虫害培训工作，以增强遗产管理者的专业技术水平。

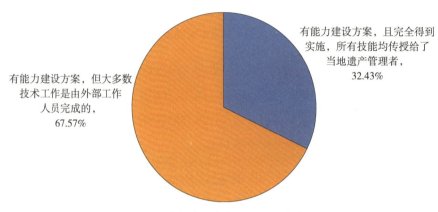

图15　能力建设方案制定及实施情况

（四）科研项目

六成遗产开展了旨在满足遗产保护管理需求和改善遗产突出普遍价值理解的科研项目。数据显示（问卷第二部分7.2），24项遗产（64.86%）的管理者表示开展了综合研究，另有12项遗产（32.43%）开展了数量可观的、但不是针对管理需求或改善突出普遍价值理解的研究（图16）。与各类受众群体积极分享科研成果，才能使研究发挥真正的作用。关于研究成果传播的问题，填报结果显示（问卷第二部分7.3），32项遗产（86.49%）的研究成果得到了很好的传播，尤其是面向当地社区和国内层面这两个受众群体，其中有一半左右的遗产还把研究成果分享至国际层面。有4项遗产（10.81%）的管理者表示，他们研究成果仅对当地社区进行了分享，还有1项遗产（2.7%）的管理者提出他们的研究成果没有在任何层面上进行分享（图17）。

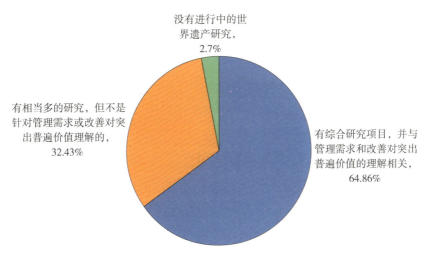

图16 针对管理需求和/或改善对突出普遍价值理解的研究项目情况

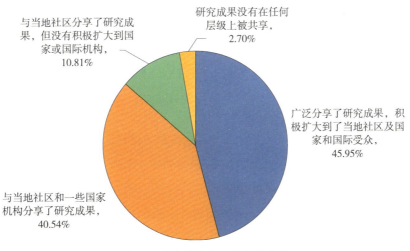

图17 研究项目成果的传播情况

（五）教育、信息和意识提升

对于世界文化遗产存在及其列入理由的认识和理解水平，不同群体之间存在较大差异（问卷第二部分8.1）。研究者被认为是认识和理解水平最高的群体，当地企业和产业的意识和水平普遍被认为最低，同时当地社区、当地/市级权力机关、青年/儿童、当地游客、国内/国际游客、旅游业、非政府组织等群体也存在认识和理解水平较差或基本没有的情况（图18）。

为了更好地理解遗产，各项遗产的管理机构都制定了针对不同群体的教育和意识提升方案（问卷第二部分8.3）。总体来看，我国世界文化遗产的教育和意识提升方案涵盖了所

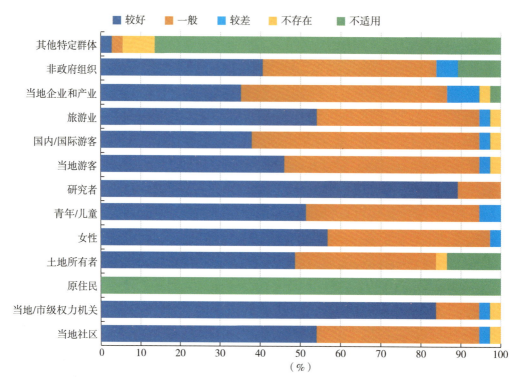

图18 不同群体对世界遗产存在与否及其列入理由的认识和理解水平

有群体[①]，其中针对青年/儿童、当地社区、当地游客的提升方案最为普遍，针对非政府组织、土地所有者、当地企业和产业的提升方案最为缺乏（图19）。

数据显示，各种旅游设施和服务对教育和意识提升的充足性不同（问卷第二部分8.4）。大多数遗产的管理者认为自己拥有充足的导游服务（81.08%）、遗址博物馆（67.57%）、线上（网站、社交媒体）（64.86%）、小径/道路（64.86%）、游客中心（64.86%）。对于游客中心、遗址博物馆、线上等旅游设施和服务，少数遗产的管理者表示目前没有但是需要（图20）。

（六）旅游与游客管理

合理得当的旅游与游客管理不仅可以增进公众对遗产突出普遍价值的认识，还可以促进当地的经济发展，两者共赢需要旅游管理者和遗产管理者的共同协作。数据显示（问卷第二部分9.11），旅游管理者与遗产管理者之间还有较大的发展空间，仅有24项遗产（64.86%）的管理者认为两者之间的合作良好，其余遗产的管理者均认为合作范围和接触程度比较有限（图21）。在遗产展示与阐释方面（问卷第二部分9.12），仅有17项

---

① 我国不存在国际语境下的原住民，因此不需要制定此类群体的教育和意识提升方案。

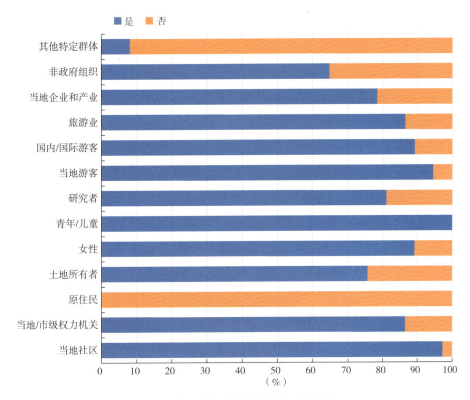

图19 遗产教育和意识提升方案的受众

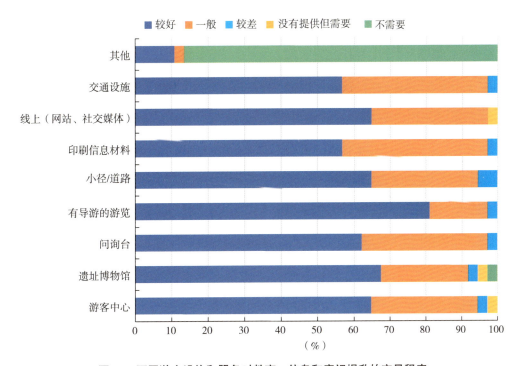

图20 不同游客设施和服务对教育、信息和意识提升的充足程度

遗产（45.95%）的管理者认为，遗产的突出普遍价值得到了充分展示和阐释，20项遗产（54.05%）的管理者表示，仍有改善空间（图22）。

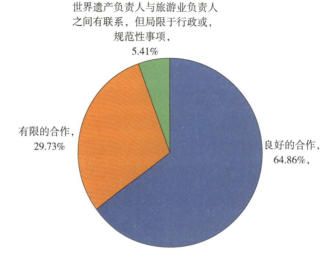

图21　旅游业与遗产地管理者的合作情况

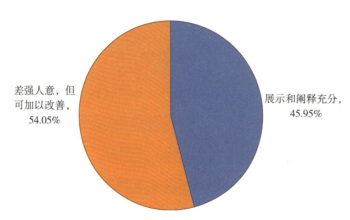

图22　遗产的突出普遍价值的展示和阐释情况

（七）监测

监测是《世界遗产公约》及其《操作指南》要求下的核心保护管理机制之一，其中建立衡量保护状况的关键指标是实施有效监测的基础。数据显示（问卷第二部分10.2），所有遗产（100%）都确定了关键性监测指标，但仅有11项遗产（29.73%）的管理者表示通过监测这些指标可以掌握遗产突出普遍价值的保持情况，而26项遗产（70.27%）的管理者认为关键性指标还可以进一步改善（图23）。

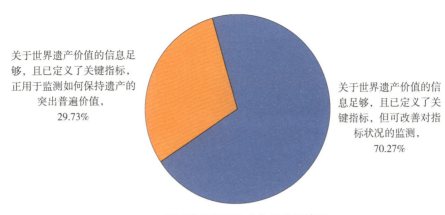

关于世界遗产价值的信息足够，且已定义了关键指标，正用于监测如何保持遗产的突出普遍价值，29.73%

关于世界遗产价值的信息足够，且已定义了关键指标，但可改善对指标状况的监测，70.27%

图23 关键性监测指标定义及执行情况

关于各类群体在监测工作中的参与度，数据显示（问卷第二部分10.5），所有遗产管理者、当地/市级权力机关、女性、研究者都参加了监测工作，其中遗产管理者（97.3%）的参与度最高，其次是当地/市级权力机关（62.16%）；部分遗产的管理者认为当地企业和产业（32.43%）、非政府组织（16.22%）、旅游业（13.51%）、当地社区（8.1%）、土地所有者（5.41%）在监测工作中的参与度较差或者没有（图24）。

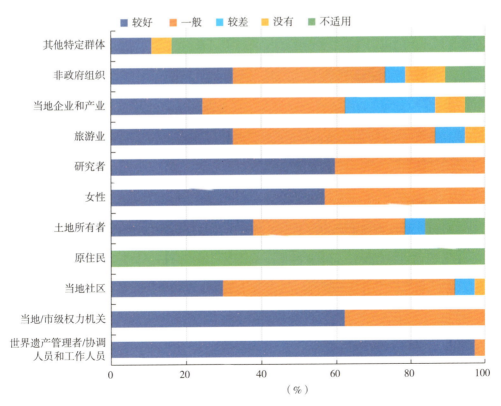

图24 各类群体在监测工作中的参与度

32项遗产（86.49%）获得了世界遗产委员会的建议（问卷第二部分10.6）。其中，5项遗产（15.63%）的管理者回应已完成了相关建议，27项遗产（72.97%）表示正在落实中。

二、结论

（一）特点小结

本报告通过对我国世界文化遗产第三轮定期报告部分填报结果的分析，初步得出我国世界文化遗产的保护管理工作具有以下特点：

影响因素："影响物理结构的当地条件"普遍给我国世界文化遗产造成负面影响，其中水（雨水/地下水）和相对湿度的负面影响更为凸显；"气候变化和恶劣天气事件""突发生态或地质事件"等自然灾害对遗产的负面影响近十年显著扩大；遗产利用普遍带来正面影响，尤其是遗产社会价值和旅游方面的利用，但仍存在对遗产突出普遍价值造成负面影响的利用方式；"建设与开发"活动利弊鲜明，高层住宅和大体量的游客膳宿及相关基础设施等建设项目的负面影响值得关注；管理活动普遍带来正面影响。

遗产保护和管理：绝大部分遗产的边界足以保持遗产突出普遍价值，部分边界有必要进一步研究；管理权力机关对遗产边界认知基本清晰，当地社区/土地所有者的认知有待加强；法律框架基本健全，但执行力方面存在缺陷；管理体系/管理规划足以保持遗产突出普遍价值，遗产管理者和参与管理的不同层级行政机构之间的协调工作仍有较大提升空间，同时遗产管理者与当地企业和产业、非政府组织的合作关系也有待加强。

财政与人力资源：保护经费的预算可进一步增加；专业人才基本满足遗产管理需求，市场和推广方面的专业人才较为欠缺；能力建设计划或方案对遗产管理者自身专业技术水平的提升作用有限。

科研项目：满足管理需求和改善突出普遍价值理解的科研项目得到重视，绝大部分研究成果得到了广泛传播，尤其是面向当地社区和国内受众，但仍有部分遗产地的研究成果没有被任何群体共享，有些遗产地尚未开展针对世界遗产的研究。

教育、信息和意识提升：绝大多数群体对世界文化遗产列入理由具有一定程度的认识和理解，当地企业和产业的认识和理解水平相对较差；针对青年/儿童、当地居民、当地游客的教育和意识提升方案普遍受到重视，涉及非政府组织、土地所有者、当地企业和产业群体的提升方案尚显不够。

旅游和游客管理：旅游管理者与遗产管理者之间合作范围和接触程度有限，尚有较大发展空间；针对突出普遍价值的展示与阐释还有待改善。

监测：所有遗产均制定了有针对性的监测指标，部分关键性指标还有待改善；遗产管理者、当地/市级权力机关、女性、研究者参与监测工作的程度普遍较好，当地企业和产业、非政府组织、旅游业参与度不足；世界遗产委员会的建议落实情况总体较好。

（二）工作建议

针对以上特点，建议遗产管理者在后续工作中应关注以下几方面工作。

1. 加强灾害风险应对

关于灾害风险的应对，联合国教科文组织资源手册《世界遗产灾害风险管理》（2010年）提出，制定灾害风险实施全过程计划是一种有效方法。这种计划的内容应包括提前制定灾前、灾中和灾后等灾害全过程各环节应采取的适当措施。其中，灾前管理主要包括评估致灾因子的风险、制定预防和减缓措施、确定应急措施等工作。灾中管理主要包括根据预先确定好的应急措施，按计划去实施，以降低灾害对人和遗产安全的威胁。灾后管理主要包括评估灾后损失，并对遗产损失部分进行处理等[①]。另一个国际指导性文件《关于气候变化对世界遗产影响的政策文件》（2007年）也提出了包括鼓励遗产保护管理机构与气象、自然环境、应急管理等部门开展协作，将气候变化对世界遗产影响纳入国家防灾减灾体系；鼓励研究机构开展气候变化对遗产影响的研究；尽量减少世界遗产社区碳排放等方面的建议。2021年第44届世界遗产委员会大会对该文件的更新草案又进行了更加深入的讨论，基本达成包括鼓励缔约国自发开展气候变化监测与制定适应性行动，强调地方社区在采取适应性行动过程中的重要地位等共识[②]。以上这些，为灾害风险的应对提出了思路和方向。各遗产地可在此基础上，制定出可操作、能落地的应对措施，并最好能在保护管理规划或者规章/条例中加以明确，以确保各项措施能够有效落实。

2. 拓展社区参与遗产保护管理工作的深度和广度

社区是世界遗产委员会确定的实施《世界遗产公约》的5个战略目标之一。虽然，越

---

① 中国世界文化遗产监测预警总平台.如何防止世界遗产地受到自然灾害的影响？[EB/OL].https://www.wochmoc.org.cn/home//html/1//10/19/1226.html,2021-09-10.

② 中国世界文化遗产监测预警总平台.气候变化与世界遗产的灾害风险管理：不同层面的应对[EB/OL].https://www.wochmoc.org.cn/home//html/1//10/19/1522.html,2021-09-10.

来越多遗产管理者意识到当地社区参与世界遗产保护管理工作的重要性，并结合自身需求，实施了一系列的特色实践，但总体上社区参与的内容还很有限。为了保证世界遗产得到充分的保护和管理，我国遗产管理者应进一步拓展社区参与遗产保护管理工作的深度和广度。具体可从以下几个方面去考虑。

首先，准确识别当地社区的构成。世界遗产国际语境下的"社区"[①]涉及遗产周边所有形式的非国家参与者，既包括各种民族群体，比如传统和/或当地民族，也包括社区居民、非政府组织、私人企业（如旅游业）等群体。这些群体的行为模式对遗产突出普遍价值的保护、传承工作的有效性有着十分紧密的联系。遗产管理者应准确识别当地社区的构成，把他们作为实施《世界遗产公约》的责任和义务，以及共享利益的主体之一，进一步提高当地社区全面参与保护管理工作重要性的意识。

其次，提供有针对性的宣传和教育。当地社区能否充分理解和认可世界遗产突出普遍价值以及了解为保护、传承遗产突出普遍价值所做的一系列工作，决定了他们在发生与遗产相关活动时的行为模式。遗产管理者要针对当地社区的所有群体，特别是非政府组织、当地企业和产业，制定专门的教育和意识提升方案，提高他们对遗产的主人翁意识和保护意识，使当地社区理解和尊重世界遗产。同时通过能力建设，赋予他们一定的专业技能，鼓励和引导他们更多的参与到实际保护管理工作中。

第三，建立各种让当地社区参与遗产监测、管理工作和利益共享的机制。结合自身需求，积极探索创新体制机制，鼓励遗产所在的当地社区积极参与到《世界遗产公约》实施活动的各个方面，如保护工程、环境整治工程、监测工程、展示利用工程、旅游管理的实施，定期报告、保护状况报告的编制，保护管理规划、规章和条例的编制和实施等。通过参与各种活动，不仅有利于进一步提升当地社区的价值认知和保护意识，还能够补充一定的人力资源。与此同时，遗产管理者还应在不损害遗产突出普遍价值的前提下，充分利用公共政策（经济收益、补偿机制等），积极创造条件支持当地社区的可持续发展，为当地创造就业和发展的机会，使社区持续收益。

3. 完善保护管理机制

保护和传承世界遗产突出普遍价值是实施一切保护管理工作的核心。遗产管理者需要进一步厘清保护管理工作与突出普遍价值之间的关系，通过长期而规范的、制度化的保护

---

① List of Key Terms [EB/OL].http://whc.unesco.org/en/prcycle3,2021-09-07.

管理工作，保证遗产的安全①。所有管理活动必须保证世界遗产的价值特征不受任何负面影响。根据初步分析结果，以下几点值得遗产管理者关注。

有关遗产区和缓冲区边界。首先，针对部分遗产的遗产区划边界不足以保持遗产突出普遍价值的情况，建议尽快开展专项研究，必要时按照《操作指南》要求执行边界微调程序。其次，加强各种形式的宣传教育以及通过设立物理界桩等具体措施，确保所有利益相关者对遗产区和缓冲区的边界都有所认知，避免因缺乏认知造成遗产的各种破坏和退化。第三，还应确保世界文化遗产的遗产区和缓冲区涵盖在文物保护单位保护范围和建设控制地带内，使遗产边界受到我国国内法的保护。

有关建设项目。"建筑与开发"是影响我国世界文化遗产的第二大负面因素。在遗产区和缓冲区内有建筑开发需求时，建议首先考虑现存的建筑在当前状态下或者改造后能否满足使用；如确需新建时，其规模和设计必须与其环境和景观相协调，避免影响世界遗产突出普遍价值；若为大规模建设工程，应按照《操作指南》172条规定②，提前向世界遗产委员会报告，以便寻求国际帮助，保证遗产价值得以维护。

有关遗产旅游。遗产旅游是经济发展和当地社区维持生计的强大动力，但应该考虑遗产的承载力，满足遗产保护和管理的需求，完全商业化的遗产旅游应该限制或者转移到遗产区和缓冲区之外。遗产旅游需要尊重遗产突出普遍价值，清楚了解遗产旅游带来的正面影响和负面影响，并通过制定遗产利用规划，控制遗产旅游的负面影响，提升正面影响。

有关资金和人力资源保障。充分优化资金的申报及使用，多渠道筹措资金如发展文化产业和吸纳社会捐赠、赞助等。加强对志愿者的招募，提高人力资源保障。

有关监测。进一步完善衡量和评估涵盖遗产突出普遍价值保护和传承情况的关键性指标；重视监测管理规划/管理体制以及规章和条例的执行情况；加强对监测数据的分析评估，建立监测成果向保护管理决策的转化机制。另外，还应争取更多的当地社区群体参与监测工作，特别是当地企业和产业、非政府组织、旅游业等群体。

---

① 《操作指南》（97条）：列入《世界遗产名录》的所有遗产必须有长期、充分的立法、规范、机构的和/或传统的保护及管理，以确保遗产得到保护。保护必须包括充分的边界划定。同样，缔约国应该在国家、区域、城市和/或传统各个级别上对申报遗产予以足够力度的保护。申报文件上也需要附加明确说明解释具体保护措施。

② 如《世界遗产公约》缔约国将在受公约保护地区开展或批准开展有可能影响到遗产突出普遍价值的大规模修复或建设工程，世界遗产委员会会促请缔约国通过秘书处向委员会转达该意图。缔约国必须尽快（例如，在起草具体工程的基本文件之前）且在任何难以逆转的决定做出之前发布通告，以便委员会及时帮助寻找合适的解决办法，保证遗产的突出的普遍价值得以维护。

4. 加强能力建设

能力建设是世界遗产事业的坚实保障。面对高速的城市化和全球化的冲击，遗产管理者要加强自身能力建设，全面提升专业知识和技能。还应重视包括当地居民、传统民族、私人企业等当地社区以及志愿者等所有利益相关者的世界遗产能力建设。同时，遗产管理者还应增强处理遗产地社会关系的能力，加强与社区及其他利益相关者对话、合作，开放遗产知识体系、打破知识壁垒、传播遗产信息、实现价值共识，提高社会参与遗产保护的能力，实现遗产保护和社会发展的双赢战略目标。

三、余论

定期报告作为世界遗产委员会了解缔约国履约情况和追踪各国世界遗产动向的一种监测机制，为遗产管理者以国际标准全面检查自身保护管理工作提供了机会，同时也给遗产管理者带来了最新的世界遗产保护管理工作理念和实践，是遗产地提高保护管理能力的重要工具。建议各遗产地根据第三轮定期报告的检查结果，制定有针对性的应对措施，真正发挥定期报告在遗产地层面的作用。总体来说，本轮定期报告的组织及填报工作能够有序、有效地开展，充分证明了我国世界文化遗产监测预警体系建设成效，各遗产地在今后工作中应进一步提高监测工作认识，强化监测工作保障，注重监测数据收集，加强监测数据与遗产突出普遍价值的保护和传承状况的分析，提高监测年度报告质量，进一步推进我国世界文化遗产监测预警体系的纵深向发展，同时也为第四轮定期报告填报或保护状况报告编制等国际监测工作提供强有力的数据支撑，切实履行《世界遗产公约》的责任和义务，主动向国际社会展示具有中国特色、中国风格、中国气派的中国智慧和经验；对于系列遗产来说，尤其是跨省的系列遗产，在本轮报告填报过程中均出现不同程度沟通不畅的情况，虽然系列遗产实际保护管理工作由各组成部分承担，但在国际和国家层面上属于一个整体，各组成部分之间应加强合作和交流。同时，通过本次填报工作也不难发现，我国遗产管理者还不太习惯世界遗产的话语体系，如对世界遗产领域一些基本但重要的概念和信息，包括"原住民""可持续发展""社区参与"等内容存在理解不清晰、不透彻的情况，这需要我国遗产管理者进一步加强与国际理念的对接，利用好国际、国内世界遗产管理的各项资源。同时，也期待今后国际组织在制定国际政策或规则特别是定期报告问卷模板这类文件时，充分调研不同地理文化区的文化传统和管理实际，邀请多方语言专家共同参与，尽量满足所有使用者的习惯。

世界文化遗产地旅游影响监测与管理

张朝枝　胡　婷　周小凤

（中山大学　旅游学院）

（可持续旅游智能评测技术文化和旅游部重点实验室）

摘　要：旅游活动是世界遗产保护的重要影响源之一，也是世界遗产日常监测工作的重要组成部分。但如何系统地对世界遗产地的旅游影响进行监测，目前仍缺少相应的指标体系。本文在梳理旅游影响研究相关文献的基础上，根据UNESCO世界遗产定期报告关于旅游影响监测的要求，结合长城、莫高窟、泰山等世界遗产地的监测实践经验及相关专家的意见，建构了针对中国世界遗产地的旅游影响监测指标体系。该指标体系包括6项主题层指标、16项副主题层指标、45项监测指标、226项测量指标。本文还提出了现代科技手段与传统调研互补、多源数据结合、多主体协同、分区分类分级推进的监测方法，并对世界遗产地旅游影响监测结果的管理应用价值做了简要分析。

关键词：世界遗产地；旅游影响；监测指标；监测方法；管理应用

一、旅游影响监测的源起

世界遗产是全人类公认的具有突出意义和普遍价值的文物古迹及自然景观，是不可替代、不可再生的资源。截至2021年7月，全球的世界遗产总数达到了1154项，分布在167个缔约国，其中文化遗产897项，文化与自然双重遗产39项，自然遗产218项。根据《世界遗产公约》及其《操作指南》的要求，建立完备的遗产档案资料与遗产监测体系是世界遗产保护工作的基本程序之一。遗产监测的基本目标是保护遗产的突出普遍价值、真实性与完整性，保障遗产资源的严格保护和永续利用。在全球旅游快速发展的背景下，遗产旅游在为遗产地带来机遇的同时，也使得遗产保护工作面临着巨大压力，过度的旅游发展与不当的旅游规划管理使遗产保护与旅游利用之间的矛盾日益突出，对世界遗产地的旅游影响进行监测势在必行。

在理论层面，旅游对世界遗产的影响有大量学术研究作为支撑。旅游可以推动遗产的活化复兴[①]与传承[②]，促进遗产价值在全球范围内传播[③]；还可以为遗产保护提供有力的资金支持[④]和社会支持[⑤]，带动遗产地社区的社会、文化、经济发展[⑥⑦]。但是，游客在游览活动中产生的垃圾、噪音，对遗产的践踏与破坏，引起文化冲突等旅游行为[⑧]，以及不恰当的环卫、导览、解说[⑨]等旅游管理活动，过度的商业经营活动与不当的旅游开发建设活动[⑩]，粗放式、经济导向的旅游产业发展政策[⑪]等，均会给遗产保护与遗产地生态系统带来负面影响[⑫]。

在实践层面，全球主要机构与组织都对旅游的负面影响进行了积极响应。例如，全球可持续旅游委员会（GSTC）的全球可持续旅游标准，UNESCO的世界遗产与可持续旅游项目，世界旅游组织（UNWTO）的全球旅游可持续发展观测项目，哈佛大学发起的国际可持续旅游倡议研究项目等。《2030年可持续发展议程》提出的"就业与经济增长""负责任消费与生产""水下生物"3个可持续发展目标，明确了关于可持续旅游的促进政策与监测管理等内容。2021年世界经济论坛（WEF）新增可持续旅游理事席位。另外，世界遗产相关专业机构也积极开展旅游影响监测工作。国际社会对世界遗产监测的关注也越来越细化，UNESCO世界遗产定期监测的多个指标都涉及到了旅游，还专门设置了"游客管理"版块。

---

① 李飞.线性文化遗产空间结构演化研究——兼述旅游于其中的影响[J].地理与地理信息科学，2019，35（5）：133–140.

② 马振.旅游对手工艺类非物质文化遗产传承的影响——以土家族织锦"西兰卡普"为例[J].中南民族大学学报（人文社会科学版），2014，34（3）:24–27.

③ 马振.旅游对舞蹈类非物质文化遗产传承的影响——以土家摆手舞为例[J].中南民族大学学报（人文社会科学版），2018，38（5）:45–48.

④ 陈炜，张晓雯，程芸燕.旅游开发对西南地区汉传佛教文化遗产保护的影响研究——以广西桂平西山为例[J].广西社会科学，2012（11）:22–26.

⑤ 张希月，陈田.基于游客视角的非物质文化遗产旅游开发影响机理研究——以传统手工艺苏绣为例[J].地理研究,2016,35（3）:590–604.

⑥ 卢松.旅游对传统地域文化景观影响的研究进展及展望[J].旅游科学,2014,28（6）:13–23.

⑦ Chuang S. Residents' attitudes toward Rural Tourism in Taiwan: A Comparative viewpoint [J]. International Journal of Tourism Research, 2013, 15（1）: 152–170.

⑧ Monterrubio, C. The Impact of Spring Break Behaviors: An Integrated Threat Theory Analysis of Residents' prejudice [J]. Tourism Management, 2016, 54: 418–427.

⑨ 陶伟，杜小芳.旅游解说对园林遗产地游客的影响研究——以广东四大名园之一余荫山房为例[J].热带地理,2009,29（4）:384–388.

⑩ Wager J. Developing a strategy for the Angkor World Heritage Site.[J]. tourism management, 1995, 16（7）: 515–523.

⑪ 张朝枝.旅游与遗产保护—政府治理视角的理论与实证[M].北京中国旅游出版社，2006.

⑫ 任娟，杨平恒，王建力，等.旅游活动影响下的岩溶地下水理化特征演化及其概念模型——以世界自然遗产地金佛山水房泉为例[J].长江流域资源与环境,2018,27（1）:97–106.

我国对于世界遗产地旅游影响的监测经历了从无到有、从被动到主动、从简单到复杂、从人为判断到仪器监控的发展过程。我国世界文化遗产监测预警总平台设置了"旅游与游客情况"的监测内容，旅游影响已成为我国世界文化遗产年度监测的重要内容。我国部分世界遗产地的旅游影响监测实践已经取得初步成效，如泰山上线的遗产保护和管理监测系统可以实现游客游览活动的实时监测与遗产灾害的实时预警，莫高窟日常监测遗产地的游客量、旅游收入以及游客的客源地与满意度等。我国的世界遗产地普遍拥有良好的监测技术与硬件条件，但现有的监测工作比较重视对遗产本体现状及自然环境质量的评估，对旅游影响的监测工作尚处于探索起步阶段，旅游影响的监测力度与遗产地旅游发展程度尚不匹配。当前的遗产地旅游监测指标不足以反映旅游对遗产保护和遗产地发展的影响，缺少一套科学有效的指标体系与操作规范。我国世界遗产地旅游影响监测亟待向制度化、规范化、科学化的轨道迈进。

二、旅游影响的内涵认识

在大众旅游时代，旅游开始影响人类社会的文化发展趋向[1][2][3]，改变经济体的内部产业结构并影响其成员的富裕程度[4]，带来社区[5]或地区环境演化[6]等种种变革。由此，便产生了旅游效应的问题，又称为旅游影响。旅游影响是指由旅游活动所引发的种种利害影响。最初学界对旅游影响的认知侧重于经济影响，后来逐渐扩大到旅游给旅游地带来的社会文化、环境影响，这些影响既包括积极影响也包括消极影响[7]。

---

① 马振.旅游对手工艺类非物质文化遗产传承的影响——以土家族织锦"西兰卡普"为例[J].中南民族大学学报（人文社会科学版），2014,34（3）:24-27.

② 马振.旅游对舞蹈类非物质文化遗产传承的影响——以土家摆手舞为例[J].中南民族大学学报（人文社会科学版），2018,38（5）:45-48.

③ TANG Xiaoyun, YU Xiaohui, ZHANG Dongming A Study of Agri-Cultural Heritage Tourism Impacts Based on Residents' Perception: Taking the Longji Terrace Site in Guilin as an Example[J].Journal of Resources and Ecology,2013,4（03）:267-274.

④ 陈君子,刘大均.旅游影响下传统村落的利益相关者社会网络特征研究——以国家传统村落两河口村为例[J].华中师范大学学报（自然科学版），2021,55（2）:301-308.

⑤ 马腾,郑耀星、王淑芳,林荣平,赵亚博.乡村旅游开发对地方性的影响及其机制研究——以福建省永定县洪坑村为例[J].世界地理研究,2018,27（3）:143-155.

⑥ 张希月,陈田.基于游客视角的非物质文化遗产旅游开发影响机理研究——以传统手工艺苏绣为例[J].地理研究,2016,35（3）:590-604.

⑦ 张鲸,李强,李诗雨.世界遗产地居民对旅游影响的感知研究——以北京昌平区十三陵镇昭陵村和长陵村为例[J].城市发展研究,2019,26（5）:33-36.

在环境影响方面，旅游在一定程度上可以唤起遗产地居民[①]、游客、经营者保护自然的意识，但高强度的人类活动会影响遗产地的生态系统健康[②③]，造成土壤、生物、大气、水环境污染[④]，影响遗产地自然与文化景观[⑤⑥]。在经济影响方面，旅游可以为遗产地带来门票收入[⑦]，吸引服务接待企业和社区参与旅游发展，吸引外来企业的介入，增加就业机会，改善基础设施，促进不发达地区的经济发展[⑧]。但也会造成地价抬高，出现劳动密集型的服务产业集聚，发生季节性失业，外资及非本地投资引起经济对外部的高依赖性和新殖民主义等问题。在社会文化影响方面，旅游影响主要表现在遗产价值认知与认同[⑨]、真实性与完整性[⑩]、文化认同、传统生计[⑪]等方面。正面影响包括加强国家认同、地方认同[⑫]、民族认同与文化认同，提升遗产保护意识[⑬]，促进遗产价值传播[⑭]；负面影响表现为引起文化与种族歧视[⑮]，遗产真实性与完整性受到影响[⑯]，传统生活方式消失等。

① 曹开军,杨良健.社区旅游参与能力、旅游感知与自然保护意识间的互动关系研究——以新疆博格达自然遗产地为例[J].新疆大学学报（哲学·人文社会科学版）,2020,48（6）:23-32.

② Wager J. Developing a strategy for the Angkor World Heritage Site.[J]. tourism management, 1995, 16（7）: 515-523.

③ Canteiro M , F Córdova-Tapia, Brazeiro A . Tourism impact assessment: A tool to evaluate the environmental impacts of touristic activities in Natural Protected Areas[J]. Tourism Management Perspectives, 2018, 28:220-227.

④ Silva H E , Henriques F . The impact of tourism on the conservation and IAQ of cultural heritage: The case of the Monastery of Jerónimos（Portugal）[J]. Building and Environment, 2020.

⑤ 张春英,张春玲,郑少峰.生态旅游开发对世界双遗产地植被景观的影响[J].中山大学学报（自然科学版）,2012,51（1）:96-101.

⑥ 刘旭玲,杨兆萍,陈学刚.旅游对自然遗产地景观视觉的影响研究——以喀纳斯自然保护区为例[J].生态经济,2012（2）:80-84.

⑦ Thanvisitthpon, Nawhath. Urban environmental assessment and social impact assessment of tourism development policy: Thailand's Ayutthaya Historical Park[J]. Tourism Management Perspectives, 2016, 18:1-5.

⑧ 张娟,陈凡,角媛梅,等.哈尼梯田区不同旅游模式村寨土地利用变化对生态系统服务与人类福利的影响[J].生态学报,2020,40（15）:5179-5189.

⑨ Zhang Rouran,Smith Laurajane. Bonding and dissonance: Rethinking the Interrelations Among Stakeholders in Heritage Tourism[J]. Tourism management,2019,74（OCTa）:212-223.

⑩ 陈炜,张晓雯,程芸燕.旅游开发对西南地区汉传佛教文化遗产保护的影响研究——以广西桂平西山为例[J].广西社会科学,2012（11）:22-26.

⑪ 张爱平,侯兵,马楠.农业文化遗产地社区居民旅游影响感知与态度——哈尼梯田的生计影响探讨[J].人文地理,2017,32（1）:138-144.

⑫ 陈炜,张晓雯,程芸燕.旅游开发对西南地区汉传佛教文化遗产保护的影响研究——以广西桂平西山为例[J].广西社会科学,2012（11）:22-26.

⑬ 李飞.线性文化遗产空间结构演化研究——兼述旅游于其中的影响[J].地理与地理信息科学, 2019, 35（5）: 133-140.

⑭ 陈炜,张晓雯,程芸燕.旅游开发对西南地区汉传佛教文化遗产保护的影响研究——以广西桂平西山为例[J].广西社会科学,2012（11）:22-26.

⑮ 卢松,张业臣,王琳琳.古村落旅游移民社会融合结构及其影响因素研究——以世界文化遗产宏村为例[J].人文地理,2017,32（4）:138-145.

⑯ 陈炜,张晓雯,程芸燕.旅游开发对西南地区汉传佛教文化遗产保护的影响研究——以广西桂平西山为例[J].广西社会科学,2012（11）:22-26.

表1　旅游产生的影响

影响内容	主要诱因	影响	
		正面影响	负面影响
环境影响（土壤、生物、大气、水等）	交通、旅游者践踏、旅游接待设施建设、游憩活动等	可能在一定程度上唤起居民、大众游客和经营者的环境保护意识	生物环境受到影响，土壤板结，水质量退化，空气污染等
经济影响（当地居民收入、当地经济发展水平、就业等）	门票收入、服务接待企业、社区参与旅游发展、外来企业介入等	增加就业机会，促进不发达地区经济发展，改善基础设施，社会文化服务水平不断提高	地价抬高，常为临时性工作、低工资，由于外资及非本地投资引起经济对外部的依赖性和新殖民主义
社会、文化影响（遗产价值认同、真实性与完整性、文化认同等）	遗产供给特征与游客需求的差异、文化保存与商业化发展的矛盾、主客关系变化	加强国家认同、地方认同、民族认同与文化认同，提升遗产保护意识，促进遗产价值传播	可能会造成文化与种族歧视，遗产真实性与完整性受到影响

（注：作者根据文献整理）

　　总体看来，学者对旅游影响的研究较多地围绕经济、社会与环境问题展开，专门针对旅游活动对世界遗产的突出普遍价值及其真实性、完整性影响的研究比较欠缺。

三、UNESCO世界遗产定期报告的规则解读

　　根据《世界遗产公约》第29条规定，世界遗产所在缔约国应按照UNESCO要求的时间和方式对世界遗产保护管理状况进行全面评估，并向世界遗产委员会提交详尽报告。《世界遗产公约》是国际公认的遗产保护准则，世界遗产定期报告则是全球世界遗产地通用的监测规则。

　　第三轮定期报告包括"世界遗产数据""保护世界遗产的其他公约/方案""突出普遍价值声明""影响遗产的因素""遗产的保护和管理""财政和人力资源""科学研究和研究项目""教育、信息和意识提升""游客管理""监测""管理需求""遗产地位的影响"等15个版块，关注遗产的突出普遍价值，强调遗产地经济社会发展的可持续性、遗产地管理能力建设、遗产地利益相关者、游客管理等。通过对定期报告指标的逻辑结构分析发现，除遗产边界、OUV等基本情况外，定期报告还侧重于影响识别与管理评估，包括积极影响的识别与利用发挥评估、消极影响的识别与防范控制评估。

提取与旅游相关的指标并进行梳理整合，可以看出定期报告中旅游与遗产之间的四个逻辑关系：（1）旅游对遗产的消极影响。消极影响主要包括游客游览活动、运营管理活动以及开发建设活动带来的影响。（2）旅游对遗产的积极影响。积极影响包括遗产价值传播、社区生计、收入等。（3）消极影响的防范与控制。评估遗产地是否通过规划、计划、监测、研究等手段防范、控制旅游活动带来的消极影响，并采取相应的保护措施。（4）积极影响的利用与发挥。评估遗产地的遗产价值阐释、传播、教育、研究等情况。

表2　UNESCO定期报告中关于旅游与遗产之间的四个逻辑关系

旅游对遗产的消极影响	旅游对遗产的积极影响	消极影响的防范与控制	积极影响的利用与发挥
开发建设活动的影响	增加收入	管理规划与保护措施	遗产公众教育
运营管理活动的影响	社区可持续生计	监测与监控	价值阐释与传播
游客游览活动的影响	价值传播	科学研究	激发研究需求

四、旅游影响监测的技术与方法

（一）基本原则

我国世界遗产地旅游影响监测工作需要适应国际规则，体现中国特色，满足地方需求，监测指标的设计与监测方法的选取应该满足"科学性"与"操作性"两大原则。

1. 科学性

科学性指的是指标设计的依据合理、过程严谨以及方法恰当。把国际上的遗产保护法律法规、监测经验与相关的理论方法作为我国"世界遗产地旅游影响监测指标体系"构建的重要参考依据。从我国世界遗产地的实际情况出发，监测指标设计严格遵守世界遗产保护相关法规，在定期报告的基础上开展监测工作指标的设计应该集思广益，充分听取遗产领域与旅游领域的专家学者、遗产地监测管理人员、监测设施设备技术人员以及遗产地社区居民、商户、游客等利益相关者的想法与意见，并通过监测试点的方式进行实地检验。

2. 操作性

操作性指的是指标需适应我国世界遗产地的管理需求与监测条件，便于管理者使用。作者团队在长期进行遗产地可持续旅游跟踪研究的基础上，先后前往长城、泰山、莫高窟、丹霞山、九寨沟、武夷山、黄山、曲阜三孔等世界遗产地开展实地调研，掌握遗产地管理工作的实际需求，了解遗产地现有的监测技术条件，并以此为依据设计具体的测量指标（表3）。每一个监测指标往往包括多个测量指标，这些测量指标有的是可替代的，只需选最适合遗产地的指标即可，而有的则是互补的。另外，测量指标又分为量化指标与定性指标两大类。其中，量化指标包括绝对值（如旅游收入、旅游人数等）、相对比值（如百分比、比重、指数等）、定序数据（如影响程度等）；定性指标包括标准化指标（是/否）、文本类指标（如管理主体性质等）以及文档类指标（如在建旅游设施项目记录等）。

（二）旅游影响指标体系

"指标是否与遗产地正面临的关键问题密切相关以及是否在所处的时代具有实用性（practicality）"是指标设计过程中需要着重考虑的两个因素。当前设计的世界遗产地旅游影响监测数据库的指标体系是在当前的技术手段下设计的、用来解决世界遗产地旅游当前问题的工具，主要解决影响识别与评估的两个关键问题，即"遗产地有哪些旅游影响源"和"旅游对遗产地有怎样的影响"。遗产保护是世界文化遗产地的核心工作，其真正目的在于使遗产世代传承[①]。旅游对遗产保护的影响，首先应关注对世界文化遗产本体的完整性与真实性、遗产OUV阐释与价值传播的影响；其次，应考虑对遗产地社会文化、环境、经济发展的影响。所以，旅游影响分为旅游对遗产本体、价值传播、遗产地社会文化、环境、经济的影响。基于以上关键问题，世界遗产地旅游影响监测指标体系从主题、副主题到监测指标，再到各指标下的测量指标逐层展开，总共设计了6项主题层指标、16项副主题层指标、45项监测指标、226项测量指标。

1. 旅游影响源

旅游影响源即遗产地的旅游活动。通过文献梳理与实地走访，遗产地监测范围内存在的利益主体与旅游活动包括游客与游览活动、商户与经营活动、开发商与建设活动、管理者与运营管理活动，相对而言旅游产业政策属于隐性的影响源，本次编制的旅游影响源指标细分为游客游览活动、旅游经营活动、开发建设活动、运营管理活动四大类。①游客游览活动。主要体现在游客数量以及游客的行为规范两个方面。其中游客数量细分为游客总量以及超载情况，游客行为细分为游客实名、预约、监控管理情况、遗产地范围内的游客游览活动类型以及游客逗留时长、文明旅游、安全事故以及游客行为带来

---

① 单霁翔. 保护文化遗产，真正目的是世代传承[N]. 南京日报，2019-9-6（B02）.

的媒体舆情。②旅游经营活动。主要体现在"吃住行游娱购"六要素，包括数量、经营情况、是否属于违章建筑、是否属于永久性高成本设施、是否会带来生物资源利用/改变等。③运营管理活动。包括管理与运营体制、景区规划、规范建设、人员配置、工作经费以及有效性监测六个方面的内容。④开发建设活动。包括遗产地监测范围在建旅游项目的档案，新增数量与总量等数量指标，以及是否符合规划、经过审批等质量指标，同时也考虑遗产地外围区域会影响遗产保护的在建旅游项目情况。

2. 旅游对遗产本体的影响

旅游对遗产本体的影响包括遗产真实性与完整性。在遗产真实性方面，关注遗产OUV是否向游客开放、展演方式、保护情况，以及游客价值认知与OUV的一致性程度，旅游开发建设与经营活动对遗产真实性的影响评估。在遗产完整性方面，主要体现面向游客的遗产OUV载体的保护状况以及游客游览活动、旅游开发建设、经营活动对遗产完整性的影响评估。

3. 旅游对遗产价值传播的影响

旅游对遗产价值传播的影响包括遗产阐释、遗产解说以及遗产教育三个方面。其中，遗产阐释包括遗产OUV的政府叙事与旅游商业叙事、阐释形式与设施服务，遗产解说包括解说设施、解说人员以及解说内容，遗产教育包括教育方案、教育活动数量与规模等。

4. 旅游对遗产地社会文化的影响

旅游对遗产地社会文化的影响包括文化认同与支持行为以及传统文化。其中，文化认同与行为主要指遗产地社区居民、商户对遗产价值的认同与身份认同，对遗产保护、旅游开发的态度与行为；传统文化表现为旅游对遗产地社区居民传统生计、地方传统习俗与生活方式的影响。

5. 旅游对遗产地环境的影响

旅游对遗产地环境的影响包括自然环境与感知环境。其中自然环境包括旅游活动对水、大气、土壤环境质量的影响；感知环境主要表现为旅游带来的噪音、垃圾，以及旅游设施、开发建设活动对遗产地的视觉审美、听觉审美的影响。

6. 旅游对遗产地经济的影响

旅游对遗产地经济的影响包括旅游收入、旅游就业、生活成本。其中，旅游收入分为旅游带来的门票收入、二次消费收入以及地方旅游总收入，评估内容包括收入规模以及收入对遗产保护的支持程度等；旅游就业分为直接就业与间接就业，评估内容包括就业人数、社区居民参与规模以及就业待遇等；生活成本的评估内容包括生活物资的充足程度、溢价程度、生活成本抬高程度以及生活质量评估等。

表3　世界遗产地旅游影响监测指标体系

主题层	副主题层	监测指标	测量指标
1 旅游 影响源	1-1 游客游览 活动	游客数量	游客统计；年接待游客量；月接待游客量；日接待游客量；年度过夜游客量；月度过夜游客量；每日过夜游客量；年度入境游客量；月度入境游客量；每日入境游客量；日游客容量；超过游客日容量的天数；瞬时游客容量；超过游客瞬时容量的天数
		游客行为	游客预约管理；游客预约比例；游客实名管理；游客实名比例；游客活动；游客的平均停留时长；游客监管覆盖率；游客破坏遗产的行为数量；游客安全责任事故数量；媒体舆情
	1-2 旅游经营 活动	餐饮	有无餐饮设施；餐饮设施数量；违章餐饮设施数量；永久性的高成本餐饮设施；流动性餐饮摊贩；餐饮设施记录
		住宿	有无住宿设施；住宿设施数量；违章住宿设施数量；永久性的高成本住宿设施；住宿设施记录
		交通	有无经营性质的旅游交通设施；经营性质的旅游交通设施数量；违章的旅游交通设施数量；永久性的高成本旅游交通设施；旅游交通设施记录
		游览	有无游览设施；游览设施数量；违章的游览设施数量；永久性的高成本游览设施；游览设施记录
		娱乐	有无娱乐场所；娱乐场所数量；违章的娱乐场所数量；永久性的高成本娱乐场所；流动性娱乐摊贩；娱乐场所记录
		购物	有无购物场所；购物场所数量；违章的购物场所数量；永久性的高成本购物场所；流动性购物摊贩；购物场所记录
	1-3 运营管理 活动	运营管理体制	行政管理主体；旅游运营主体；有无旅游管理部门；旅游行政管理部门情况；有无旅游运营部门；有无遗产监测部门
		规划计划	有无旅游规划；旅游规划情况；有无旅游管理计划；旅游管理计划情况；有无旅游管理行动计划；有无可持续旅游计划；有无遗产监测工作计划
		法律框架	有无旅游相关法律框架；旅游管理法律框架情况

主题层	副主题层	监测指标	测量指标
1 旅游影响源	1-3 运营管理活动	人员配备	旅游管理人员配备；旅游管理人员储备；旅游管理能力响应；旅游管理人才技能需求；有无旅游管理技能培训；国内旅游管理技能培训；国际旅游管理技能培训；旅游管理技能输出
		工作经费	旅游专项经费；旅游管理工作经费来源；旅游管理工作经费是否充足
		有效性监测	有无管理有效性监测；管理有效性监测工具；有无游客定期调查；游客定期调查情况；管理有效性评估
	1-4 开发建设活动	开发建设数量	在建旅游设施项目新增数量；在建旅游设施项目总量；在建旅游设施项目记录
		开发建设质量	建设规划；审批规范；外围在建旅游设施项目
2 旅游对遗产本体的影响	2-1 遗产真实性	遗产价值	面向游客的OUV；有无遗产OUV展演；OUV状况评估；游客对遗产OUV的认知
		改变遗产真实性	餐饮设施；住宿设施；购物场所；游览设施；旅游交通设施；娱乐设施；旅游在建项目的影响程度
	2-2 遗产完整性	遗产本体	面向游客开放的遗产本体；遗产本体的人为破坏痕迹数；遗产本体状态评估
		改变遗产完整性	游客游览活动；餐饮设施；住宿设施；购物场所；游览设施；旅游交通设施；娱乐设施；旅游在建项目的影响程度
3 旅游对遗产价值传播的影响	3-1 遗产阐释	阐释内容	有无OUV的阐释方案或规划；遗产价值的政府叙事；遗产价值的旅游商业叙事
		阐释形式	世界遗产标识；遗产阐释设施与服务；对遗产价值展示的促进作用
	3-2 遗产解说	解说设施	有无导览设施；导览设施数量；导览设施记录；导览设施与服务的充足性评估；有无解说标牌；解说标牌数量；解说标牌记录；有无电子解说服务；解说设施与服务的充足性评估
		解说人员	有无定点解说人员；月度讲解次数；月度外部导游次数；月度受培训的外部导游次数；导游人员选拔；有无导游培训
		解说内容建设	解说词规范；解说词推广
	3-3 遗产教育	教育方案	有无游客教育方案；有无当地居民教育方案；有无经营户教育方案

主题层	副主题层	监测指标	测量指标
3 旅游对遗产价值传播的影响	3-3 遗产教育	教育设施与服务	遗产教育设施与服务类型；遗产教育设施与服务的充足性评估
		教育形式与规模	面向游客的遗产教育活动数量与规模；研学游客数量；面向居民的遗产教育活动数量与规模；面向经营户的遗产教育活动数量与规模
4 旅游对遗产地社会文化的影响	4-1 文化认同与行为	遗产认同	游客的遗产价值认同；当地居民的遗产价值认同；经营户的遗产价值认同；居民的身份认同
		态度行为	游客对遗产保护的支持；当地居民对遗产保护的支持；经营商户对遗产保护的支持；游客参与遗产保护的意愿；当地居民参与遗产保护的意愿；经营商户参与遗产保护的意愿；当地居民对旅游的支持；经营商户对旅游的支持
	4-2 传统文化	传统生计	有无当地居民；当地居民数量；有无当地居民参与旅游；参与旅游的当地居民数量；对传统生计的影响评估；商品经济意识；学习积极性
		地方文化传统	传统节事活动；非物质文化遗产数量；非物质文化遗产传承人数量；文物保护单位数量；对传统生活方式的影响评估；对传统风俗的影响评估
5 旅游对遗产地环境的影响	5-1 自然环境	水环境	水环境质量；生活污水；生产污水
		大气环境	空气质量；生产废气
		土壤环境	土壤质量；土壤污染
	5-2 感知环境	视觉环境	建筑垃圾；生产垃圾；游客垃圾；自然景观破坏；餐饮设施、住宿设施、购物场所、游览景点、旅游交通设施、娱乐设施、旅游在建项目的影响程度
		听觉环境	旅游活动噪音；餐饮设施、住宿设施、购物场所、游览景点、旅游交通设施、娱乐设施、旅游在建项目的影响程度
6 旅游对遗产地经济发展的影响	6-1 旅游收入	门票收入	有无门票；OUV载体票价；年度门票收入；门票收入的支持程度
		二次消费收入	有无二次消费；有无二次消费收入统计；年度二次消费收入；二次消费收入的支持程度
		地方旅游总收入	有无旅游收入统计；旅游收入统计规则；年度旅游收入；年度旅游外汇收入；旅游税收
	6-2 旅游就业	直接旅游就业	直接就业人数；当地居民直接就业人数；直接就业人口的年均收入水平

主题层	副主题层	监测指标	测量指标
6 旅游对遗产地经济发展的影响	6-2 旅游就业	间接旅游就业	间接就业人数；当地居民间接就业人数；间接就业人口的年均收入水平
	6-3 生活成本	生活物质	生活物资充足程度；对生活物资的影响
		物价水平	溢价程度；对物价水平的影响
		生活质量	生活成本差异；对生活成本的影响；对生活质量的影响评估

（三）旅游影响监测方法

旅游对遗产地的影响是多主体、多维度的。本文提出的旅游影响监测指标体系在设计过程中遵循加法原理，尽可能地涵盖各类遗产地当下出现的旅游影响的全部内容。但在监测落地实践环节，不同的遗产地需要结合自身的实际情况，选择合适的监测指标或对部分指标进行适当的调整。同时，在监测实践过程中，遗产地也需要在监测手段改进、多源数据整合、现行工作机制改革以及试点推进等方面进行探索与检验。

1. 现代技术手段与传统方法相结合

随着科技水平提升和国家支持力度加大，我国大部分遗产地的监测工作已经实现了从人工记录到智能自动化监测的跨越，在常规监测的基础上引入GIS、GPS、热成像等技术，形成遗产地的智能化监测、控制、决策的管理网络。游客游览活动、旅游设施与项目以及遗产地自然环境质量等客观的显性指标数据基本可以通过现代科技手段进行精准的实时采集，但遗产地运营管理活动、旅游设施与项目档案以及游客、居民、商户的遗产价值感知与文化认同等指标的监测依旧需要问卷、访谈等传统的调研手段。因此，世界遗产地旅游影响监测工作中要注重将两种方法相结合。

2. 多源数据与多类数据相结合

旅游影响监测是多类型、多渠道数据的集成，包括数值类数据、文本类数据、图片类数据，遗产地的一手采集数据与二手资料数据，也包括OTA平台交易与评论、智能门禁数据等大数据与问卷、访谈等小数据，还包括遗产地车辆数量及车牌归属地、游记图片、投诉记录、旅游地酒店用水量、旅游地垃圾处理量等非常规数据。在具体的监测工作中要根据需要将大数据与小数据相结合，结构化数据与非结构化数据相结合，共同建立完整的数据库。

3. 多主体多部门参与和协同

目前我国大部分遗产地的管理机构都设置了专门的监测部门，但监测部门与其他部门之间缺乏协调机制，监测数据无法实现共享。根据目前国内的现状，旅游影响监测数据的采集方式可以分为遗产地监测部门自行采集数据、向相关管理部门调度采集数据、委托第三方采集数据三种形式。因此，我国世界遗产地旅游影响监测需要建立多主体参与和多部门协同的机制，与国土资源、水资源、环境、林草等其他资源保护领域的监测或监管系统互通信息，整合主流 OTA 平台数据，借助科研院所或其他调研公司力量开展传统调研。

4. 分区分类分级逐步推进

我国世界遗产地类型多样，所处环境差异明显，保存现状与旅游发展水平不同，监测与管理条件也有差别，所以世界遗产地的旅游影响监测工作应该分区、分类、分级推进。首先，将世界遗产定期报告的旅游影响监测指标优先纳入我国遗产地年度监测范围。其次，根据文物、建筑群、遗址、文化景观、自然面貌、濒危动植物物种生境区、自然地带等不同类型的世界遗产地的特征，设计适宜的监测指标与方法。最后，将监测条件先进、旅游发展成熟的世界遗产地列为监测试点单位。

五、旅游影响监测结果的应用

监测是为了更好地指导管理。旅游影响监测是世界遗产地旅游管理的工具，其价值在于识别旅游对遗产的积极影响，建立起遗产地利益相关者对旅游发展的信任，评估旅游对遗产的影响，指导遗产旅游实践，强化游客、居民、商户等主体参与遗产保护与可持续旅游的意识，传播遗产价值，提高遗产地的地位与影响。世界遗产地旅游影响监测结果的具体应用主要体现在以下二个方面：

（一）世界遗产定期报告的重要组成部分

根据《世界遗产公约》及《操作指南》对定期报告的要求，是否开展了旅游影响监测相关工作是定期报告必须回答的问题之一，即这项工作本身就是被监测的对象。此外，旅游对世界遗产的具体影响也是定期报告必须回答的问题，是定期报告内容的重要组成部分。

（二）遗产地旅游管理的决策参考依据

遗产地旅游管理决策需要长期、具体而准确的监测数据作为参考依据。旅游影响监测通过系统、全面的数据收集与分析，能够比较准确地识别旅游对遗产保护与社会发展的消极影响或潜在风险，以及积极效应，可以为管理者做决策提供关键的参考依据。

（三）遗产价值传播评估的数据库基础

长期积累的旅游影响监测数据能够比较准确、全面地反映游客对遗产价值的认知与理解，有助于评估世界遗产价值传播方法的效果。多年积累下来的旅游影响监测结果，可以做成一个与世界遗产地价值传播、旅游市场营销有关的基础数据库，为世界遗产地运营管理的研究提供基础数据。

六、结语

旅游活动是世界遗产保护的重要影响源之一，也是世界遗产日常监测工作的重要组成部分。但如何系统地对世界遗产地的旅游影响进行监测，目前仍缺少相应的指标体系。本项目全面梳理了国内外旅游影响相关研究成果，充分解读吸收了 UNESCO 的《世界遗产地第三轮定期报告》等国际规则，实地调研了敦煌莫高窟、嘉峪关、山海关、八达岭、泰山、三孔等世界文化遗产地的监测实践以及现实管理需求，结合遗产、旅游领域专家学者的多轮意见，遵循"适应国际规则，体现中国特色，满足地方需求"原则与加法原理，建构了旅游影响监测指标体系，尽可能地涵盖各类遗产地当下出现的旅游影响全部内容。

当前提出的世界文化遗产地旅游影响监测数据库指标体系是在当前的技术手段下解决当下世界遗产地关心的旅游问题的工具，从主题、副主题到监测指标再到各指标下的测量指标逐层展开，包括6主题层指标、16副主题层指标、45监测指标、226测量指标，涉及旅游影响源与旅游对遗产本体、价值传播、遗产地社会文化、环境、经济影响等内容，对应"遗产受哪些旅游活动影响""遗产的哪些价值受到影响""受到何种影响""影响程度如何"等现实问题。

世界文化遗产旅游影响监测需要现代技术与传统方法、多源数据与多类数据相结合，包括定性指标148项、定量指标72项、混合指标6项。需要建立多主体与多部门协同的工作机制，117项监测数据可以由遗产管理机构自行填报（约占52%），36项监测数据需要多部门协同采集（约占16%），73项监测数据需要通过第三方组织进行采集（约占32%）。另外世界文化遗产旅游影响监测需要分区分类分级推进，当前94个指标与UNESCO定期报告内容相关（约占42%），34个指标参考了ICOMOS《世界文化遗产影响评估指南》（约占15%），18个指标来自当前中国世界文化遗产监测预警平台（约占8%），84个指标系基于文献梳理与实地调研新增（约占37%），不同遗产地需要结合自身实际情况选择合适的监测指标或对部分指标进行适当的调整。

监测是为更好地指导管理，旅游影响监测是世界遗产地旅游管理工具，价值在于识别旅游对遗产的积极影响，建立遗地产地利益相关者对旅游发展的信任；评估旅游对遗产的消极影响，指导遗产旅游实践；强化游客、居民、商户等主体参与，提升遗产保护与可持续旅游的意识；传播遗产价值，提高遗产地的地位与影响。旅游影响监测结果可以应用在世界遗产定期报告、遗产地旅游管理决策以及旅游营销与价值传播等方面。

世界文化遗产地保护与利用的实践探索

——以龙门石窟为例

史家珍

（龙门石窟研究院）

摘 要： 龙门石窟是世界文化遗产、全国重点文物保护单位。数十年来龙门石窟研究院
及其前身保护管理机构一直致力于龙门石窟的保护管理工作。本文主要呈现龙门
石窟科技保护工作、石窟考古工作、石窟展示工程（三维数字化应用及石窟展
示）的工作成果，对历史工作做好总结，也为龙门石窟未来开展保护研究工作提
供一定思路。

关键词： 龙门石窟科技保护；龙门石窟考古工作；三维数字化；虚拟修复；石窟展示

龙门石窟位于洛阳城南6千米处的伊河两岸，石窟前临伊水，窟龛星罗棋布，波光潋
滟，龛影倒落，钟灵毓秀。她有着丰厚的文化底蕴和自身特色，集北魏、盛唐皇家风范于
大成，其延续千年的开凿将雕刻艺术和宗教文化融为一体。目前，龙门石窟有各个时期的
窟龛2,300余个，佛像共计10万余尊，2,900品左右的碑刻题记内容有30多万字，还有70多
个各类佛塔，石窟雕刻不仅涉及中国佛教各宗派，还包含有道教和景教的内容。作为世界
文化遗产、全国重点文物保护单位，龙门石窟被世界遗产委员会评价为："展现了中国北魏
晚期至唐代期间，最具规模和最为优秀的造像艺术，代表了中国石刻艺术的最高峰"。1910
年，美国钢铁和铁路大王弗利尔到龙门石窟进行了为期16天的考察，他在日记中赞叹到：
"它能与任何存世的古迹相媲美！……龙门的魅力，使其他石窟黯然失色。"

龙门石窟历经千年，由于自然风化、历史因素及近代人为盗凿等多重原因，许多窟龛
造像残缺不全。为了更好地保护龙门石窟，早在新中国成立初期就已经开展了相关的保护
技术和工程。其保护过程大致经历了四个阶段：成立保护管理机构（从20世纪五十年代到

七十年代初）、石窟抢险加固（从20世纪七十年代初至八十年代中期）、石窟综合治理工程（从20世纪八十年代中期至九十年代）、申报世界文化遗产至今。

多年来，龙门石窟研究院致力于采取先进的技术对石窟进行科技保护。在此基础上，龙门石窟开展三维数字化扫描工作，包括对石窟的文物进行数据采集、文物的3D打印复刻、流失文物的虚拟复原。同时，还与国内外多家博物馆合作，开展联合展览，让凿刻在龙门山崖壁上丰富精美的窟龛与藏在院库房更多精美文物"走出去，活起来"。这一系列举措，对于揭示中华民族的文化精神、文化胸怀和坚定文化自信具有重要意义。

一、龙门石窟保护中的科技应用

如今，随着科学技术发展，各种先进的技术被应用于龙门石窟的保护工作之中。纵观龙门石窟的保护历程，通过各方面的努力，龙门石窟基本解决了抢险加固问题，有效遏制了水害的发展。石窟监测预警工作的开展和三维数字的应用，使石窟保护工作又跃上了一个新台阶。

（一）石窟加固技术的研发

石窟寺的保护，首先是基于稳定性等重大安全隐患的抢救性保护。石窟寺所处的岩体边坡加固（俗称围岩加固）工作，要求不稳定的边坡经过工程技术或化学灌浆加固处理，

图1　卢舍那大佛修复前后对比

使其牢固稳定[①]。石窟围岩加固又有自己独特的特点：要遵照"不改变文物原貌"的原则，即既要通过合理的工程手段使岩体稳定，不使石窟受到损坏，还要使得它的外观同周围岩体在造型上、色调上协调一致，保持其古朴自然的风格。

历史上龙门石窟围岩体问题较为突出，以往常规的围岩体治理手段是砌石或混凝土支护危岩体，但是这种方法治标不治本，还容易改变外观面貌。面对亟待解决的围岩加固问题，1971年龙门石窟文物保管所（现龙门石窟研究院）联合国务院图博口（现国家文物局）共同研究适合龙门石窟的围岩加固的材料和技术，经过艰苦探索，最终选定"环氧树脂灌浆锚杆加固技术"。并于同年开始了环氧树脂灌浆锚杆技术在龙门石窟现场的研究试验，还将其成功应用于龙门石窟奉先寺造像抢险加固工程，加固之后石窟寺的稳定性得到极大改善，同时文物原貌又不会受到影响。该技术在奉先寺造像加固工程中的成功实施，不仅为龙门石窟未来的加固保护工作提供了坚强的技术支撑，成为经常使用且效果显著的保护手段[②]，也为以后环氧树脂灌浆加固技术在全国石窟寺加固保护工作中的推广应用奠定了基础。"环氧树脂灌浆加固围岩技术"于1978年获全国科学大会成果奖。

2019年，龙门石窟在东山万佛沟区域开展危岩体加固工程，主要措施包括看经寺洞窟上方和千手观音–西方净土变龛区段的表面裂隙清理、压力灌浆钻孔及注浆堵漏、危岩体及窟檐锚杆加固等。经过一个雨季的观察测试，施工效果良好，这是龙门石窟近几年来加固灌浆工程的典型案例。

（二）石窟水害的治理

在长期的地质营力和人为因素的影响下，龙门石窟产生了诸多严重的环境地质病害，如风化、渗水、溶蚀、裂隙切割等。其中渗水的破坏性最大，影响最为突出[③]。龙门石窟的岩性以寒武纪和奥陶纪的灰岩和白云岩为主，在长期的地质构造和风化营力等作用下，窟区岩体发育有大量的层面裂隙、构造裂隙和卸荷裂隙，裂隙彼此相互切割窟区岩体及人物造像，使岩体表面产生破坏，发生剥落掉块，也为渗水提供了良好的渗漏通道。水沿裂隙下渗，作用于可溶性岩体，使造像表面产生溶蚀病害及生物病害，同时加剧了石窟岩体的物理破坏作用，使石窟内造像均遭受了不同程度的破坏。长期以来，龙门石窟研究院几代保护人员从未间断过对渗漏水治理方法的思考和优化。

---

① 刘景龙. 龙门石窟保护[M]. 北京：中国科学技术出版社. 1993：40–42.
② 李心坚. 龙门石窟保护中的灌浆技术［J］. 研究（文化拾遗），2008（6）:36–37.
③ 严绍军，方云，孙兵等. 渗水对龙门石窟的影响及治理分析［J］. 现代地质，2005,19（3）:476.

图2　看经寺外部保护加固

　　1961年国家科研规划将龙门石窟"围岩崩塌""洞窟漏水""雕刻品风化"列为三大病害[①]，对此立项研究，龙门石窟研究人员深度参与其中，为后续水害治理工作的开展奠定基础。1987年至1992年开展"龙门石窟五年综合治理工程"期间，龙门石窟研究所（现龙门石窟研究院）针对水害问题开展了一系列试验研究，最终研制出"改性环氧树脂灌浆材料"，并创新性地应用压力灌浆技术对渗漏水洞窟进行了治理，洞窟渗漏水问题在一定时期得到了极大改善。

图3　万佛沟区域综合治理工程

---

① 　陈建平. 龙门石窟预防性保护的探讨［J］. 中国文化遗产，2019（1）:76.

但是到21世纪初，一些经过改性环氧树脂灌浆治理过的洞窟又开始渗水。经多方考证，专家组认为这与环氧树脂灌浆材料老化速度快、寿命短等特性密切相关。针对这一问题，2002年龙门石窟研究院联合中国文物研究所（现中国文化遗产研究院）和中国地质大学（武汉）开展"联合国教科文组织龙门石窟保护修复工程"[①]。通过大量室内实验和现场灌浆试验，筛选防水、防渗灌浆材料和适宜的施工工艺，最终专家组确定以超细水泥作为灌浆材料。

但经过实践，发现超细水泥灌浆材料存在流动性差、易泛碱等问题。为解决这些问题，2013年龙门石窟研究院与中国地质大学（武汉）联合开展"超细水泥灌浆材料改性研究"，在国内首次研发出新型偏高岭土－超细水泥复合灌浆材料[②]。该无机灌浆材料不仅成功弥补了超细水泥灌浆材料流动性差、泛碱严重、抗老化性能差等缺陷，还具有优良的防水性和抗渗性、较低的收缩性等优势。最终顺利通过专家论证，并成功应用在擂鼓台、潜溪寺和万佛洞区域水害治理工程中，其良好的治水效果得到了国内石窟界的一致认可。

图4　万佛沟区域灌浆材料试验样块

（三）石窟的保护修复与风化研究

由于龙门石窟是典型的石灰岩石窟，露天雕刻众多，一千五百多年来受风吹、雨淋、日晒、地质构造等自然原因和人为破坏等影响[③④]，表面风化破坏严重，表面溶蚀、风化剥

① 杨刚亮. 龙门石窟保护修复工程综述与探讨［J］. 石窟寺研究. 2012：363–380.
② 严绍军，皮雷，方云等. 龙门石窟偏高岭土–超细水泥复合灌浆材料研究［J］. 石窟寺研究. 2013：393–404.
③ 范子龙. 龙门石窟檐遗迹调查与日常维护中的防风化保护［J］. 石窟寺研究. 2011：363–380.
④ 李建厚. 龙门石窟地质构造对文物病害劣化趋势研究［J］. 洛阳理工学院学报（社会科学版）. 2019,34（4）：15–20.

落、粉化病害普遍。为了使这些受到严重风化的石雕能长久保存，龙门石窟保护工作者不断开展各种防风化研究工作。

20世纪九十年代，龙门石窟展开防风化材料研发工作，使用有机硅树脂、丙烯酸树脂作为风化岩体加固剂，探究其加固效果。实验结果表明，这些材料在露天环境下老化周期短，一个月左右基本失去防水性能，而且由于材料性质与石灰岩性质差异较大，长期使用是否会对文物本体造成损坏也无定论。研究人员决定转变思路，从研究龙门石窟的风化机理入手，以期从根源上治理龙门石窟的风化问题。之后相继开展如下工作：2005—2008年开展国家文物局课题——《碳酸盐石质文物劣化定量分析与评价系统研究》、2010—2012年开展国家自然科学基金项目——《凝结水对碳酸盐石窟表面劣化作用试验研究》、2013—2016年开展国家自然科学基金项目——《MHC耦合腐蚀下龙门石窟灰岩细观结构损伤机理及抗腐蚀试验研究》等，这些工作为继续系统全面的探究龙门石窟石灰岩风化机理奠定了基础，同时也为龙门石窟石灰岩风化病害治理工作提供了一定参考。另外，石灰岩风化机理研究工作也取得一定成果：2013年《风化及渗水侵蚀下龙门石窟灰岩损伤机理研究》获河南省科学技术厅科学技术成果奖；2019年《风化及MHC耦合侵蚀下龙门石窟灰岩损伤机理及防治技术》获河南省科学技术进步奖。未来，龙门石窟研究院工作人员将继续开展石灰岩风化机理和防风化材料的研究工作，为龙门石窟文物长久保护保驾护航。

2004年8—11月，在龙门石窟开展的"双窑洞窟保护修复工程"中，除了对烟熏等表面污损进行了清理，还对风化雕刻实施了局部粘接加固处理，对出露裂隙进行重新封堵，替换为可重复处理、且强度较弱的硅胶类材料[①]。经过修复，洞窟的多种病害得到治理与控制，整体色调一致协调，洞窟修复效果较好。这也是龙门石窟历史上首次全面进行的洞窟综合性治理保护修复工作，取得了开创性的成就。其所研究应用的材料和技术方法是一次全面进步，为龙门石窟今后开展洞窟保护奠定了基础，指明了方向。

（四）监测预警体系建设

龙门石窟是国家文物局世界文化遗产监测试点单位之一。龙门石窟监测预警体系建设是根据国家文物局2012年批准的《龙门石窟动态信息及监测预警系统方案》而实施完成的，自2013年1月至2016年12月完成四期建设。主要监测内容是龙门石窟重点区域环境和

---

① 陈建平.龙门石窟双窑修复工程十年回顾与问题探讨［J］.石窟寺研究. 2014：430–436.

主要洞窟文物病害，例如对龙门石窟奉先寺、潜溪寺、宾阳洞、看经寺、擂鼓台等主要洞窟的文物保存环境和本体病害实施监测。在监测体系建设过程中，以往监测难度较大的项目如洞窟渗漏水、石窟雕刻风化等，采用了新的监测思路和技术方法进行探索和尝试。其中，将红外线拍摄成像技术运用到了石窟寺渗漏水长期监测之中，并结合了其他的有效方法和手段，从而突破了常规监测对洞窟渗漏水时间、面积、渗漏量难以进行准确定性、定量监测的技术难点，取得了技术新突破。与此同时，还通过雕刻表面高清图像记录、表面温度、紫外光强度等多个监测项目，在龙门石窟首次开展了雕刻表面风化的长期监测。这两项新的监测方法，可以有效弥补过去监测手段的不足，为洞窟渗漏水治理和石窟雕刻防风化治理提供数据资料，将监测工作同保护治理工程紧密结合，对于文物保护研究起到了很好的促进作用。

图5　龙门石窟西山环境监测站

　　科研人员通过对监测数据的分析解读，全面掌握龙门石窟区域环境、微环境、石窟风化、渗漏水、裂隙变化等多种影响石窟保存因素的发展和变化情况，从而可以为《中国世界文化遗产监测年度报告》的编写、龙门石窟的保护技术研究、保护治理工程实施、保护治理效果评估等提供详实的第一手现场数据资料，提高了保护管理工作的科学性和有效性。

　　自龙门石窟监测预警体系运行以来，各项监测设备运转和监测数据传输正常，监测平台实现了同中国世界文化遗产监测预警总平台的完好对接，受到国家文物局和中国世界文化遗产监测中心的表扬和肯定。2018年度、2019年度监测年度报告被评为中国世界文化遗产优秀监测年度报告，龙门石窟的监测预警体系建设工作得到进一步加强和提升。

1.石窟环境监测

主要包括石窟外部环境和洞窟内部微环境的监测。龙门石窟建有两个区域环境观测点，24小时不间断对龙门石窟的气象环境及大气质量进行监测。监测内容包括：温湿度、降雨量、光强度、二氧化硫、氮氧化物、二氧化碳、震动、噪音等因素[①]。

洞窟微环境的监测主要针对潜溪寺、宾阳洞、奉先寺、擂鼓台、看经寺等大型洞窟的内部环境温湿度、壁面温度、二氧化碳含量等开展连续监测。环境监测的目的在于掌握石窟文物所处的气象环境，较为准确地了解石窟保存环境的变化，以及这些变化对石窟的影响，从而为采取针对性保护措施提供帮助。

2.文物本体监测

主要对渗漏水和岩体稳定性进行观测。龙门石窟的渗漏水监测创新性地利用了红外摄像机和渗漏水收集仪对渗漏水点和区域进行连续观测记录，观测渗漏起止时间、渗漏过程、渗漏面积和渗漏水量。该方法突破了传统的渗漏水观测无法夜晚进行观测的局限，可以每天24小时拍照，并结合洞窟渗漏水收集仪器的使用，在准确观测渗水的同时进行定量分析，得到的数据还可以同外部气象站的降雨数据进行对比和分析，帮助研究人员掌握降雨过程中和结束后洞窟渗漏的规律，为进行渗漏水研究治理提供帮助。在岩体稳定性方面，对石窟重点部位的岩体利用多点位移计、倾角仪等设备对岩体的开裂、变形等进行连续观测，从而确保岩体的稳定性。

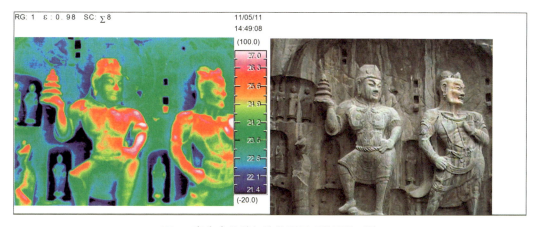

图6　奉先寺北壁红外监测同现状照片对比

---

① 马朝龙．龙门石窟监测预警体系进入试运行阶段［N］．中国文物报．2013-3-28（001）：430-436．

图7　岩体稳定性监测仪器

3.石窟安全监测

主要对文物安全和森林防火进行监测。通过建立电子巡更系统、音像复合系统、客流量统计分析系统、视频警报控制中心等多种方式和方法保障文物安全。通过不断的努力建设和完善，目前文物安全技术防范已经达到了国家一级标准，多年来未发生一起危害石窟安全的事故。此外，在森林防火监测方面，通过建立防火和灭火两级安全制度，设立火情监测瞭望塔、建立防火巡更系统和无障碍信息传递通道等多种方式对两山树林进行全天候不间断的观测，保护龙门石窟东西两山的茂盛树林。

监测预警系统的设计，满足了龙门石窟数据采集的工作条件和系统运行环境，能够与国家级监测预警系统对接。各类动态数据采集后在本地存储，部分数据上传到国家总平台，同时建立系统运维管理体系，能够确保整个系统安全、可靠的运行。在此基础上，监测预警系统能够对基本信息及动态信息实施管理，自动对监测数据进行实时采集、存储、管理、分析、展示和预警，极大提升主动预警能力并对其进行评估，从而使龙门石窟监测、管理、保护水平更上一层楼。

二、石窟考古工作及新成果

（一）龙门石窟考古发掘成果与展示

龙门石窟申报世界遗产成功以来，龙门石窟研究院通过与其他机构的合作，陆续开展了多个考古发掘项目。截至目前已取得了六大重要考古成果，分别是：奉先寺遗址考古发掘、擂鼓台三洞窟前遗址考古发掘、香山寺遗址发掘、万佛沟第1窟窟前建筑遗址发掘、龙门西山北坡唐代僧人墓地发掘和瘗窟考古清理工作。

其中，唐代著名"龙门十寺"之一的奉先寺，遗址现存面积近3万平方米。1997—2002年，龙门石窟研究所（现龙门石窟研究院）、洛阳市文物局与意大利那波利大学东方文化研究所合作，完成了奉先寺遗址第一期发掘工作，发掘面积达2000多平方米，清理出大型佛殿基址，出土了大量精美的造像。奉先寺遗址的考古发掘，集中出土了一批唐代精美石刻造像，初步探究了寺院布局，初步厘清了遗址内涵，使大殿基址得到了完整呈现。

结合石窟考古报告编写工作，龙门石窟研究院与北京大学考古文博学院联合组队，于2008年3—9月对龙门石窟东山擂鼓台区窟前遗址进行了考古发掘（图8）。此次考古发掘发现的遗迹主要包括大条石砌成的规模较大的唐代窟前石作踏道和殿前包石台基。该踏道的发现，为研究当时寺院建筑乃至都城大型建筑前的石作踏道样式及建造方法提供了实物资

图8　擂鼓台三洞窟前遗址考古发掘现场

料。此次发掘，还出土了石刻造像、建筑构件、生活用品等遗物1900件。其中，一尊菩萨头像保存完好，发髻满施蓝色颜料，色彩鲜艳，经判断使用的是外来的青金石颜料，反映了当时的中西文化交流情况。2013年，在原址上修建了"东山擂鼓台建筑遗址保护展示中心"，不仅在原址保护遗址，还通过展陈出土遗物，展示其独特价值。

此外，2011年，龙门石窟研究院与洛阳市文物考古研究院合作，对龙门西山北坡唐代僧人墓地进行了抢救性考古发掘。此次发掘共发现圆形墓葬6座，首次发现了龙门周边唐代僧人具袝葬行为墓地。

香山寺是唐代著名的"龙门十寺"之一，为武则天敕令创建，当时在此还有着"香山赋诗夺锦袍"的诗坛佳话；大诗人白居易也常年居住于此，留下了诸多名篇。寺院遗址位于龙门东山南麓，现存面积4万多平方米。为配合石窟考古报告编写工作、开展相关学术研究，经国家文物局批复同意，龙门石窟研究院与北京大学考古文博学院、洛阳市文物考古研究院三方联合组成香山寺考古队，于2016年5月至2020年开展了龙门香山寺遗址的考古发掘（第一期），完成国家文物局批复发掘面积3000平方米，取得了重要的阶段性成果（图9、图10）。此次发掘发现有唐宋时期的建筑基址和道路，及一些重要遗迹，如唐代的两座塔基基址；出土遗物有舍利石函、石造像、建筑构件、陶瓷器、唐宋时期铜钱等，其中砖达数十万斤。这是唐代皇家寺院香山寺遗址的首次大规模发掘。其中较高规格、较大规模塔基的发现，结合文献初步推测与唐代入华的印度高僧地婆诃罗有关。香山寺遗址的考古发掘，是龙门石窟研究院以学术研究和科研课题为导向对该遗址进行的有计划、长时段的主动性考古发掘项目。塔基的完整揭露，对研究唐代香山寺的布局、塔基构造、历史沿革、与龙门石窟的关系以及中古时期佛寺布局有重要意义。

图9　香山寺遗址考古发掘现场

图10　香山寺遗址考古发掘现场

对古寺院遗址、古墓葬等文化史迹的调查和考古发掘，为丰富龙门石窟的文化内涵、开展寺院遗址保护规划和文化展示、建设遗址考古公园等工作提供了详细的资料，也将极大地推动中国佛教寺院建筑考古、佛教史研究和龙门石窟研究的深入发展。

（二）石窟考古报告编写及新成果

1.擂鼓台区考古报告

进入21世纪，龙门石窟研究院将石窟考古报告的编写作为重要的基础性科研工作，多年来坚持开展。龙门石窟考古报告编写工作，得到了国家文物局、河南省文物局和北京大学著名教授宿白先生的高度重视和支持。

2005—2017年，龙门石窟研究院组建团队实施了东山擂鼓台区考古报告编写项目，项目由龙门石窟研究院、北京大学考古文博学院、中国社会科学院世界宗教研究所三方合作进行，中国考古学泰斗、著名考古学家、教育家宿白先生亲自参与和指导考古报告编写工作，常抓不懈。特别是在各地石窟特点不同、石窟考古报告无成熟体例可循的条件下，科研人员秉持着开拓创新、钉钉子的精神，经过十多年坚持不懈的田野工作，以及多次讨论和修改完善，历经13载的呕心沥血，《龙门石窟考古报告：东山擂鼓台区》（大八开，六册）于2018年1月由科学出版社出版。

这是近代以来由中国人自己开展，科学、系统编写大型石窟寺考古报告的一次重要探索和实践，也是龙门石窟研究史上第一部将考古发掘的窟前遗址和洞窟遗存相结合，有着龙门石窟鲜明特色、具有综合性与完整性的石窟考古报告，为各地区石窟群编写考古报告

图11 《龙门石窟考古报告：东山擂鼓台区》

提供了有益的参考和借鉴，也搭建起国内外研究龙门石窟的基础资料平台。该报告是龙门石窟分区段编写科学的考古报告的首次尝试，在龙门石窟学术发展史上具有里程碑的意义。通过项目带动了科研成果、带动了人才成长，为后续龙门石窟全部区段石窟考古报告编写工作的开展奠定了坚实的人才基础，积累了宝贵的经验。报告的出版，对于提升龙门学术研究水平、扩大龙门石窟影响力、促进龙门学术事业的深入开展、加强文化遗产保护研究也具有重要意义。

2.万佛沟区考古报告

2014年，龙门石窟研究院启动了东山万佛沟区考古报告编写工作，对50多个窟龛进行了书面记录、照相、数字技术测绘、拓片制作等。该报告于2020年3月形成正式文稿，目前正在出版编辑中，将于2021年下半年出版。

3.继续实施分区编写龙门石窟考古报告项目

目前，龙门石窟研究院积极落实党中央、国务院会议精神和文件要求，按照国家文物局的部署，加大基础资料整理和石窟考古工作力度。通过与高校和科研院所的合作，加强团队建设，继续实施龙门石窟考古报告编写项目，东山看经寺及以北区、西山宾阳中洞、古阳洞数字考古报告编写，出版系列石窟考古报告；努力培养龙门石窟的研究人员，深入阐释龙门石窟的历史内涵和文化价值，进一步提升研究水平；大力构建国内外研究龙门石窟的基础资料平台，促进学术研究事业发展，扩大龙门石窟影响力。

三、龙门石窟多方位展示工程

（一）三维数字化的应用

龙门石窟历经千年，由于自然风化、历史因素及近代人为盗凿等多重原因，许多窟龛造像残缺不全。如何通过数字技术让残损的窟龛造像得以重生，在新时期焕发风采，是龙门人一直在思考的问题。近年来，龙门石窟研究院确立了"回归历史、再现芳华"的龙门石窟数字化复原理念，展开了积极探索。虚拟复原具有不接触文物本体、修复可逆的优势，具有重要的推广意义。

1.龙门最美观世音像虚拟修复项目

该观世音像龛位于龙门西山万佛洞前室南壁，身姿婀娜、雕刻细腻，有"龙门最美观世音"之称，其发髻以下至鼻子以上部位的破损，极大地影响了公众对其完整性的感知。

此次虚拟修复以历史照片为依据，以学术研究为基础，针对文物本身损坏部位，融合三维数字化技术、颜色检测分析技术、雕塑艺术等为一体，按照合理的修复原则对其进行虚拟修补，复原其历史样貌，并结合现代科技手段为游客提供全新的浏览体验，以现场AR、线上推广及线下3D打印等多种手段呈现。

2.龙门石窟流散文物虚拟复位研究展示项目

2001年4月，加拿大国家美术馆归还龙门石窟看经寺迦叶罗汉像，开启了龙门石窟流失造像回归序幕。2004年至2005年，国家文物局经过严格论证，征集了古阳洞高树龛佛首等七件流失海外文物，划拨给龙门石窟研究院珍藏。这八件回归的佛造像是龙门石窟造像艺术不可分割的重要组成部分，是中国造像艺术极盛时期的优秀作品。

2020年，龙门研究研究院对八件回归文物进行了数字化工作，并对其中能够确认位置的古阳洞高树龛、火顶洞观世音菩萨、看经寺迦叶造像进行了虚拟复位工作，实现造像在虚拟空间里的"身首合一、复位合璧"，并对虚拟复位后的高树龛进行了等比例3D打印。

2019年8月19日，习近平总书记在敦煌研究院座谈时强调："要通过数字化、信息化等高技术手段，推动流散海外的敦煌遗书等文物的数字化回归"，提出了流散海外文物的数字化回归命题。龙门石窟研究院先行先试，与上海博物馆合作，开启上博收藏龙门石窟流失造像的"数字化回归"之路，为流散海外石窟造像的"数字化回归"探索新的路径。当前，奉先寺北壁金刚力士外侧居中立佛的头部已实现数字回归，并完成虚拟复位，对恢复世界文化遗产的完整性、原真性具有重要意义。

观世音像龛现状　　　　　　　　　历史照片（1910年）

图12　观世音像龛对比照片

3.宾阳中洞帝后礼佛图数字化虚拟复原项目

自2020年起，龙门石窟研究院与西安交通大学造型艺术中心、美国芝加哥大学东亚艺术中心合作，启动了宾阳中洞帝后礼佛图数字化虚拟复原项目，运用数字化技术把流散的碎片和被破坏的宾阳中洞盗凿原址进行虚拟结合，以多种方式推进文物保护和文化传承。目前，

图13　高树龛虚拟复位像

已完成对美国纳尔逊博物馆收藏的皇后礼佛图浮雕构图、宾阳中洞的浮雕残壁和龙门石窟研究院收藏的2000余块礼佛图残块的三维扫描、建模工作，以及模型数据的后期处理工作。

　　2021年4月，龙门石窟研究院联合新华社，经过严谨地论证研究和周密地筹备，通过装束复原和情景演绎，制作真人版《帝后礼佛图》，让国宝"复活"。人民日报客户端及系列媒体、新华社客户端及系列媒体、光明网、中国网、环球网、新浪网、网易新闻、搜狐新闻等信息平台纷纷刊发或转载相关信息。在推出两天时间里，全网阅读量达到1.6亿，反响热烈。

（二）丰富多彩的石窟展示

　　为更好的展现龙门石窟的精彩内容，使广大群众进一步了解龙门石窟的文物艺术价值，龙门石窟研究院与多个博物馆达成合作，在2020年开展了多场联合展览。2020年4月28日至8月28日，由龙门石窟研究院与广东省博物馆联合主办的"魏唐佛光——龙门石窟精品文物展"，在广东省博物馆进行展览。在此次展览中，古阳洞四大龛3D打印展示引起了游客们的极大兴趣。四大龛位于古阳洞北壁上方，是龙门石窟最早的一批造像，东起分别为始平公、魏灵藏、杨大眼像龛及134龛，以其独特的形象、细腻的雕刻手法、高超的技艺水平，反映出北魏孝文帝时代南北交流、东西融合的盛况，丰赡粹美，难以言表。值得一提的是，这些随龛雕凿的造像题记碑，也是入选"龙门二十品"的北魏书法圣品。龙门石窟研究院对四大龛进行了目前国内最高精度的数字建档及1:1比例的3D打印，使高悬在龙门山崖壁上不可移动的窟龛造像"活"起来、"走"出去，实现其传播传统文化的"移动"之旅。

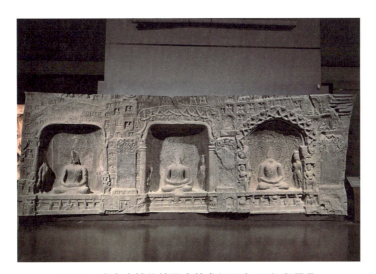

图14　广东省博物馆展出的龙门石窟3D打印展品

2020年10月18日，"丝路华光——敦煌、云冈、龙门石窟艺术联展"开幕式在洛阳博物馆举行。这是新中国成立以来，中国三大石窟首次举办的大型艺术联展。三大石窟，异彩纷呈、各具特色，明珠联袂、熠熠生辉。

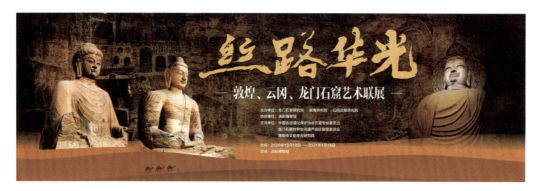

图15　敦煌、云冈、龙门石窟联展海报

这些展览是向大众进行世界文化遗产教育的良好平台，不仅让人们在博物馆里就能近距离观赏到宝相庄严、气势恢宏的龙门石窟，更加强了区域间文化合作与交流，进一步弘扬中华民族优秀传统文化。此外，自2020年以来，新冠肺炎疫情在全球蔓延，在全国人民无法进行远途旅行的情况下，龙门石窟与多个博物馆联合开设展览，有利于让人民大众在当地就能领略到龙门石窟的风采。

另一方面，出于文物保护的需要，龙门石窟绝大多数洞窟是限制游客进入的，不能进入洞窟参观文物成为了游客的遗憾。现在，VR虚拟现实技术让游客近距离观赏成为可能。

万佛洞三维数字虚拟现实体验项目，成功实现了洞窟内部虚拟漫游的功能，还具备洞窟照明、多位置移动、实时语音讲解等功能。公众只需戴上VR眼镜，便如置身洞内，可以近距离观赏细节，还能从现实中很难达到的视角观察，珍贵文物变得"触手可及"。VR虚拟现实展示是对景区游览的重要补充，有助于进一步发掘龙门石窟的文化艺术价值。

四、打造文旅融合的龙门石窟文化

龙门石窟风景秀丽，历史文化底蕴深厚，石窟艺术无与伦比，具有独特的资源禀赋和良好的文旅融合发展基础。保护好、宣传好、传播好、传承好历史文化是龙门石窟推进文旅融合发展的重要工作。近年来，龙门石窟以创新传承龙门历史文化为主脉，通过宣传和推广其博大精深的历史文化，擦亮"老三篇"，全力提升龙门石窟的文化旅游新形象，努力打造"诗和远方"的龙门样板。

在媒体宣传推广方面，龙门石窟通过中央电视台CCTV-1、CCTV-13新闻频道、CCTV-4中文国际频道等不同媒体平台进行形象宣传，宣传片在高铁车站等地进行播放。由原来分散式投放方式转为集中精准式投放，大大提高了龙门石窟品牌形象的吸引力和影响力，有效提升全国游客对龙门石窟的认知度和美誉度。同时，与河南日报、洛阳日报、洛阳电视台等本地主流媒体合作，通过宣传景区文旅融合发展新貌、联合开展文化旅游推广活动等，促进文旅产业发展。龙门石窟官方微信、微博公众号使得宣传更贴近民心、"接地气"，推广更精准，活动更生动。2016年至2019年，在微信公众号共发布文章2163篇，粉丝量已达91万。另外，线上云直播、云课堂、云体验等栏目为宅在家的游客提供了丰富多彩的龙门文化内容，尤其是疫情期间，让游客足不出户也可以赏龙门、听故事、品文化。这些工作使文化和旅游实现了有机融合，丰富了龙门石窟的文化内涵，提升了旅游体验。

在文化旅游宣传活动方面，创新开展龙门特色旅游活动。依托龙门、牡丹、盛唐、诗词等元素，相继推出"最美龙门四月天""'醉'最盛唐·'优'游龙门""传奇中国节·龙门中秋诗会""龙门爱国诗会"等主题文化旅游宣传活动，让文化和旅游相得益彰，进一步凸显了龙门的文化旅游魅力。

在拓展文旅市场方面，龙门石窟联合洛阳9家A级景区、15家4星级以上酒店、2家大型商场开展惠民利民文化旅游活动。游客凭景区门票到合作景区、酒店、商场消费，可享受特别优惠。这些活动有效拉动了区域旅游消费，形成产业聚合效应。为更好地延续历史文脉、传承文化基因、坚定文化自信、讲好龙门故事，龙门石窟积极开展特色研学旅行，

图16　夜游龙门

让广大青少年走进教科书中的龙门石窟，汲取文化滋养。此外，还大力推进"非遗进景区"，举办了"龙门石窟非遗进景区展演"活动，推进文化遗产与非物质文化遗产的互融互促，丰富游客文化体验。

五、三区融合助推龙门石窟更好发展

申遗成功以来，龙门园区认真践行申遗承诺，严格遵循习近平总书记关于石窟寺及文物、考古工作的重要讲话与指示精神，按照洛阳市委确定的"三区融合"发展定位，突出"保护优先"原则，致力环境改善，加快文旅融合，持续打造"园区、景区、社区"三区融合发展的龙门样板，取得了阶段性成果。

为巩固申遗成果，龙门石窟保护范围多次调整扩大，文物保护范围由申遗前的3.54平方公里逐步扩大至7.1平方公里，区域管辖范围扩大至31.7平方公里，多区叠加、一体治理的保护管理新局面已经形成。

2002年3月，龙门石窟文物保护区风景名胜区管理局（龙门石窟研究院）成立，实现了景区内集中统一管理；2007年9月，龙门石窟世界文化遗产园区管理委员会成立，实现了单一景区管理职能向区域综合行政管理职能的转变；2019年12月，龙门石窟研究院纳入市政府直接管理，行政职能和科研保护职能更加优化，龙门石窟文物保护力度与研究力量进一步加强。

建立四级规划体系，构筑"一核两翼四片区"空间格局，高标准编制实施《龙门园区总体发展战略规划》，确定发展蓝图。修编完善了《龙门石窟保护管理规划》和《洛阳龙门风景名胜区总体规划》2个上位规划。实施了《乡村振兴战略规划》和各社区《村庄建设规划》，推进景区社区联动发展。先后完成了东北服务区、西北服务区详细规划以及龙门西山国际度假区、四季牡丹园、郜庄文旅小镇等重点节点项目的规划编制工作。

民生项目密集实施。完成景区周边涉及46栋楼房、1290户居民的河东社区和镇南社区改造项目，高标准配备了日间照料中心、文化服务站、社区图书馆等设施，打造全市老旧小区改造典范。先后实施了龙门北桥、草店伊河大桥、伊水西路、东山大道等区域交通干线和草郜公路、迎宾大道、龙顾路等提升改造项目，园区路网持续优化，群众出行更加便捷。同时，旅游设施也不断提升：东北服务区、西北服务区、龙门古街先后建成投用，新增综合配套设施7.2万平方米、车位7000余个，建成投用城市书屋3座，改造提升旅游公厕32座；景区旅游道路全部提质升级，新建游客步行桥1座、城市乐道18.8公里，先后对龙门桥与漫水桥进行维修加固，景区旅游接待与服务水平显著提高。

六、结语

龙门石窟的保护工作始终坚持"保护为主，抢救第一，合理利用，加强管理"的文物工作方针。在习近平新时代中国特色社会主义思想指导下，依据《国务院办公厅关于加强石窟寺保护利用工作的指导意见》，龙门石窟研究院将坚守文物安全底线，围绕抢险加固、加强科技保护、深挖学术内涵、活化展示利用、致力传承弘扬等方面，探索具有示范意义的石窟寺保护利用之路。落实河南省委、洛阳市委的重大决策部署，着力建设国家石灰岩石窟保护工程中心、国家石窟寺考古研究基地、国家一流水平的世界遗产监测平台，着力打造世界一流的石窟寺科研机构和立足龙门、覆盖中原、辐射全国的全国区域性的石窟寺保护研究重点科研基地，努力打造重要的文化高地，进一步发挥龙门石窟在传承弘扬中华优秀传统文化、促进地区经济社会高质量发展中的独特价值和作用，为中华民族伟大复兴的中国梦贡献智慧和力量！

职方有序 数位留真

——大运河（浙江段）监测管理实践研究

傅峥嵘 楼 杰

（浙江省文物考古研究所 浙江省世界文化遗产监测中心）

摘 要： 大运河是世界文化遗产，浙江段大运河各级遗产河道共长860公里，省、市各级
政府均对其进行了规划保护，但又各成体系，因此大运河的名录构成变得复杂多
样。遗产保护管理机构在对大运河（浙江段）的监测中应发挥跨部门合作的协同
效应，共享其他部门对大运河监测的数据，采集大运河监测数据，为后续保护利
用提供基础。省级监测的职能介于国家级和市级之间，应对遗产地数据进行梳理
整合，归集各体系中的相同河段，同时又发现其中保护薄弱的区域，统筹规划，
指导工作。未来的发展趋势是数字化，监测数据能够为后续的工作打下良好的基
础，构建云上的大运河。

关键词： 大运河；浙江段；遗产监测；数字化

2014年6月22日，大运河在第38届世界遗产大会上获准列入《世界遗产名录》，成为
中国第46个世界遗产项目。大运河（浙江段）遗产是一项庞杂的遗产，遗产要素分布在杭
州、嘉兴、湖州、绍兴、宁波5个设区市，遗产河道流经19个县（市、区）。

通过广大文物工作者的努力，编制和公布的与大运河（浙江段）遗产资源保护相关
的各级规划有《大运河遗产保护与管理总体规划》（简称《总规》）《中国大运河遗产管理
规划》《大运河浙江段遗产保护规划》（简称《省规》）《大运河（杭州段）遗产保护规划》
《大运河（嘉兴段）遗产保护规划》《大运河（湖州段）遗产保护规划》《大运河（绍兴段）
遗产保护规划》《大运河（宁波段）遗产保护规划》《杭州市大运河世界文化遗产保护规
划》等。

以上规划共认定大运河（浙江段）各级运河遗产河道860公里，其中纳入省级运河遗产河道683公里，《总规》运河遗产河道414公里，有327公里河道列入世界文化遗产。以上规划共认定大运河（浙江段）各类运河遗产213项，包括13处全国重点文物保护单位和24处省级文物保护单位，其中18项被公布为世界文化遗产。因此，这是1项非常复杂的文化遗产。

一、大运河（浙江段）遗产名录体系

大运河（浙江段）遗产受到世界文化遗产名录、各级文物保护单位名录和各级大运河遗产保护规划的保护，由于运河遗产的复杂性，至今各个名录体系之间没有形成完全上下对应、递进嵌套的关系。

（一）世界文化遗产大运河（浙江段）名录

世界文化遗产大运河（浙江段）在申报世界遗产文本中分为6大遗产区，按设区市级行政区划划分9个遗产片区（表1），按遗产要素划分18项遗产要素（表2），可将18项遗产要素细分为21个市级管理单元（各个遗产要素按市级行政区划细分）。

表1　按设区市级行政区划划分9个遗产片区①

省/直辖市	地级市		申报遗产区
浙江	杭州	JN-04	江南运河嘉兴-杭州段
		ZD-01	浙东运河杭州萧山-绍兴段
	宁波	ZD-02	浙东运河上虞-余姚段
		ZD-03	浙东运河宁波段
		ZD-04	宁波三江口
	嘉兴	JN-04	江南运河嘉兴-杭州段
	湖州	JN-05	江南运河南浔段
	绍兴	ZD-01	浙东运河杭州萧山-绍兴段
		ZD-02	浙东运河上虞-余姚段

① 数据来源于《中国大运河申报世界遗产文本》（2013年）。

表2　大运河（浙江段）18项遗产要素^①

序号	组成部分名称	遗产要素	遗产要素类型		备注
			大类	小类	
1	江南运河嘉兴–杭州段	江南运河嘉兴–杭州段	运河水工遗存	河道	
2		长安闸	运河水工遗存	水工设施	考古遗址
3		杭州凤山水城门遗址	运河水工遗存	水工设施	
4		杭州富义仓	运河附属遗存	配套设施	
5		长虹桥	运河水工遗存	水工设施	
6		拱宸桥	运河水工遗存	水工设施	
7		广济桥	运河水工遗存	水工设施	
8		杭州桥西历史文化街区	运河相关遗产	历史文化街区	
9	江南运河南浔段	江南运河南浔段（頔塘故道）	运河水工遗存	河道	
10		南浔镇历史文化街区	运河相关遗产	历史文化街区	
11	浙东运河杭州萧山–绍兴段	浙东运河杭州萧山–绍兴段	运河水工遗存	河道	
12		西兴过塘行码头	运河水工遗存	水工设施	
13		八字桥	运河水工遗存	水工设施	
14		八字桥历史文化街区	运河相关遗产	历史文化街区	
15		古纤道	运河水工遗存	水工设施	
16	浙东运河上虞–余姚段	浙东运河上虞–余姚段（虞余运河）	运河水工遗存	河道	
17	浙东运河宁波段	浙东运河宁波段	运河水工遗存	河道	
18	宁波三江口	宁波庆安会馆	运河附属遗存	管理设施	

　　江南运河嘉兴–杭州段是为应对申遗和编制运河遗产保护规划而人为设定的名称，包含了江南运河主线的所有河段，并非是原生的历史河道名称。对其细分，它由苏州塘、嘉兴环城河、杭州塘、崇长港、上塘河、中河、龙山河等河道组成，除龙山河外，其他各个细分河道都存在跨越2个或2个以上县级行政区划的情况。浙东运河杭州萧山–绍兴段与浙

---

① 　数据来源于《中国大运河申报世界遗产文本》（2013年）。

东运河宁波段也存在类似的情况。宁波三江口虽然范围不大，相对集中，但是遗产区和缓冲区的区划跨越海曙区、江北区和鄞州区三个区。建议进一步细分为58个颗粒度到县级保护单元（县级细分河道单元或县级遗产要素单体），对应目前县级文物行政部门承担综合协调的具体工作（组织、指导和监督管理），与浙江省正在实施的河长制工作制度相衔接[①]，落实具体的保护管理和监测工作职责。

（二）各级大运河遗产保护规划名录

大运河（浙江段）遗产保护规划共有国家级、省级和市级三个层级，其中列入《总规》的遗产要素共计114项，《省规》的遗产要素共计177项，5个《市规》的遗产要素共计213项。经过细分至县级颗粒度进行比对，三级规划共有县级遗产要素管理单元256个，《总规》的遗产要素均属于《省规》的遗产要素，《省规》的遗产要素也没有超出5个《市规》的遗产要素范围。

虽然三级规划要素清单层层嵌套，但是个别遗产的分类略有不同。如《总规》中的秀城桥被划定细类为"古桥梁"，落帆亭被划定细类为"古代运河设施和管理机构遗存"，但是在《省规》中落帆亭、秀城桥和分水墩被打包在一起，作为嘉兴杉青闸遗址及环境一个整体，被认定细类为"船闸、坝、堰、升船机"等。再如杭州凤山水城门，虽然在各级规划里的认定细类都是"古建筑"，但是在世界文化遗产名录中，它的分类是"运河水工遗存"的"水工设施"。还有在《总规》中西兴过塘码头属于细类"水工设施"，西兴过塘行属于细类"运河附属遗存"，是2项独立的遗产要素，但是在《省规》中西兴过塘行码头和西兴过塘行被合并成1项遗产要素"杭州西兴过塘行码头"，属于细类"码头"。遗产名录细分至县级管理单元，将不同规划的分类分别作为独立属性进行记录，可以避免遗产数量统计上的矛盾。

两级规划如果未对遗产要素进行细分，可以根据文物保护单位的构成来细化。例如，《总规》和《省规》中，对西兴过塘行码头的具体构成均未展开描述，具体的管理单元名录是比对文物保护单位大运河的构成要素内涵所获得的。

（三）大运河遗产中省级以上文物保护单位名录

世界文化遗产大运河（浙江段）中杭州桥西历史文化街区和八字桥历史文化街区分别属于中国历史文化名城杭州和绍兴中的历史街区，南浔镇历史文化街区是中国历史文化名

---

① 数据来源于《浙江省大运河世界文化遗产保护条例》（2020年）。

镇，不属于文物保护单位。其他15项遗产要素的55个保护管理单元均为全国重点文物保护单位，分别属于大运河、古纤道、绍兴古桥群和庆安会馆（表3）。大运河、古纤道、绍兴古桥群和庆安会馆共有保护管理单元87个，部分构成要素没有包含在世界文化遗产中。

表3　大运河遗产与文保单位对应关系表

文物单体	内部打包备注	保护单位名称	遗产（文物）管理单元	世界文化遗产	遗产区	遗产要素
崇长港	江南运河嘉兴–杭州段	大运河	崇长港（海宁段）	世界文化遗产	江南运河嘉兴–杭州段	江南运河嘉兴–杭州段
			崇长港（桐乡段）			
杭州塘			杭州塘（拱墅段）			
			杭州塘（临平段）			
			杭州塘（南湖段）			
			杭州塘（桐乡段）			
			杭州塘（下城段）			
			杭州塘（秀洲段）			
			杭州塘（余杭段）			
杭州中河			杭州中河（拱墅段）			
			杭州中河（上城段）			
嘉兴环城河			嘉兴环城河			
龙山河			龙山河			
上塘河			上塘河（拱墅段）			
			上塘河（海宁段）			
			上塘河（临平段）			
			上塘河（上城段）			
苏州塘			苏州塘（南湖段）			
			苏州塘（秀洲段）			
官河路102、103、104号建筑	西兴过塘行码头		西兴过塘行码头–官河路102、103、104号建筑		浙东运河杭州萧山–绍兴段	西兴过塘行码头
官河路105号建筑			西兴过塘行码头–官河路105号建筑			

续表

文物单体	内部打包备注	保护单位名称	遗产（文物）管理单元	世界文化遗产	遗产区	遗产要素
官河路112号建筑	西兴过塘行码头	大运河	西兴过塘行码头–官河路112号建筑	世界文化遗产	浙东运河杭州萧山–绍兴段	西兴过塘行码头
杭州西兴过塘行码头			西兴过塘行码头–杭州西兴过塘行码头			
沈渭全过塘行			西兴过塘行码头–沈渭全过塘行			
沈正堂过塘行			西兴过塘行码头–沈正堂过塘行			
协亨祥过塘行			西兴过塘行码头–协亨祥过塘行			
俞任元过塘行			西兴过塘行码头–俞任元过塘行			
张德茂过塘行			西兴过塘行码头–张德茂过塘行			
钟大椿过塘行			西兴过塘行码头–钟大椿过塘行			
凤山水城门遗址	—		凤山水城门遗址		江南运河嘉兴–杭州段	凤山水城门遗址
富义仓			富义仓			富义仓
拱宸桥			拱宸桥			拱宸桥
广济桥			广济桥			广济桥
江南运河南浔段（頔塘故道）			江南运河南浔段（頔塘故道）		江南运河南浔段	江南运河南浔段（頔塘故道）
水则碑			水则碑	—	—	—
洋关旧址			洋关旧址			
长安闸			长安闸	世界文化遗产	江南运河嘉兴–杭州段	长安闸
长虹桥			长虹桥			长虹桥
浙东运河纤道杭州萧山段	浙东运河古纤道		浙东运河纤道杭州萧山段	—	—	—

文物单体	内部打包备注	保护单位名称	遗产（文物）管理单元	世界文化遗产	遗产区	遗产要素
浙东运河纤道绍兴皋埠段	浙东运河古纤道	大运河	浙东运河纤道绍兴皋埠段	—	—	
浙东运河纤道绍兴上虞段			浙东运河纤道绍兴上虞段			
浙东运河纤道绍兴渔后桥段			浙东运河纤道绍兴渔后桥段			
西兴运河	浙东运河杭州萧山–绍兴段–西兴运河		西兴运河（滨江段）	世界文化遗产	浙东运河杭州萧山–绍兴段	浙东运河杭州萧山–绍兴段
			西兴运河（柯桥段）			
			西兴运河（萧山段）			
			西兴运河（越城段）			
桂芳桥	杭州运河古桥		桂芳桥	—	—	
欢喜永宁桥			欢喜永宁桥			
祥符桥			祥符桥			
宁波三江口	宁波三江口		宁波三江口（海曙）	世界文化遗产	宁波三江口	
			宁波三江口（江北）			
			宁波三江口（鄞州）			
老坝底堰坝	绍兴曹娥江两岸堰坝遗址		老坝底堰坝			—
梁湖堰坝遗址			梁湖堰坝遗址			
拖船弄闸口遗址			拖船弄闸口遗址			
宁波大西坝旧址	姚江水利航运设施		宁波大西坝旧址	—		
宁波小西坝旧址			宁波小西坝旧址			
宁波压塞堰遗址			宁波压塞堰遗址			
刘氏悌号	丝业会馆及丝商建筑		刘氏悌号			
丝业会馆			丝业会馆			

续表

文物单体	内部打包备注	保护单位名称	遗产（文物）管理单元	世界文化遗产	遗产区	遗产要素
浙东运河上虞—余姚段	浙东运河上虞—余姚段	大运河	浙东运河上虞—余姚段（上虞段）	世界文化遗产	浙东运河上虞—余姚段	浙东运河上虞—余姚段（虞余运河）
			浙东运河上虞—余姚段（余姚段）			
慈江	浙东运河宁波段–慈江		慈江（宁波段）		浙东运河宁波段	浙东运河宁波段
			慈江（余姚段）			
绍兴城内运河	浙东运河杭州萧山–绍兴段		绍兴城内运河		浙东运河杭州萧山–绍兴段	浙东运河杭州萧山–绍兴段
绍兴护城河			绍兴护城河			
高家花园	通益公纱厂旧址及高家花园		高家花园	—	—	—
杭州通益公纱厂旧址			杭州通益公纱厂旧址			
山阴故水道	浙东运河杭州萧山–绍兴段–山阴故水道		山阴故水道（上虞段）	世界文化遗产	浙东运河杭州萧山–绍兴段	浙东运河杭州萧山–绍兴段
			山阴故水道（越城段）			
五夫长坝及升船机	虞余运河水利航运设施		五夫长坝及升船机	—	—	—
驿亭坝			驿亭坝			
刹子港	浙东运河宁波段–刹子港		刹子港	世界文化遗产	浙东运河宁波段	浙东运河宁波段
八字桥	—	绍兴古桥群	八字桥	世界文化遗产	浙东运河杭州萧山–绍兴段	八字桥
拜王桥			拜王桥	—	—	—
光相桥			光相桥			
广宁桥			广宁桥			
接渡桥			接渡桥			

文物单体	内部打包备注	保护单位名称	遗产（文物）管理单元	世界文化遗产	遗产区	遗产要素
泾口大桥			泾口大桥			
融光桥			融光桥			
泗龙桥			泗龙桥			
太平桥		绍兴古桥群	太平桥	—	—	—
题扇桥	—		题扇桥			
谢公桥			谢公桥			
迎恩桥			迎恩桥			
庆安会馆		庆安会馆	庆安会馆	世界文化遗产	宁波三江口	宁波庆安会馆
古纤道		古纤道	古纤道		浙东运河杭州萧山－绍兴段	古纤道

　　大运河（浙江段）的256个县级管理单元中有99个归属于13处全国重点文物保护单位，89个归属于24处省级文物保护单位，还有68个没有被公布为省级以上文物保护单位（表4）。在68个没有被公布为省级以上文物保护单位的县级管理单元中，永兴闸遗址、大城隍庙遗址、铁陵关遗址与大运河密切相关，在属地视同国保单位管理，但在具体公布文件中缺少明确的法律依据。

　　另外，在公布为国保单位的大运河遗产要素中，有18项要素未纳入《总规》，其中16项为浙东运河的古桥梁、船闸、坝、堰、升船机、古代运河设施和管理机构遗存。在公布为省级文物保护单位的大运河（浙江段）遗产要素中，有42项要素未纳入《总规》，其中30项属于浙东运河河段，12项属于江南运河（浙江段）。

　　世界文化遗产、各级规划遗产名录、省级以上文物保护单位各自细分为县级颗粒度的管理单元，借助共同的管理单元，可获得明晰的对应关系，也易于组合成不同逻辑关系的省市级颗粒度的管理单元。以江南运河杭州－嘉兴段为例，如省级颗粒度（省级行政区划范围）的杭州塘或者杭州市级颗粒度（杭州市行政区划范围）的江南运河杭州－嘉兴段等。

表4　大运河遗产要素县级管理单元保护状况统计表

文保单位名称	计数项：遗产（文物）管理单元
全国重点文物保护单位	**99**
大运河	73
绍兴古桥群	12
双林三桥	3
嘉兴文生修道院与天主堂	2
古纤道	1
庆安会馆	1
太湖溇港	1
闸口白塔	1
永丰库遗址	1
潘公桥及潘孝墓	1
仓前粮仓	1
钱业会馆	1
余姚通济桥	1
省级文物保护单位	**89**
崇德城旧址及横街	28
浙东运河河道（萧山段、绍兴段、宁波段）	13
"京杭大运河"河道（杭州段、嘉兴段、湖州段）	7
嘉兴杉青闸遗址及环境	4
宁波航运水利碑刻	4
姚江运河渡口群	4
姚江水利航运设施及相关遗产群	3
顼塘	3
马渚横河水利航运设施	3
钱塘江与运河运口水利航运设施群	2
顼塘故道双桥	2
塘栖乾隆御碑与水利通判厅遗址	2
鉴湖遗址、大王庙	3
嘉兴俞家湾桑基鱼塘	1
马臻墓	1

文保单位名称	计数项：遗产（文物）管理单元
湖州含山塔	1
东湖石宕遗址	1
三江闸	1
嘉兴汪胡桢旧居	1
彭山塔	1
嘉兴海宁许村奉宪严禁盐枭扳害碑	1
嘉兴西水驿碑	1
清水闸及管理设施	1
江北岸近代建筑群	1
其他	68
总计	256

二、大运河（浙江段）保护机构与职责

（一）遗产的保护管理机构现状

以列入《世界遗产名录》的大运河遗产要素保护管理机构为例。地方文物行政部门主要负责总体保护协调，通常不负责日常保护管理。例如，属于河道类的遗产管理单元，日常保护管理负责机构一般由港航管理局、交通局、水利局、林水局等专业职能部门共同管理。运河城镇类遗产管理单元由当地专门成立的管理委员会负责日常保护管理。航运水利工程设施遗产管理单元，除长安闸、广济桥、古纤道、宁波庆安会馆由文物（文化）部门直接负责日常保护管理，其他15个管理单元一般由当地乡镇政府、街道办事处、建设局、路桥公司或专门管理委员会负责。文物（文化）部门直接负责日常保护管理的不到所有管理单元的7%。

（二）大运河保护管理相关部门与职责规定

2020年9月24日，《浙江省大运河世界文化遗产保护条例》（简称《条例》）经浙江省第十三届人民代表大会常务委员会第二十四次会议审议通过并公布，《条例》自2021年1月1日起施行。

《条例》明确了各部门的职责。在具体分工中，文物行政部门承担综合协调的具体工作（组织、指导和监督管理），负责建立大运河遗产保护记录档案及其数据库，记录和保存大运河遗产的信息和资料，负责建立健全大运河遗产保护的预警处置机制，制定应急预案。其他部门按照各自职责，做好相关工作，协同开展预警信息处置。乡（镇）人民政府、街道办事处按规定做好辖区内的相关工作。村（居）民委员会配合做好大运河遗产保护工作。负责河长制工作的机构将大运河遗产河道保护纳入工作范围，并列入各级河长履职考核内容。大运河遗产保护监测专业机构负责大运河遗产保护的监测工作，建立完善监测档案，并按照国家和省有关规定报送监测报告。自然资源主管部门确定缓冲区内建设用地规划条件时，应当限制土地开发利用强度，相关控制指标应当符合大运河遗产保护要求。自然资源、生态环境、住房城乡建设、交通运输、水利、文化旅游、综合行政执法、气象等部门配合做好相关监测工作，提供相关监测数据。省发展改革部门会同省自然资源、生态环境、经济和信息化、住房城乡建设、文物等部门建立负面清单管理制度，报省人民政府批准后实施。①

三、世界文化遗产监测指标体系

遗产基础数据包括遗产基础信息、保护管理、文献3个大类，在3个大类基础上划分为申遗文本、大会决议等32个中类。遗产监测数据包括申遗承诺、机构与能力建设、遗产基础信息等17个大类，在17个大类基础上划分为承诺事项进展、保护管理机构、监测机构等59个中类。以上两项要求，都是在监测实践中应当执行，并在监测成果中予以体现。

（一）监测数据条目优化归纳

在具体操作过程中，监测机构应注意对两个系列的类别条目合并优化重组，确保同一数据的唯一值以及每项数据权威来源的唯一性。例如，在基础数据和监测数据中都有的遗产地管理责任机构信息、监测机构信息、遗产地和各级文物保护单位的对应关系等，建议在监测实践中首先作为监测数据来对待，按照监测周期进行确认或更新。按照规范要求，选取初始值或当前值归入基础数据。

在监测实践和监测系统设计中需要深化梳理数据结构，避免监测数据采集重复、疏漏甚至矛盾。在监测数据中的一些中类是有嵌套关系的，比如说四有档案、文物保护维

---

① 数据来源于《浙江省大运河世界文化遗产保护条例》（2020年）。

修档案和文物保护工程方案这三类。严格来说，"四有档案"是一个约定俗成的简称。不可移动文物的"四有"是指各级文物保护单位依法要求有保护范围、有保护标志、有记录档案和有保管机构。而保护范围、保护标志、保管机构均为保护档案所要记录的内容，保护范围、保管机构在监测数据中类中有"保护管理机构""监测机构""保护区划图"等条目与其相对应。笔者认为，在监测系统数据条目中严谨的表达应选用"记录档案"的名称较为稳妥。在文保单位的记录档案中，保护规划及保护工程方案卷收入有文物保护工程方案，文物保护工程及防治监测卷收入文物保护工程方案通过审批后的相关文物保护工程的档案。此外，广义来说，文物保护维修档案包括文物保护工程中的勘察、设计、施工、监理、审批、验收等各个环节的档案文件，文物保护工程方案是其中的一部分。文物保护工程施工过程是被维修文物变动最大也是最为迅速的时段，如果发生不合理设计或不按图施工的情况，文物价值损失的风险较大，应当纳入监测，并补充编制相应的监测数据规范。

考虑到大运河是一项非常复杂的遗产，遗产使用功能图、病害分布图、病害调查记录、遗产要素单体或局部的测绘图、遗产要素单体或局部照片、卫星影像或航片、其他照片等中类监测信息建议采用合理的颗粒层级来记录。部分信息要分解到各项遗产要素，甚至更为细化的县级管理单元。

（二）监测数据数权确认

中国世界文化遗产监测巡视是加强我国世界文化遗产的保护管理，更好地履行《世界遗产公约》缔约国的责任和义务的一项工作。国家对世界文化遗产实行国家、省、世界文化遗产地三级监测和国家、省两级巡视制度。省级文物行政部门负责对本辖区内世界文化遗产进行定期监测、反应性监测，及定期或不定期巡视。[①]

针对中国大运河遗产具有跨区域特性，不同地域的遗产保存现状也有所不同，受到的影响因素不尽相同的特点，建立了以属地管理为主体，"国家—省（直辖市）—市县（遗产区）"分级负责的监测机构体系，在监测数据报送、预警处置及监测报告编制机制中制定了协同监测和成果共享的机制。[②]

在监测实践中应当建立监测数据数权的机制要求，例如申遗文本、大会决议、突出普遍价值声明材料、遗产总图、遗产要素分布图、遗产要素清单等中类的数权应当属于国家

---

① 数据来源于《中国世界文化遗产监测巡视管理办法》（2006年）。
② 数据来源于《中国大运河申报世界遗产文本》（2013年）。

级监测机构，由中国文化遗产研究院中国世界文化遗产监测中心统一赋值。保护管理机构、监测机构、专项保护管理法规、规章、保护管理规划、保护区划图、保护区划界限描述与管理规定、其他相关规划等存在国家、省、市各级相应内容的，按层级由各级监测机构负责赋值。其他与遗产要素单体有关的日常管理、遗产要素单体或局部测绘图和图像、本体与载体病害、安防消防、考古发掘、保护展示与环境整治工程、旅游与游客管理监测数据由各个县级管理单元的日常保护管理负责机构负责赋值。自然环境、建设控制和社会环境等监测数据由自然资源、生态环境、住房城乡建设、交通运输、水利、文化旅游、综合行政执法、气象等部门配合做好相关监测工作，通过浙江省政府公共数据平台协同，提供相关监测数据。

（三）监测数据的更新周期

一般来说，监测数据采用变更记录的方法。对于受到保护的遗产要素，理想情况下会保持相对的稳定，监测值没有变化。例如，在一个较长的周期内，对于一个没有变更数据的监测值，我们很难判断实际情况是遗产要素保护得好，没有发生变化，还是遗产保护工作落实缺位，没有及时地记录相关数据。对于所有的监测数据，除了已经固化的基础数据，应该逐一设置合适的更新周期，要求对监测值变更或再次确认。没有如期变更和确认的监测值，国家级或省级监测机构应及时发出提醒和预警。

四、大运河（浙江段）监测系统建设思考

构建完善以浙江省世界文化遗产监测中心为核心，以杭州、宁波、湖州、嘉兴、绍兴为支撑的大运河世界文化遗产"1＋5"监测体系；大运河管理涉及行业部门实现数据联网、资源共享；使用先进科学技术手段，对世界文化遗产开展多学科、多部门合作的监测。

（一）响应浙江省政府数字化改革

大运河（浙江段）监测系统定位不能局限于对大运河开展遗产监测，要进一步构建成为大运河遗产保护综合管理的工作场景，成为浙江省文物博物馆综合管理系统的一个先行功能模块。其中涉及建设控制和大运河文化带建设有关的审批事项数据采集要能纳入数字政务服务体系，其他关于功能使用变化、本体与载体病害、自然环境、社会环境的监测数据采集纳入数字文物治理体系，各项工作除了PC端外，需要开发手机端的浙政钉、浙里办、监测云和微信小程序，多终端多入口纳入掌上文物办公体系。

需要构建数字遗产监测服务新场景，实现对大运河（浙江段）全范围和全生命周期的智能管控，汇集大运河（浙江段）遗产专题数据仓，为大运河（浙江段）保护管理各方面业务应用提供数据支撑。形成多跨高效协同的现代化运河保护管理监测运行体系。需要构建省市县互联互通、建共享、一体化运营的遗产监测信息服务新体系，面向不同群体的个性化、智能化产品和服务供给新模式，集约化、广覆盖的遗产监测信息服务新场域。需要形成数字遗产资源"一张图"，多部门协同"一张图"风险预警，实现全过程、在线化的闭环保护管理和监测。

（二）搭建实用好用的工作场景

现阶段，针对大运河（浙江段）的实际工作需要，除了常规的遗产监测数据采集工作外，还要搭建"《浙江省大运河世界文化遗产保护条例》实施情况""大运河文化带和大运河国家文化公园（浙江段）建设情况""涉及大运河建设项目审批与实施情况"的工作场景。做好相应的数据收集、汇集、统计和展示，为各级政府行政决策提供数据支撑。构建一个好的场景，能够在无形中减小遗产保护管理机构的工作量和压力。大运河监测场景核心目的依旧是保护利用，以每个点上的人工采集数据以及其他可能影响的数据作为支撑，以全局视角发现大运河保护中的盲点和薄弱点，进一步通过大数据分析，找到大运河中可以活化利用的优势之处，提升大运河影响力。大运河监测不仅仅只是获取监测数据，还需要在监测的基础上提出解决问题或者利用大运河的方案，统一工作场景建立能够有效地联动国家、省、市三级的工作机制，令线性遗产的大运河形成一个"面"来进行保护利用。

（三）省级遗产监测机构的工作重点

大运河（浙江段）遗产监测工作是一项由国家、省级和市级共同参与的工作。国家级监测机构主要负责较为宏观的监测指标，从大的方面、整体的方面去研究把握整体监测工作的方向，建立数据规范。市级监测机构负责各个遗产要素个体和微观层面的数据采集和工作落实。省级监测机构从省域中观层面，负责省内各个遗产地的工作协同，更多的是对实现大运河遗产监测既定目标的工作模式、方法和实现路径的探索与研究。例如，在省级层面统一标准，优化遗产名录，建立要素系统完整、单元边界清晰、管理职责明确的遗产监测单元目录。在省级层面进一步完善大运河遗产的基础数据采集，提高大运河遗产信息管理系统平台建设水平。统一运用卫星遥感影像，对遗产（包括不可移动文物）保存状态、干预情况、保护区划范围内的环境保护与土地利用状况、运河沿线城镇发展等因素开展监测，依托系统核查并更新相关不可移动文物信息，提高文物行政审批与管理效率，提升遗产监测与监管能力。促进文物资源统筹管理及长远发展，持续为政府机构、企事业单位提供全面、现势性强的资源管理服务。

大运河（浙江段）遗产庞杂，全面而又系统的监测体系建立不应是一蹴而就，宜根据遗产的保护层级逐步推进，在现阶段应以世界文化遗产名录的遗产要素为工作范围，搭建整体的遗产监测系统。

Ⅲ 专家视野

关于2021年国际博物馆日
"恢复与重塑"主题的外部解读

——兼谈博物馆践行可持续发展理念的
国际趋势和中国方向*

刘曙光

（中国博物馆协会）

摘　要： 可持续发展是当代全球人类发展最重要的共同主题。包括国际博物馆协会在内的三大国际文化遗产机构都是可持续发展战略的积极践行者。面对2021年国际博物馆日主题"博物馆的未来：恢复与重塑"，除了从"内部视角"去关注新冠疫情下博物馆应如何恢复生机，重塑新的实践模式之外，还应该从可持续发展的时代大背景出发，在"外部视角"下关注博物馆与所处自然、社会环境的关系，重塑博物馆事业在社会中的角色，努力提出践行可持续发展目标新思路与新方法的中国方案，助力文化强国建设。

关键词： 国际博物馆日主题；可持续发展；《2030年可持续发展议程》；文化强国

设立国际博物馆日并每年发布年度主题以指导世界各国的博物馆开展活动，是国际博物馆协会自1992年以来的惯例。2021年的国际博物馆日主题是"博物馆的未来：恢复与重塑"（The Future of Museums: Recover and Reimagine）。从内在角度理解，重点应围绕"新冠疫情下的博物馆"展开——在疫情导致的经济与社会危机下，博物馆应如何驱除阴霾，恢复生机，

---

*　全文转载于《故宫博物院院刊》2021年第6期，页码4-10+107。

重塑新的实践方式和业务运行模式。而外部角度的解读，似乎应该从可持续发展（sustainable development）的时代大背景着眼，关注博物馆与所处自然与社会环境的关系，以及在社会中的作用和地位。实际上，国际博协似乎更重视后者。国际博协官网发布的主题阐释指出："要大力重申博物馆对于建设一个公正的可持续未来（sustainable future）的关键价值。创造、构想和分享……应对当前社会、经济和环境挑战的创造性解决方案。"[1] 这里提到的"社会、经济和环境挑战"，具体是指对于重新恢复"可持续的未来"以及继续实施"可持续发展目标"的挑战。在新冠疫情的沉重打击下，全球的可持续发展进程普遍严重受挫，一些已经达到的目标或许得而复失，一些目标可能必须进行时间和程度上的大幅度调整，世界各国在"恢复与重塑"方面都面临着巨大的挑战。结合这样的现实情况，今年国际博物馆日主题中的"恢复"，或许指向的是博物馆重新融入可持续发展，重新发挥服务社会的功能；"重塑"则可能更强调博物馆在继续推动可持续发展进程中形成的新思路与新方法。

国际博协为何如此强调可持续发展的重要性？这种理念的根本内涵是什么？可持续发展是如何进入国际博协的关注议题的？在可持续发展的外部视角下，博物馆的恢复与重塑要确定怎样的目标？通过回答这几个问题，本文试图说明可持续发展理念与目标对博物馆领域的深刻影响，并为2021年国际博物馆日主题的"外部解读"提供一些思路。

一 可持续发展的理念内涵与国际文化遗产组织的实践历程

可持续发展（sustainable development）作为一个完整概念的正式表述，出现在1987年联合国世界环境发展委员会《我们共同的未来：从一个地球到一个世界》[2] 的报告中。报告将"可持续发展"定义为："这是建立在社会、经济、人口、资源、环境相互协调和共同发展基础上的一种发展，其宗旨是既能相对满足当代人的需求，又不对后代人满足其需求的能力构成危害。"1992年，巴西里约热内卢的联合国环境与发展大会发布《21世纪议程》[3]，阐述了可持续发展的经济、社会、环境三大支柱（此后又补充了和平安全这一支柱）。2015年9月，参加联合国发展峰会的193个国家领导人一致通过了《改革我们的世界——2030年可持续发展议程》[4]，设置了17个可持续发展大目标和169个子目标[5]。这是一个既重视代际公

① 国际博物馆协会官网：https://icom.museum/en/news/international-museum-day-2021/，访问日期：2021年4月17日。
② 联合国发展委员会官网：http://www.un-documents.net/ocf-ov.htm，访问日期：2021年4月17日。
③ 联合国官网：https://www.un.org/chinese/events/wssd/agenda21.htm，访问日期：2021年4月17日。
④ 联合国官网：https://www.un.org/zh/documents/treaty/files/A-RES-70-1.shtml，访问日期：2021年4月17日。
⑤ 鲜祖德、巴运红、成金璟：《联合国2030年可持续发展目标指标及其政策关联研究》，《统计研究》2021年第1期，页4—14。

平（考虑后代人的生态安全与生存发展），也强调代内公平（消除贫困，推进社会进步与公平正义）的历史性文件，它重视人的价值，以实现人与自然、人与人、经济与社会、经济与环境之间的和谐与协调为根本目标①。时任联合国秘书长的潘基文指出："这17项可持续发展目标是人类的共同愿景，也是世界各国领导人与各国人民之间达成的社会契约。它们既是一份造福人类和地球的行动清单，也是谋求取得成功的一幅蓝图。"②

《2030年可持续发展议程》自发布之后便被世界各国广泛接受，也成为联合国体系内各个国际组织不遗余力推动的计划。联合国教科文组织旗下三大国际文化遗产机构——国际博协（ICOM）、国际文化财产保护与修复研究中心（ICCROM）和国际古迹遗址理事会(ICOMOS)，都承担着在社会可持续发展领域改善提高人的生活质量的根本使命，虽然术业有专攻，措施有差异，但都在践行可持续发展理念方面做出了积极探索。

作为政府间组织的ICCROM主要承担遗产保护研究与培训的工作。最初，ICCROM从"可持续的遗产（sustaining heritage）"这一角度去把握"可持续发展"和"文化遗产"的关系，重在文化遗产本身。但随着认识的不断深化，ICCROM又提出"遗产推动社会福祉的可持续（heritage sustaining broader societal wellbeing and benefits）"的理念③。为贯彻落实《2030年可持续发展议程》第4项"确保包容和公平的优质教育，并为所有人提供终生的学习机会"的目标，ICCROM提出5个具体计划：1、保护冲突和灾难中的文化遗产；2、加强非洲文化遗产伙伴关系；3、将文化遗产保护纳入社会、经济、城市和环境规划；4、领导和创新保护能力建设；5、提高对文化遗产的认识和保护④。自2016年9月起，ICCROM还正式启动了为期6年的"世界遗产领导计划"，目的是促进遗产地管理中人与自然、文化之间的联系，确保世界遗产在可持续发展中发挥更有活力的作用。

ICOMOS是联合国教科文组织认定的世界文化遗产评估咨询机构，在主动引导世界遗产体系融入可持续发展进程方面做出了多方面努力。例如，对《操作指南》进行了十几年持续不断的修订，并且促成了更加符合可持续发展理念的文化景观类世界遗产的产生。2011年的《瓦莱塔原则》明确在保护历史城镇时应尊重并参考物质和非物质文化遗产价值，并

---

① 人民网《联合国〈2030年可持续发展议程〉正式生效》：http://world.people.com.cn/n1/2016/0101/c1002-28002097.html，访问日期：2021年4月18日。

② 李飞：《社会的可持续发展理论与博物馆的可持续发展实践——基于新博物馆学若干观点的思考》，《科学教育与博物馆》2015年第1期，页383—387。

③ Thompson J, Wijesuriya G, "From 'Sustaining heritage' to 'Heritage sustaining broader societal wellbeing and benefits'：an ICCROM perspective", in Larsen BP, Logan W, *World Heritage and Sustainable Development*, New York: Routledge, 2018, pp.180–196.

④ 人民网《联合国〈2030年可持续发展议程〉正式生效》：http://world.people.com.cn/n1/2016/0101/c1002-28002097.html，访问日期：2021年4月18日。

且应以改善当地人生活质量为宗旨①。2015年11月19日,《世界遗产公约》第20届缔约国大会通过了《将可持续发展愿景融入世界遗产公约进程的政策》,首次明确提出世界遗产的保护和管理要与可持续发展理念相适应②。2017年的《德里宣言》进一步提出:"历史场所的遗产和活力是吸引创意产业、企业、人口和游客的首要来源,也为经济增长和繁荣提供了环境。"③

国际博协在积极推动博物馆践行可持续发展理念方面,并不落后于ICCROM和ICOMOS,甚至还稍微领先一步。2014年12月,在联合国正式发布《2030年可持续发展议程》之前的9个月,国际博协就将"博物馆致力于可持续发展的社会"作为2015年度的国际博物馆日主题。时任国际博协主席汉斯·马丁·辛兹(Hans-Martin Hinz)对此的阐释是:"博物馆作为教育与文化机构,在定义可持续发展的内涵和推动可持续发展的实践方面发挥着越来越重要的作用。博物馆通过举办教育活动和展览,努力营造一个可持续发展的社会。我们必须全力以赴,确保博物馆成为维护世界可持续发展的重要文化推动力。"④

2015年11月,联合国教科文组织大会通过了《关于保护和加强博物馆与收藏及其多样性和社会作用的建议书》⑤。这份主要由国际博协推动形成的重要文件,较为系统地阐述了可持续发展与博物馆的内在紧密联系:"保存、研究和传播物质和非物质、可移动和不可移动的文化与自然遗产,对全社会、各国人民的文化间对话,对社会和谐与可持续发展非常重要;博物馆作为文化传播、文化间对话、学习、讨论和培训的场所,在教育(正式学习、非正式学习和终身学习)、社会和谐与可持续发展中也发挥着重要作用;博物馆拥有巨大的潜能,可以提高公众对文化遗产和自然遗产价值的认识,提高全体公民维护和宣传文化遗产和自然遗产的责任感;博物馆还通过文化和创意产业及旅游业等,促进经济发展。"⑥

此后,国际博协几乎在每一年的国际博物馆日都围绕可持续发展的理念设计主题。例

---

① 张琪、张杰:《历史城镇的动态维护及管理——〈瓦莱塔原则〉的启示》,《城市发展研究》2015年第5期,页57—62。

② 联合国教科文组织官网:https://unesdoc.unesco.org/ark:/48223/pf0000261498,访问日期:2021年4月18日。

③ 杨爱英:《世界遗产融入可持续发展:进程、困境与未来路径》,《自然与文化遗产研究》2020年第5期,页95—101。

④ 国际博物馆协会官网:http://imd2015.mini.icom.museum/imd-2015/word-from-the-president/,访问日期:2021年4月18日。

⑤ 联合国教科文组织官网:http://www.unesco.org/new/fileadmin/MULTIMEDIA/HQ/CLT/images/FINAL_RECOMMENDATION_ENG_website_03.pdf,访问日期:2021年4月18日。

⑥ 国际博物馆协会官网:http://imd2015.mini.icom.museum/imd-2015/word-from-the-president/,访问日期:2021年4月18日。

如，体现博物馆与环境遗产关联性的"博物馆与文化景观"（2016年）[①]；鼓励博物馆通过技术革新促进更多人群公平享用文化服务的"超级连接的博物馆：新方法，新公众"（2018年）[②]；2019年的"作为文化中枢的博物馆：传统的未来"，旨在探讨博物馆如何扮演好不同文明之间、传统与未来之间的文化枢纽角色，"将地方的需求融入全球背景，定义可持续发展的未来"[③]；2020年的"致力于平等的博物馆：多元和包容"，呼吁博物馆"以更具建设性的姿态参与现代政治、社会、文化议题"，构建包容、公正的社会环境[④]。2021年的"恢复与重塑"主题，更加强调博物馆对社会的依赖，博物馆的社会角色，以及博物馆顺应和参与社会变革的能力。或许是为了给今年的博物馆日主题预热造势，国际博协在2021年4月21日举办了一场"世界地球日网络研讨会"，会议邀请来自4个不同地区的博物馆从业者，围绕"可持续性对博物馆意味着什么""为支持联合国可持续发展目标和2030年议程，博物馆能起到的重要作用是什么"等问题，探讨博物馆的可持续发展前景[⑤]。

为有效推动可持续发展成为博物馆的思维方式和日常工作的组成部分，国际博协执行委员会于2018年8月成立了"博物馆与可持续性工作组"（Working Group on Sustainability, WGS），研究国际博协框架内乃至整个博物馆领域与可持续性相关的问题。2019年9月，国际博协第25届大会通过了两份关于可持续发展的决议，分别是《可持续发展与落实2030议程：改变世界》《博物馆、社区、可持续发展》，强调国际博协"必须将目光投向我们原本关注之外的领域，从而为我们的世界及居民争取可持续发展的未来"，并明确将可持续发展，尤其是非物质遗产和可持续旅游做为国际博协的首要任务[⑥]。

国际博协对于可持续发展的持续关注与努力践行，直接体现出全球化进程对文化领域的强烈影响，同时也反映出博物馆与社会、与民众深入互动的紧密关系。我们知道，在文艺复兴、地理大发现、科学革命、工业革命、民族国家形成及公民教化等过程中，西方世界的博物馆作为现代知识的保存、研究、生产与教育机构，以及理性与秩序的规训场所，

[①] 国际博物馆协会官网：http://imd.icom.museum/past-editions/2016-museums-and-cultural-landscapes/，访问日期：2021年4月18日。

[②] 国际博物馆协会官网：http://imd.icom.museum/past-editions/2018-museos-hiperconectados-enfoques-nuevos-publicos-nuevos/，访问日期：2021年4月18日。

[③] 国际博物馆协会官网：http://imd.icom.museum/past-editions/2019-museums-as-cultural-hubs-the-future-of-tradition/，访问日期：2021年4月18日。

[④] 国际博物馆协会官网：http://imd.icom.museum/2020-museums-for-equality-diversity-and-inclusion/，访问日期：2021年4月18日。

[⑤] 国际博物馆协会官网：https://icom.museum/en/news/earth-day-webinar-museums-sustainability/，访问日期：2021年4月18日。

[⑥] 国际博物馆协会官网：https://icom.museum/wp-content/uploads/2020/03/EN_ICOM2019_FinalReport_200318_website.pdf，访问日期：2021年4月18日。

曾经长期、深度参与社会变迁，一直发挥着十分重要的作用①。这种历史进程和传统的存在，使国际博协主动关注博物馆介入社会、推动社会的议题，具有了某种必然性。

二 "行动体"与"中枢体"：可持续发展目标下的博物馆"恢复"与"重塑"

在审视和评估新冠疫情带来的影响时，我们将2021年国际博物馆日的主题置于可持续发展的大框架下进行讨论，就不仅要着眼于哪些具体的博物馆业务受到了冲击，以及博物馆自身的业务工作和能力建设，也要探讨博物馆在保存疫情记忆、改革组织管理、创新线上服务等业务工作的经验、方法与前景；同时还要以更加开阔的眼光，分析疫情对于博物馆履行社会使命、推动可持续发展的事业带来的新阻碍与挑战；在讨论怎样恢复业务工作、重塑新的理念和模式时，应注重探讨在受限的客观条件下，如何在"危"中寻"机"，以推动博物馆更好、更多、更深地重新融入可持续发展的社会。

一般而言，博物馆以"行动体"和"中枢体"两种角色介入可持续发展，前者指博物馆按照可持续发展的基本要求来开展日常工作，努力践行可持续发展理念；后者指博物馆作为一个重要的文化传播和社会教育平台，通过发挥教育和引导的作用，广泛培育公众的可持续发展意识和责任感，从而间接地推动可持续发展事业。相应的，在讨论可持续发展框架下的博物馆恢复与重塑时，也可考虑从这两个角色出发展开讨论。

博物馆占据一定的建筑用地，依托固定的馆舍建筑，使用必要的办馆资金，运用相当的装饰装修材料，消耗较多的电气能源；作为公共文化服务体系的一环，博物馆为各种各样的社会人群提供服务；博物馆还是区域性文旅经济的重要构成，在区域社会的消费生活与民生福祉中扮演重要角色。由此可见，博物馆的日常运营和服务，本就涉及环境安全、能源消耗、社会公正、经济增长等与可持续发展有关的各个方面。有鉴于此，博物馆作为"行动体"融入可持续发展的主要途径，就包括建设节约型、适用型、绿色高效型博物馆，提供均等化、包容性的公共文化服务，以及以优质服务为文旅消费贡献力量等。

作为兼具科学研究、知识生产与社会教育等职能的文化机构，博物馆具有天然的权威性和信服力，使得博物馆可以通过在藏品阐释、展览传播、教育研学等活动中引入可持续发展的理念，以"中枢体"的角色促进可持续发展理念的公众传播，并加深公众对可持续发展理念的理解和认同，激励公众在构建可持续发展社会的活动中承担起个人责任。

---

① Hooper-Greenhill, *Museums and the Shaping of Knowledge*, London: Routledge, 2001.

总之，对于2021年国际博物馆日主题的全面理解，必须要超越博物馆内部的狭小视角，要立足于社会经济文化的整体，在推动社会可持续发展的长远目标下，探讨博物馆"恢复与重塑"的现状与远景。在外部视角下，"恢复"与"重塑"并不只是针对新冠疫情这一特殊社会现象的短暂回应，也不仅仅是指各项博物馆业务工作的重启与更新，而是体现为对博物馆如何有机融入可持续发展的"再反思"与"再定位"，以及一系列促使博物馆重新融入可持续发展社会的新思路、新视角、新方法与新技术。

三　展望未来：中国博物馆需要进一步明确和强化融入可持续发展的意识

事实上，在可持续发展的议题上，中国政府是高度认可并具有宏观战略和积极作为的。早在1997年，党的十五大就把可持续发展战略确定为我国现代化建设中必须实施的战略，并在十六大提出的"科学发展观"中做了进一步的强化；党的十九大报告提出的"创新、协调、绿色、开放、共享"理念，某种意义上可以解读为升级版的中国特色的可持续发展战略。尤其值得一提的是，中国政府对于可持续发展在文化和遗产领域的实践做出了积极的探索。2013年5月17日，中国与联合国教科文组织在杭州联合召开了"文化：可持续发展的关键"国际会议，发布了《杭州宣言》，呼吁将文化置于可持续发展政策的核心地位[1]。表明了中国作为一个文明古国和文化大国特有的文化自信和担当。

但是，毋庸讳言，在具体研究和实践方面，相较于ICOM、ICCROM和ICOMOS以及国际学者们努力在文化遗产保护、传播实践中植入可持续发展理念的世界趋势，由于事实上置身"社会"之外而立足于体制之内等诸多原因，我们的博物馆和博物馆学者，对可持续发展理念是不够敏感和重视的，积极融入社会、服务社会、推动可持续发展的主观动机一直不够强烈，并未形成广泛的行业自觉。一个突出的例证是，除了2015年围绕国际博物馆日"博物馆致力于可持续发展的社会"的主题而撰写了一批论文之外，在其他没有明确点出"可持续发展"字眼的国际博物馆日主题，我国博物馆研究者或从业人员就很少再去联系可持续发展的理念。目前我国在阐释与传播中比较重视可持续发展议题的博物馆，大多集中在自然、地质、生态或科技的类型，而占据更大比例的人文历史博物馆和综合性博物馆，则相对缺乏对可持续发展理念的宣传教育[2]。

---

① 联合国教科文组织官网：http://www.unesco.org/new/zh/unesco/resources/the-hangzhou-declaration-heralding-the-next-era-ofhuman-development/，访问日期：2021年4月17日。

② 郭喜锋：《可持续发展教育——时代赋予博物馆的全新命题》，《中国博物馆》2015年第3期，页1—5。

全球博物馆深陷重重危机之中的现实，使得今年 "恢复与重塑" 的国际博物馆日主题格外严峻和沉重，也引发了国际社会对 "可持续发展" 理念的进一步呼吁与强调。联合国教科文组织在 2021 年 3 月 18 日举办了 "关于博物馆未来的思考" 的线上讨论会。教科文组织文化助理总干事厄内斯托·奥托内·拉米雷兹（Ernesto Ottone R）指出："我们比以往任何时候都更需要博物馆。此次全球性新冠疫情凸显了它们在加强社会凝聚力方面的关键作用，以及为经济和创造力提供的支持。危机严峻，我们必须竭尽所能，确保博物馆继续作为灵感、分享和文化调解的交融之地。" 故宫博物院的王旭东院长作为亚洲唯一的代表参加了会议 [①]。4 月 13 日，联合国教科文组织发布全球 10.4 万家博物馆现状报告，阿祖莱总干事呼吁各国政府通过强有力的文化政策来支持博物馆，不仅要保证博物馆的生存，而且要使其为未来发展做好准备 [②]。

相比之下，中国博物馆尤其是国有博物馆依靠国家的财政扶持和文化政策支持，在生存方面的压力远远小于国外博物馆。但这并不意味着我们可以超然世外。相反，我们应该透过博物馆建设高潮的表象，高度重视中国博物馆在布局、结构、特色、体制、功能等方面所存在的失衡和低质量发展问题，增强改革创新的勇气和动力，以更广阔的格局和视野，认清当前可持续发展已经成为国际博物馆领域通用话语的现实，从 "行动体" 和 "中枢体" 两个定位反思我们在博物馆助力可持续发展理论与实践层面的强弱得失，努力使博物馆建设与区域和城市发展战略相结合，让博物馆真正成为文化旗帜，形成有效的文化竞争力。只有这样，中国的博物馆才能在国际对话中更富建设性地贡献中国智慧与中国方案；也只有这样，中国的博物馆才可能成为全世界人民精神和文化生活中不可缺少的优质资源和有机构成，并助力中国的文化强国建设。

---

① 联合国教科文组织官网：https://en.unesco.org/news/unesco-brings-museums-world-together-reflect-their-future，访问日期：2021 年 4 月 17 日。

② 联合国教科文组织官网：https://en.unesco.org/news/supporting-museums-unesco-report-points-options-future，访问日期：2021 年 4 月 17 日。

建筑遗产保护，任重道远

沈　阳

摘　要： 建筑遗产在我国世界文化遗产中占据着非常大的比例，因其特殊的物理属性以及当地社会经济文化发展的需求，受到自然条件和人为活动的影响更直接更明显，且在短时间内无法消除，易对建筑遗产的核心价值造成不同程度的负面影响。为了进一步消减这种负面影响，做好建筑遗产保护和城市开发的平衡和可持续发展，本文提出了建筑遗产利用工作应在价值保护的大背景下，重点加强以下几方面的工作：首先要正确认识文化遗产在社会发展中的作用，促进文化遗产赋能社会发展；其次，要注重价值阐释工作，阐释对象不仅仅限于相关专业人才，更要面向全社会，通过多种手段、多种形式让公众了解遗产对象的真正价值；第三，建筑遗产赋予的使用功能应更加关注为社会经济和文化发展提供服务、传承价值；第四，鼓励全民监督建筑遗产保护，提升世界文化遗产的管控能力等。

关键词： 建筑遗产；保护利用；可持续发展

　　在世界文化遗产的范畴，建筑遗产是不可或缺、不容忽视的构成要素。从狭义讲，以建筑或建筑群构成的遗产占据了很大比例。从广义讲，包括以古遗址、文化景观，甚至自然为主体的遗产在内，只要与人类活动有关联，都或多或少地涉及到建筑要素。以中国为例，在已有的38项世界文化遗产中，以建筑为核心的对象有20项，而像莫高窟、"丝绸之路：长安－天山廊道的路网"、杭州西湖文化景观、大运河等对象，建筑要素也都在遗产构成中占据了非常大的比重。

　　从1987年北京故宫、长城等第一批对象被列入世界遗产名录以来，各级政府和文化遗产保护管理者为建筑遗产的保护和传承付出了艰辛努力。北京故宫、承德避暑山庄及其周围寺庙等在国家财政持续投入支持下，履行完成了制定文化遗产的中、长期整修计划的承诺，逐步对重要建筑、壁画彩画和石刻等实施保护。大运河沿线市县、"鼓浪屿：历史国际社区"等，不仅在申遗阶段花费力气清理影响遗产价值的负面因素，改善遗产环境，在申遗成功之后，也继续开展遗产保护融入社会，遗产成果人人共享的履约工作。建筑遗产的保护也成为世界文化遗产保护、管理和传承方面至关重要、投入人力财力巨大的工作。

一　建筑遗产对社会经济文化发展的影响

我国建筑类世界遗产均处在地表以上，甚至是城市建成区内，多数仍具有某些实用功能，最容易与社会经济、文化发展和生产生活融合衔接，发挥实际作用，容易引发社会各界和公众的关注。也正因为这一点，建筑类遗产所面临的自然条件和人为活动的影响也更直接更明显，对保护工作的常态化要求更为迫切。

建筑遗产对促进社会经济发展，特别是旅游行业发展方面，有明显的积极作用。根据本报告数据和中国世界文化遗产监测预警总平台提供的数据，有近63%的遗产地认为，世界文化遗产可以带动周边旅游业和传统手工艺行业的发展，为公众提供更多的公共文化活动空间和参与遗产日常保护管理及旅游服务的机会，社会和经济效益明显；有近76%的遗产地认为，"申遗"可以改善遗产地及周边的基础设施条件，提升遗产地的景区环境质量，环境效益也得到彰显。

二　社会经济文化发展的需求与影响

正因为世界文化遗产对地方社会经济发展有着最直接、最明显的影响，在申遗过程中和成功列入《世界遗产名录》以后，为了满足或者维持世界遗产保护管理和展示利用的要求，遗产地往往需要不断提升或完善各类基础和配套设施条件，除了城乡住宅、交通和市政基础设施建设外，配合旅游活动开展而进行的游客服务、餐饮住宿、导览等相关设施的建设和商业开发更成为建设活动的重要内容，政府、企业、私人都将大量人力财力投入到这些建设活动，以便提供更加丰富、完备的服务条件和游览体验，以期取得最大的世界文化遗产的社会效益和经济效益。

中国三十多年来的世界文化遗产保护管理和利用历程证实，建筑遗产的要素是不断变化的。这种变化的原因有对遗产构成和价值认知的改变，有自然环境因素的长期影响，更多的是来自管理利用活动中常见的缺乏保护意识、缺乏节制的人为活动造成的要素受损或缺失。旅游可以使建筑遗产更多地给遗产地带来发展机遇，更多地助力社会发展遗产，但也会对建筑遗产及其背景环境带来一些明显的改变。而由于对旅游的过度关注和利益驱动导致的更大范围的负面影响往往不被多数人关注。本报告数据提到，由自然因素和尚不明确的原因引起的外观变化，对遗产价值特征造成了一定程度的损害。其中不仅有明清故宫－沈阳故宫的大政殿台明残损、苏州古典园林的耦园双照楼屋顶渗漏与无俗韵轩地面起拱和墙体裂缝、明清皇家陵寝－十三陵神道华表望柱倾斜等与自然因素有明显关系的现象，也有大运河－江南运河嘉兴段的长虹桥被来往船只撞击刮蹭这类纯粹由人为因素造成的损害。

事实上，从中央到地方，从政府主管部门到社会各行各业对文化遗产保护管理工作给予了前所未有的重视。2020年，遗产地资源开采点、严重污染企业数量有所下降，遗产区和缓冲区内的建设项目总数较往年减少，总体负面影响有所减小。但是，2020年仍有7处遗产地遭到游客或当地居民的破坏，虽然比2019年略有下降，但在我国所有世界文化遗产项目中占比还是接近五分之一；仍有15%的保护区划内的建设项目未经文物部门同意，18处遗产地存在人口疏散需求。虽然存在日游客量超载现象的遗产地占比下降了10%，但这与2020年新冠肺炎疫情影响、90%的遗产地游客量下降有直接关系，而非出于保护管理的主动行为。由此可见，真正影响我国世界文化遗产的主要因素依然是自然侵蚀、建设压力、人口压力，而游客压力、自然灾害、人为破坏也不容忽视。

三 价值保护背景下的建筑遗产利用

以当前社会、经济和文化发展的状况和公众对世界文化遗产的认知需求看，建筑遗产现在所面临各种压力和由此产生的问题难以在短时间内消除，依然会长期存在下去，并持续对建筑遗产的核心价值构成不同程度的负面影响，保护管理和利用的矛盾依然会不断出现。人们对建筑遗产的态度会随着社会生活和文化追求的变化而变化，一些遗产地甚至会因为管理者、使用者对遗产价值的理解不同而导致实际功能和环境氛围的明显改变，这种变化有些是积极的，比如通过新的手段丰富遗产的内涵，使之更好地融入民众生活。而消极的改变，严重者则可能会触及遗产本体的面貌甚至核心价值，削弱遗产价值的体现与传承。这是不争的事实，我们必须正视并且寻求适当的解决办法。

"十三五"期间，世界遗产不断地融入经济社会发展，遗产地旅游对当地的经济逐渐产生影响。这种影响在今后还会持续，甚至更加凸显，而由此带来的遗产地周边的建设活动也会有增无减，对建筑遗产及其环境价值的威胁还将存在很长一段时间。因此，做好建筑遗产保护和城市开发的平衡和可持续发展，是未来的重要工作。为此，遗产管理者，尤其是作为责任主体的各级政府应加强以下几方面的工作：

1. 正确认识文化遗产在社会发展中的作用，促进文化遗产赋能社会发展

2015年，联合国发布《变革我们的世界——2030年可持续发展议程》（简称《2030年可持续发展议程》），确立消除贫困、保护地球、确保所有人共享繁荣等17个全球性目标，以期通过经济发展、社会进步和环境保护等方面的努力，结束全球贫困、为所有人构建尊严生活，其中就包括"确保健康的生活方式、促进各年龄段所有人的福祉""确保包容性和公平的优质教育，促进全民享有终身学习机会""建设具有包容性、安全、有复原力和可持续的城市和人类住区"，而发挥文化遗产在社会经济发展中的作用是实现文化遗产造福社会、全民共享文化遗产成果的重要抓手。

习近平总书记近些年在强调要"担起为人民谋幸福、为人类谋进步的历史责任"，极大地关心和推动我国的文化遗产事业发展，多次强调要重视历史文化遗产保护传承，为社会经济发展和人民生活改善创造有利条件，把世界文化遗产提升到建设文化强国、推动文明交流互鉴、彰显文化自信的新高度。2021年发布的《中华人民共和国国民经济和社会发展第十四个五年规划和2035年远景目标纲要》（简称《"十四五"规划纲要》）也把"增进民生福祉，提升共建共治共享水平"和"传承弘扬中华优秀传统文化"作为未来发展的重要内容。世界文化遗产在文化强国建设中所发挥的弘扬优秀传统文化、增强国家文化软实力、提升中华文化影响力、造福人民等方面的作用已经得到共识。

在此大背景下，加强作为世界文化遗产重要组成部分的建筑遗产的保护和利用也显得更为突出。在以往的工作中，已实施的长城保护工程、"平安故宫"工程和西藏重点文物保护工程等保护项目对弘扬遗产价值、促进地方文化和经济建设发展已经产生了显著的引领示范作用。

联合国《2030年可持续发展议程》明确提出要"加大努力，保护和捍卫世界文化和自然遗产"，《"十四五"规划纲要》也明确指出"实现高质量发展要以保护管理为先、以提升内涵为要、以服务大众为本。"加强建筑遗产的系统性保护和传承是一项长期、坚实的文化建设工程，必须给予正确的理解和准确的把握。

2. 注重价值阐释

申遗过程中，对价值的认定是首要工作，人们自然会在当时给予足够的重视。但这种认知是有时代局限性的，会随着遗产保护理念的发展而转变的。以目前的认识看，1994年申报成功的武当山古建筑群在遗产认定和价值评估方面把关注点集中于古建筑对象，忽视了山水环境对道家思想和武当山道场形成发展的影响，忽视了地理环境对遗产的决定性作

用，因而对后来的保护管理留下了隐患。未来对类似武当山、西递宏村之类的建筑遗产的构成与价值认知还需要在已有结论的基础上做进一步深化，这对未来建筑遗产的保护管理和利用都是必不可少的。而这种认知的提高不仅仅限于相关专业人员，更要面向全社会，要通过多种手段、多种形式让各级政府和各行各业的民众都了解遗产对象的真正价值，并在涉及遗产的各种活动中切实提高保护意识。

3. 建筑遗产服务社会

在国内外日益关注世界文化遗产影响社会发展的大背景下，加大建筑遗产利用，服务社会需求也是大势所趋，以建筑遗产为对象的保护、改造、利用活动会越来越多，规模和力度也会越来越大。

众所周知，绝大多数建筑类文化遗产都可以直接使用。但是，建筑遗产的利用应通过赋予适当的使用功能，实现为社会经济和文化发展提供服务、传承文化价值的目的，而不只是基于盈利目的的旅游活动。很多决策者在面对建筑遗产保护利用问题的时候，都会优先考虑如何吸引游客，这种考虑的根本目的都是希望能在经营中有所收益，却忽略了建筑遗产原有的特性和价值所在，所以通常只是简单地想到展示、开放，而实施结果往往是内容寡淡、形式简单，缺少吸引力，很难达到预期效果。针对十分脆弱的建筑遗产及其环境，如何在大力度的开发和改造活动中，使之在保护和利用两方面获得双赢，是各级政府、保护人士和利益相关者都要思考的问题。

首先，建筑遗产的保护利用应以人为中心，优先关注其对社区福祉的作用。为了更好地发挥世界遗产的公益属性，通过对建筑遗产所在社区可持续的综合治理，改善生存环境质量，承担适当的社区服务功能，从而提升遗产地居民生活水平，让建筑遗产真正融入生活，应该成为遗产利用的基本出发点。

第二，应转变以旅游为目的基础配套设施建设为核心的遗产利用观念。为了实现建筑遗产服务社区，全民共享的目的，应该注重遗产地的活态保护利用，以保护遗产对象及其环境和提升社区质量为基点，调整完善土地利用、基础设施、公共交通的思路与方法，修复和优化遗产地及其周边空间环境，重视满足社区需求的基础设施建设，为建筑遗产的再利用创造良好的基础条件。

第三，应坚持全民享受文化遗产保护成果的原则，纠正少数人盈利的错误模式，鼓励通过多种手段、多种途径创造条件和机会，促使遗产地各类利益相关者参与遗产的保护，创造全社会参与和经济公平的良好环境。

4. 鼓励全民监督建筑遗产保护

重视世界文化遗产的监督是遗产保护的国际要求，也是遗产保护管理的基本任务。为满足这一要求，除了建立健全专业遗产保护管理机构层面的监督体系和平台，也要建立全民参与遗产保护监督的机制，由此弥补专业队伍力量不足、监控能力有限的缺陷，提升世界文化遗产的管控能力。

目前我国已建成了世界文化遗产监测预警总平台。今后的工作一方面应在已有基础上结合政府工作特点和遗产管理工作需求，进一步提升完善总平台的监管能力和运行水平，充分发挥专业监测管理作用。另一方面应该使总平台的用户从专业层面向社会层面扩展，为社会监督遗产保护提供路径；从完善政府工作职能角度出发，建立政府、遗产保护专业机构和遗产地各类利益相关者的联系和鼓励机制，让公众能够更深入更准确地认识世界文化遗产的价值，在享受遗产及其保护成果的同时也能更便捷地参与遗产管理和利用，真正实现建筑遗产赋能社会发展的根本目标。

茶、茶文化景观与海上茶叶贸易[*]

姜 波

（山东大学 文化遗产研究院）

摘　要： 人类培育了茶，茶也改变了人和人类世界。中国是茶的故乡，新石器时代即已开始人工茶树的培育。唐宋时期，品茶之风已经风行国内。明、清时期茶园经济兴起，海洋贸易磅礴发展，茶叶开始大规模输出。考古所见器物演变，正是古人的饮茶风格从"煮羹"到"食茶"再到"饮茶"的实证。茶叶不仅影响了人类的生活方式，还促进了种植园经济的推广，加速了造船与航运业的发展，推动东西方文明之间的交流。茶叶谱写了一部独特的世界史。文章试图从中国早期茶的考古发现、古人饮茶方式的演变和沉船考古所见的茶叶贸易史入手，探究茶的种植与发展史，解读茶叶贸易对世界文明进程所带来的深刻影响。

关键词： 茶；茶树栽培；茶文化景观；海上茶叶贸易

　　茶、咖啡和巧克力，并称世界3大植物饮料（非酒精饮料）。其中被誉为"东方神叶"的茶，堪称自然进化和人类培育的杰作。云南普洱发现的古茶树化石、浙江田螺山遗址出土的人工栽培茶树遗存，以及唐长安城西明寺遗址出土的石茶碾，约略勾画出中国早期茶的发展史。与此同时，水下沉船考古资料与海洋茶叶贸易档案，也可以帮助我们追溯中国茶叶西传欧洲的历史。由此而观之，茶叶不仅影响了人类的生活方式，还促进了种植园经济的推广，加速了造船与航运业的发展，推动东西方文明之间的交流；甚而至于，像喜马

---

*　全文转载于《自然与文化遗产研究》2020年第5期，页码62-78。

拉雅山区第一条铁路的修建①、跨太平洋大帆船贸易的开通②、美国独立战争的爆发③等重大历史事件，背景之下都潜藏着茶叶贸易的影响因素，从这个角度上讲，茶叶谱写了一部独特的世界史。

本文试图从中国早期茶的考古发现、古人饮茶方式的演变和沉船考古所见的茶叶贸易史入手，探究茶的种植与发展史，解读茶叶贸易对世界文明进程所带来的深刻影响。

1 "茶的考古学"：化石证据、人工栽培与用茶器具

一般认为，茶树起源于中国西南的横断山脉地区。众所周知，由于山地垂直气候带的丰富变化，横断山脉是世界上生物多样性最为突出的地区之一。20世纪70年代以来，我国科学家在云南普洱地区相继发现了茶树始祖化石—距今 3 540 万年的宽叶木兰化石（图1）和距今 2 500 万年的中华木兰化石，这是有关茶树进化的化石证据。

图1　云南普洱发现的宽叶木兰化石（距今 3 540 万年）

（来源：《普洱景迈山古茶林文化景观》）

我国先民培育茶树的历史非常悠久。2015年，考古工作者在浙江田螺山遗址（属河姆渡文化）发现了距今 6 000 年左右的山茶属树根，经多家专业机构分析检测，被认定为山茶

---

① 印度西孟加拉省西里古里通往大吉岭茶场的山地铁路，1881 年开通，1999 年列入世界遗产名录，称"大吉岭喜马拉雅铁路"（Darjeeling Himalayan Railway），被誉为环山铁路工程的杰作，也是印度最早的铁路之一。

② "西班牙大帆船贸易"，航线由菲律宾的马尼拉至墨西哥的阿卡普尔科港，持续存在 250 年（1565—1815 年），茶叶是这条航线上重要的大宗贸易产品。

③ 1773 年 12 月 16 日发生的"波士顿倾茶事件"，被公认为美国独立战争的导火索。

属茶种植物的遗存，这是迄今为止我国境内发现的、年代最早的人工种植茶树的遗存[①]。无独有偶，2001年，考古工作者在杭州萧山跨湖桥遗址发现了茶果遗骸，与橡子、陶器一同出土，属于古人的采集物，而非自然遗存[②]。跨湖桥遗址距田螺山遗址不算太远，同一地理区域两次发现有关早期茶的遗存，可以看作是史前人类培育茶树的实证。

进入历史时期，有关饮茶的考古证据绵延不断，其中所谓"茶托子"的发现尤为引人注目[③]。1957年，陕西西安市曾出土7枚银胎鎏金茶托子，自铭"浑金涂茶拓子"，铭文标记的铸造时间是唐大中十四年（公元860年）[④]。湖南考古学者在发掘著名的唐代长沙窑遗址时，亦有底书"茶"的长沙窑产品[⑤]。1987年，陕西扶风县法门寺地宫出土一件"琉璃茶柘子"[⑥]（图2）。这些都是自铭为茶具的考古实物资料。

图2　唐代法门寺地宫出土"玻璃茶柘子"
（873年封存）（来源：《惠世天工》）

其实，此类茶具的考古年代还可以向前追溯。2002年5月，江西南昌县小蓝乡曾经出土一套南朝时期洪州窑青釉碗托与茶碗；2004年4月，南昌县富山乡柏林工地又出土一套南朝洪州窑青釉碗托与碗[⑦]；这种以盏和托相组合的"茶托子"，从六朝开始到唐代，渐成饮茶的标准器具。考古所见，唐朝境内的各处陶瓷窑址，均已开始烧造此类茶具。这不禁让人联想到唐人陆羽的名作《茶经》，该书特别提及了唐代各窑口烧造茶具的情况，《茶经》的《四之器》载：

---

① 铃木三男,郑云飞,等.浙江省田螺山遗址木材的树种鉴定[C]//余姚市茶文化促进会.田螺山遗址茶属植物遗存成果论证会资料汇编.2015.此材料承蒙浙江省文物考古所孙国平、陈明辉先生提供,谨此致谢.
② 浙江省文物考古研究所,萧山博物馆.跨湖桥[M].北京:文物出版社,2004.
③ 关于茶托子的考古资料,参阅:吴小平,饶华松.论唐代以前的盏托[J].华夏考古,2013（2）:105–109.
④ 马得志.唐代长安城平康坊出土的鎏金茶托子[J].考古,1959（12）:679–681.
⑤ 周世荣.中国古代名窑系列丛书·长沙窑[M].南昌:江西美术出版社,2016:13.
⑥ 陕西省考古研究院,等.法门寺考古发掘报告（上、下）.北京:文物出版社,2007;图版参阅国家文物局.惠世天工:中国古代发明创造文物展.北京:中国书店出版社,2012:25,119,140.
⑦ 洪州窑青瓷博物馆.洪州青瓷[M].南昌:江西人民出版社,2012:91–92.

"若邢瓷类银，越瓷类玉，邢不如越一也；若邢瓷类雪，则越瓷类冰，邢不如越二也；邢瓷白而茶色丹，越瓷青而茶色绿，邢不如越三也。越州瓷、岳瓷皆青，青则益茶，茶作白红之色。邢州瓷白，茶色红；寿州瓷黄，茶色紫；洪州瓷褐，茶色黑……"

上述考古证据与文献记载均已表明，到隋唐时期，饮茶习俗已经日渐流行。文人雅集，用"茶托子"品茶的方式开始取代用"羽觞"行酒的做法，王羲之《兰亭集序》（东晋永和九年，公元353年）所记曲水流觞、"一觞一咏"的场景开始淡出人们的生活。这种饮酒所用的"羽觞"，就是考古发掘所常见的"耳杯"，最典型的莫过于马王堆汉墓所出漆耳杯，上面有"君幸酒"3字（图3）。从马王堆汉墓的漆"羽觞"到唐代法门寺的玻璃"茶托子"，正好反映了两个时代饮食文化从器具到内涵再到风格的变化[①]。

到了宋元时期，茶饮之风已经渗透到社会各个阶层，茶园经济随之崛起，茶叶税收成为国家的重要财政收入。宋徽宗《大观茶论》所提及的福建建安"北苑"茶庄，据美国学者贝剑铭（James A.Benn）的研究，公元993年，这里的茶庄数目已达25个之多，制茶的"小焙"也已有三四十个。这些茶庄沿建溪分布，绵延10 km，可见茶场规模之大。因茶叶采制讲就，北苑庄主开始雇用熟练茶工，形成专业化、规模化的生产模式。至南宋淳熙年间（1174—1189年），北苑茶工人数已达数千人之多，这些茶工的身份，与西方近代种植园聘用的合同工（contract labor）相似，他们的薪资待遇，据考证为日薪钱，伙食免费[②]。这种种植园式的经营模式与用工制度，与著名的印度大吉岭茶园，颇为相似，而后者则是19世纪末期英国殖民者开辟的著名茶园。

图3 马王堆一号汉墓出土"君幸酒"漆羽觞

（来源：《马王堆汉墓》）

---

① 战国至魏晋时期，饮酒器具多用"羽觞"，即考古发掘所习见之"耳杯"，马王堆汉墓曾出土漆耳杯，上书"君幸酒"。王羲之《兰亭集序》所记，永和九年，群贤毕至，少长咸集，曲水流觞，一觞一咏，描述的就是风雅之士饮酒的场景。

② BENN J A.Tea in China:a religious andcultural history[M].Hon olulu,HI:University of Hawai'i Press, 2015.

茶叶贸易给宋王朝带来了丰厚的税收。北宋政权与辽、金、西夏设立了边境贸易场所——榷场，茶与丝绸、瓷器、铁器、盐成为最主要的输出产品，以换取草原民族的牛马、毛皮等。一代名相王安石，主政期间也曾在四川与吐蕃交界处设立茶马司，对过往商队征收茶税。与陆地边境贸易相较，宋元时期的海洋贸易，无论是贸易规模与影响深度，都更胜一筹，而茶叶更成为海上丝绸之路上重要贸易品。这一时期还出现了泉州这样的远洋贸易港，其贸易线路已经远及东南亚，甚至深入印度洋海域。水下考古所见泉州后渚沉船[①]、广东上川岛"南海I号"[②]、西沙"华光礁一号"[③]、印尼"鳄鱼岛沉船"[④]，均属宋代远洋商船，而且很有可能都是泉州港出发的。

明清时期，特别是西方大航海殖民贸易揭开历史大幕以后，茶叶开始大规模走出东亚世界，登上世界舞台。而在国内，饮茶之俗风行大江南北，上至皇帝，下至平民，无不趋之若鹜，喝茶已经成为中国人日常生活必不可少的内容。至此，中国传统意义上的茶系与茶区已经形成了明确的格局。如：浙江西湖龙井茶区、福建武夷山茶区、云南普洱茶区……凡此种种，不胜枚举。

2 古人用茶方式的演变："煮羹"—"食茶"—"饮茶"

古代中国人的用茶方式，大体经历了"煮羹"—"食茶"—"饮茶"的演进过程。

唐代以前，古人用茶多为"煮羹"，即将采集的茶树叶煮成羹汤后食用。晋人郭璞曾记载，巴蜀人采集一种树叶，煮羹而食，名之"苦茶"。这种苦茶，属山茶科，味苦而甘，有学者认为就是我们今天所称的"茶叶"[⑤]。马王堆汉墓出土"遣册"中所提及的"甘羹"，有学者考证为用枣、栗、饴、蜜等调和而成的甜羹，若此说不误，则与茶叶熬制的"苦羹"，应属味道相左的另一种植物羹汤[⑥]。从考古证据来看，"煮羹"应该是汉晋时期食物烹饪的常见方式。洛阳烧沟汉墓出土的炊厨器具以釜、鼎多见，而盛放食物的陶器上，常有"××羹"（如豆羹、稻羹、粱米羹等）之类墨书，正是当时饮食习惯的一个印证[⑦]。楚汉两军相

① 福建省泉州海外交通史博物馆."泉州湾宋代海船发掘报告" [C]// 泉州湾宋代海船发掘与研究（上篇）.北京：海洋出版社,2017.

② 国家文物局水下文化遗产保护中心,等.南海Ⅰ号沉船考古报告之二.北京：文物出版社,2018.

③ 海南省博物馆.大海的方向：华光礁一号沉船特展[M].苏州：凤凰出版社,2011;羊泽林.西沙群岛华光礁I号沉船遗址出水陶瓷器研究[C]// 中国国家博物馆,韩国国立海洋文化财研究所：第一届中韩水下考古学术研讨会论文集.北京：中国国家博物馆水下考古研究中心,2011.

④ RIDHO A,MCKINNON E E.The Pulau Buaya Wreck:finds from the song period[M].Jakarta:Himpulan KeramikIndonesi, 1998:4-90.

⑤ 曹柯平,周广明.茶托、发酵茶和汤剂：以考古发现切入中国早期茶史[J].中国农史,2019（5）:121-133.

⑥ 范常喜.马王堆汉墓遣册"甘羹"新释.中原文物,2016（5）:54-57.也有学者将此词释读为"白羹"。

⑦ 中国科学院考古研究所.洛阳烧沟汉墓（第三编第一章第五节"文字"）[M].北京：科学出版社,1959:154.

争，项羽阵前以烹煮刘邦的父亲刘太公相威胁，刘邦听取谋士之言，以"分一杯羹"回应，显示自己破釜沉舟的决心。司马迁在《史记》里渲染的这个"分一杯羹"的故事，曲射了当时的"煮羹"而食的习惯①。

唐宋时期，人们用茶时流行的做法是"食茶"：将茶叶或茶饼碾成茶末，用沸水浇注，用茶时连汤带末一起服用，故有"吃茶""呷茶""食茶"之说。日本荣西禅师（公元1141—1215年）的茶史名作，书名即是《吃茶养生记》（图4）。笔者的故乡—湖南岳阳，时至今日仍称喝茶为"呷茶"（湖南方言，吃茶之意）；笔者在山区农村见到，一些老人喝茶时，往往会把杯中剩下的茶叶咀嚼以后直接吞服。凡此，都可以看作是"食茶"传统留下的人类学记忆。

最能反映唐代用茶习俗的出土文物，莫过于1987年陕西扶风法门寺地宫所出唐僖宗（公元874—889年）供奉给法门寺的一套制茶、用茶器具茶笼、茶碾、茶罗子、茶炉、茶托、茶匙、茶盆、茶碗、调料盛器等（图5），包括了从茶叶的贮存、烘烤、碾磨、罗筛、烹煮到饮用等全部工艺流程和饮用过程所用器具，令人叹为观止②！

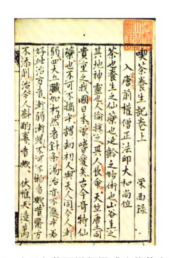 

图4 （日）荣西禅师撰《吃茶养生记》　图5　唐代法门寺地宫出土茶具组合（公元873年封存于地宫）
（来源：早稻田大学图书馆藏）　　　　　　　（来源：《惠世天工》）

① 事见《史记》卷七"项羽本纪"：楚汉两军对峙于广武，"当此时，彭越度数反梁地，绝楚粮食，项王患之。为高俎，置太公其上，告汉王曰：'今不急下，吾烹太公。'汉王曰："吾与项羽俱北面受命怀王，曰'约为兄弟'，吾翁即若翁，必欲烹而翁，而幸分我一杯羹。"项王怒，欲杀之。项伯曰："天下事未可知，且为天下者不顾内家，虽杀之无益，只益祸耳。"项王从之。

② 陕西省考古研究院，等.法门寺考古发掘报告（上、下）.北京：文物出版社，2007；图版参阅国家文物局.惠世天工：中国古代发明创造文物展.北京：中国书店出版社，2012:25,119,140.

1985年，中国社会科学院考古研究所发掘唐长安城西明寺遗址，出土了一件重要的茶叶加工用具—石茶碾，上书"西明寺石茶碾"，正是唐代用茶方式的生动写照。西明寺曾是寺院僧侣和文人雅士的茶会之所，这里曾经发生过十分有趣的茶饮故事，《太平广记》卷一百八十"宋济"条引卢言《卢氏杂说》：唐德宗微服私行，在西明寺偶遇寒窗苦读的宋济，德宗求茶一碗，迂执的读书人让其自便。这里值得注意的是，唐德宗与宋济关于用茶的对话："上曰：'茶请一碗。'济曰：'鼎水中煎，此有茶味（应即"茶末"—笔者注），请自泼之。'"，其中的茶、味（末）、碗、鼎、煎、泼，言简意赅地勾画出唐代的用茶器具和沏茶方式。这段文字所述帝王轶事，无须考证，但其所反映著录者时代的沏茶方式—"食茶"，则应该是可信的。此种风俗，东传日本以后一直延续至今，美国学者William Scott Wilson在其著作中曾对此作了生动描述，下文将有讨论。

两宋时期，饮茶习俗大为流行，宋徽宗《大观茶论》堪称中国古代茶史经典，而南宋刘松年的名画《撵茶图》，为我们再现了宋代饮茶的生动场景。《撵茶图》以工笔白描的手法，细致描绘了宋代点茶的具体过程。画面分两部分：画幅左侧2人：一人头戴噗帽，身着长衫，脚蹬麻鞋，正在转动石磨磨茶；石磨旁还横放一把茶帚，是用来扫除茶末的；另一人伫立茶案边，左手持茶盏，右手提汤瓶点茶；他左手边是煮水的风炉、茶釜，右手边是贮水瓮，桌上是茶筅、茶盏、盏托以及茶笋子、贮茶盒等用器。画幅右侧共计3人：一僧人伏案作书；另两人端坐其旁，似在欣赏。整个画面布局娴雅，用笔生动，充分展示了宋代文人雅士茶会的风雅之情，是宋代点茶场景的真实写照（图6）。

元、明、清时期，简便易行的叶状散茶制作工艺和泡茶方式登上历史舞台，"揉捻冲泡"蔚然成风，用茶方式成为现代意义上的"饮茶"：将揉制好的茶叶，用开水冲泡，喝茶时只是将茶水喝掉，成片的茶叶则弃之不用。饮茶方式的转变，与茶叶制作工艺和饮茶器具的改变是同步进行的，考古所见的器物演变，正是古人茶饮风格转换的生动展示，即："鼎釜"（煮羹）—"茶碾与茶托子"（食茶）—"茶壶与茶杯"（饮茶）。

有意思的是，茶叶西传以后，西方人的品茶口味也经历了一个发展演变的过程。最初运往欧洲的茶叶，以绿茶为大宗。由于海途遥远，航程长达4~8个月，从中国港口装船的"新茶"，抵达欧洲以后已成过季的"陈茶"，而且在漫长的运输途中，船舱闷热潮湿（航行多在热带海域），包装起运时的绿茶，抵达欧洲以后，味道已经发生很大改变：本来未经发酵的茶叶，可能在无意中已经变成了发酵茶了，茶叶颜色也由装船时的青绿色变成了黑褐色，故茶叶西传之初，欧洲人多有"dark tea 茶"之称（现在"红茶"的英文仍是"dark tea"，字面意思即是"黑色的茶"）。为了迎合欧洲人发酵茶的口味，由中国运往欧洲的绿茶比例逐年下降，红茶的比例逐渐上升……反过来，这种消费需求又影响了中国茶叶的生

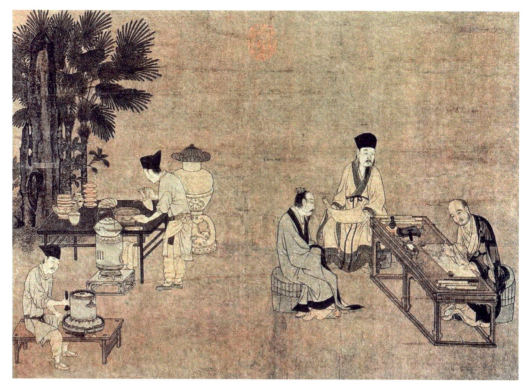

图6 南宋·刘松年《撵茶图》

（来源：台北故宫博物院藏）

产，中国茶商开始专门生产适合欧洲口味的发酵茶—"红茶"[1]。此故，远离欧美市场的江浙、两湖以及北方地区，大多延续了本土故有的绿茶传统；与之形成对比的是，东南沿海大力发展海洋茶叶贸易的福建、广东地区，多产发酵的红茶；英国人在印尼、斯里兰卡、印度、肯尼亚、南非等地开辟茶园生产的茶叶，亦遵循英国人的口味，悉数为红茶类型。

3 茶文化遗产景观：茶场、茶庭和茶港

茶的种植、消费和贸易，给人类留下了独特而珍贵的文化遗产景观。从遗产类别的角度来说，大致可分为3大类：与种茶有关的茶场（种植园）景观（tea plantation landscape）、与制茶用茶有关的茶庭景观（tea garden landscape），以及与茶叶贸易有关的茶港景观（tea port landscape）。

---

[1] 据 Robert Gardella 的统计，1867—1885 年间，中国黑茶出口量由 1.36 亿磅增长到 2.15 亿磅，增长 158%。
Robert Gardella: Harvesting Mountains:Fujian and the Tea Trade,1757-1937.Univers ity of California Press,1996:62.

3.1 茶场（种植园）景观

茶场（种植园）是一种典型的文化景观（cultural landscape）。基于世界遗产语境，文化景观包含了4个层面的遗产价值：① 土地利用（land use）；② 知识体系（knowledge system）；③ 社会组织（social structure）；④ 宗教与仪式（religion and ceremony）。在这方面，云南景迈山茶园堪称一个绝佳的案例。

土地利用：茶园选址于白象山和糯岗山半山腰的林间山地，海拔 1 250~1 550 m，光照、温度、湿度非常适合茶叶生长；

知识体系：当地布朗族、傣族村传承了古老的普洱茶种植和加工工艺；

社会组织：山民村落保持了传统的向心式村寨布局，折射出当地的原生态村社组织结构；

宗教仪式：茶王祭坛与茶神树，是活态祭祀传统的见证。

从这个角度考量，"云南景迈山"是体现世界遗产价值理念的优秀案例，可与已经列入世界遗产名录的哈尼梯田相媲美[①]。

事实上，中国茶业遗产的田野调查，已有不少优秀的既往成果，典型者如庄灿彰的《安溪茶叶业之调查》[②]，吴觉农的《茶经述评》与《中国地方志茶叶历史资料选辑》[③]，罗伯特·卡德勒的《大山的收获：1757—1937年的福建与茶叶贸易》[④]等。以庄氏《安溪茶叶之调查》为例，早在20世纪三四十年代，研究者已经注意到，地理环境、种苗培育、制茶工艺、交通运输、产量税收及社会背景等诸多方面的考察，实属难得。按庄氏所记，其时福建茶叶种植面积已达4万亩（1亩 ≈ 666.67 m2）之多，而以安溪铁观音为著。茶树的选育，已经采用无性繁殖的压条法，培育出不少优良的新品种。安溪茶农，已经深度参与海洋茶叶贸易，多有远赴台湾、南洋经营茶庄者，"每年汇款回乡数目颇巨"[⑤]。

3 大植物饮料的种植园，咖啡、可可已经有遗产地列入世界遗产名录，比如古巴东南第一座咖啡园（列入世界遗产名录的名称为：Archaeological Landscape of the First Coffee Plantation in Southeast Cuba）和法国殖民地圣卢西亚的苏福雷尔（Soufriere）可可种植园。酒精类饮料中，葡萄酒庄园更有数十处遗产地已经或预备列入世界遗产名录，其中，法国的

---

① 国家文物局.普洱景迈山古茶林文化景观（申遗文本）[R].2019.

② 庄灿彰.安溪茶叶业之调查[M].北京:北京图书馆藏抄本（未注印制时间）.

③ 吴觉农.茶经书评[M].北京:农业出版社,1987;吴觉农.中国地方志茶叶历史资料选辑[M].北京:农业出版社,1990.

④ GARDELLA R.Harvesting Mountains:Fujian and the China tea trade(1757— 1937)[M].Berkeley:University of California Press,1994.

⑤ 见庄灿彰.安溪茶叶业之调查.第5页.

圣埃美隆（Saint-Emilion）于1999年被联合国教科文组织列入世界文化遗产名录，成为首个入列的葡萄酒庄园；意大利普罗塞克（Prosecco）葡萄酒庄园于2019年被列入名录，成为最新的一处葡萄酒庄园世界遗产地。与此形成鲜明对比的是，号称世界第一饮料的茶，其茶场（种植园）景观迄今无一例进入世界遗产名录，实属憾事！在国际古迹遗址理事会（ICOMOS）的倡导和推动下，"茶文化景观主题研究项目"已经在中国、日本、韩国、印度、斯里兰卡等多个国家开展。作为茶文化的宗主国，中国方面也已完成《中国茶文化景观主题研究报告》，对云南普洱、浙江西湖龙井、福建武夷山、四川蒙顶山、湖南安化、贵州湄潭6个重点茶区的茶文化景观作了初步的梳理[①]。

3.2 与制茶用茶有关的茶庭景观

这一类型属于人文建筑景观，类似于文化遗产语境下所说的"Built Heritage"（国内有人译成"建成遗产"），其主要内涵是指"历史性建筑及其环境"（historic built artefact and environment）。中国式的茶庭景观，最突出的一点是名山、寺院与茶庄相结合，别具东方神韵，笔者称之为"深山藏古寺，名刹焙新茶"。四川蒙顶山甘露寺茶庭景观，可以看作是一个典型的案例。这里的茶园由寺院僧侣和茶农经营，掩映在蒙顶山茶林风光里的甘露寺、甘露泉和石牌坊，成为名山、古寺和茶庄融为一体的典范。

佛寺经营茶业，唐代已经开启先河。陆羽就是在佛寺里长大的，正因为他从小就沉浸在寺院种茶、制茶、品茶的氛围中，耳濡目染，心领神会，才写出了《茶经》这样不朽的名著[②]。唐代寺院经营茶业的情形，还有考古实证：1985年，中国社会科学院考古研究所发掘唐长安城西明寺遗址，清理出3组院落，建筑遗迹包括殿址、回廊、房址、水井等，出土佛像、残碑、瓷器、玻璃饰件、铜钱等，引人注目的是，该遗址出土了一件重要的茶叶加工用具—石茶碾，上书"西明寺石茶碾"，正是唐代寺院制茶的生动写照（图7）。西明寺是唐长安城的重要寺院，也是皇家御用译经之所，玄奘曾经在此翻译佛经。显庆元年（656年），唐高宗敕建西明寺，为疾病缠身的皇太子李宏禳病祈福，并御赐土田百顷。西明寺茶碾的出土，让我们有理由相信，规模宏大的西明寺应该拥有自己的茶园及茶叶加工场所。由此可见，考古发掘出来的长安城西明寺遗址，应该就是一处典型的寺院+茶园式的茶庭景观，与普通寺院不同的是，它是一处高级别的皇家寺院。

---

① 中国古迹遗址保护协会.ICOMOS茶文化景观主题研究报告·国篇（第二版）[R].2019年10月1日.
② 引自Tea in China:A Religious and Cultural History中第5章节The Patr on Saint of Tea:Religious Aspects of the Life and Work of Lu Yu，作者James A. Benn.

图7 唐代西明寺遗址出土石茶碾

（来源：《考古》1990年1期）

不仅如此，西明寺还应该是僧侣信众和文人雅士的茶会之所，前已述及，这里曾经发生过十分有趣的茶饮故事，《太平广记》卷一百八十"宋济"条引卢言《卢氏杂说》：

"唐德宗微行，一日夏中至西明寺。时宋济在僧院过夏。上忽入济院，方在窗下，犊鼻葛巾抄书。上曰：'茶请一碗。'济曰：'鼎水中煎，此有茶味，请自泼之。'上又问曰：'作何事业？'兼问姓行。济云：'姓宋第五，应进士举。'又曰：'所业何？'曰：'作诗。'又曰：'闻今上好作诗。何如？'宋济云：'圣意不测……'语未竟。忽从辇递到。曰'官家、官家'。济惶惧待罪。上曰：'宋五大坦率。'后礼部放榜，上命内臣看有济名。使回奏无名，上曰：'宋五又坦率也。'"

中国大陆地区的饮茶风格，相较唐宋时期已有很大的改变，然礼失求诸野，此段对话所言及的茶具名称与沏茶方式—"茶""味"（茶末）"碗""鼎""煎""泼"，在东传日本以后的茶室仪式中一直延续至今（详见下文）。

唐代以后，寺院与茶庄相结合的茶庭景观，继续得到发扬光大。以南宋都城临安城（杭州）为例，咸淳《临安志》载，临安有4大名茶，曰宝云、香林、白云、垂云，均以所在寺院的名字命名。如"垂云茶"，得名于宝严院之垂云亭，苏轼有《怡然以垂云新茶见饷报以大龙团戏作小诗》之作："妙供来香积，珍烹具太官。拣芽分雀舌，赐茗出龙团。"形象生动地描述了宝严院种茶、制茶、品茶的场景，词既雅，茶且香，一时传为佳话。实际上，这种寺院种茶的传统，一直延续到了今天。2017年，笔者调查海上丝绸之路遗迹，造访东南名刹—泉州开元寺，幸获开元寺主持道源禅师手礼—"开元禅茶"一盒（图8）。

日本的茶庭景观，为古宅、"枯山水"和茶室的组合，承中国之余绪，再添特别之仪式。一般认为，中国茶之东传日本，发端于公元814年日僧空海的归国，空海曾在前述出土石茶碾的西明寺研习佛经。他启程归国时，将茶叶与佛经一同携往东瀛。迨及宋代，日本荣西禅师客居中土24年，归国之时带回了中国的茶树与茶种。荣西禅师著有《吃茶养生

图8　开元寺禅茶

（来源：作者拍摄）

记》一书，开启了日本茶道"禅茶一味"之序幕，禅茶由此风行东瀛，并延续至今。品饮"禅茶"的茶室，美国学者William Scott Wilson在其著作中进行了仔细的描绘：

"通过矮小的门，进入茶室，让人惊讶的是，里面空空如也。铺满草席的地板上，安置了一个炭炉，炉子上有一个铸铁的鼎壶、一个陶茶碗、一个小竹匙、一个浇水的勺子，还有一个洗茶碗的陶罐，这些正好象征了饮茶的4个要素：水、火、土、木。茶室虽简，却有一个引人入胜之处，那就是紧贴着一面墙的小龛（tokonoma）。此等设计，据说仿自十三四世纪的佛舍，原系佛坛上供奉佛画和花品之所在。在幽明的光线下，可见小龛墙壁上挂着一幅高僧的写卷，上面的文字寓意，正合禅茶的意境。"[①]

关于茶室仪式，William Scott Wilson生动细腻地介绍了自己的禅茶经历，值得在这里作为非物质文化遗产作简要描述：应Hosokawa Tadaoki（细川惟起？）先生之邀，他与一位禅师、一位武士，共赴细川先生家作"禅茶之饮"，但见低矮的茶室坐落古宅庭院之中，庭院景观是日本园林"枯山水"的经典样式，砂砾之上还散落着几根松针和枯叶；茶室简朴而古雅，宾主入室、落座、沏茶、清谈……眼光时时停驻在墙上的佛经写卷上——"不管主、客身居何职，在这茶室的氛围里，彼此间的距离已经彻底消融"！在这里，古宅、枯山水和茶室组成的遗产景观，连同古老的非物质文化遗产——"禅茶"，共同营造出荣西禅师所倡导的"禅茶一味"的氛围，真可谓禅境香茗、意境悠长……[②]

---

① 笔者译自William Scott Wilson.The One Taste of Truth:Zen and the Art of Drinking Tea.Colorado:Shambhala,2012: 12–13,19–20.

② 关于日本茶道仪式,还可参阅DUMAS D.The Vernacular Architecture of Japan(Part 4,Pre–Modern & Contemporary).The Japanese Tea Ceremony compiled.Portland:Portland State Univ ersity,2011.

3.3 与茶叶贸易相关的茶港景观

此类遗产属于城市景观类型（city landscape）。限于篇幅，本文对此不作详细讨论。但需要提及的是，此类与茶叶贸易相关联的港口景观，不少已经列入世界遗产名录，如我国的"澳门历史城区"、马来西亚的"马六甲与乔治城"、越南的"会安古镇"、斯里兰卡的加勒港、沙特阿拉伯的吉达港、英国利物浦"海上商城"（海港贸易市场）等。未入列世界遗产名录的，还有美国波士顿的茶码头遗迹、荷兰阿姆斯特丹海港（该港口的防波堤坝系统已被列入世界遗产名录）等，在国际上也是久负盛名。我国其实也有不少与茶叶贸易密切相关的港口遗产，如广州十三行、上海外滩洋码头、汉口茶叶码头等，可惜迄今为止尚无申报世界遗产之先例。

4 海上茶叶贸易：茶船、运茶档案与沉船考古新发现

茶叶、咖啡和巧克力，天生就是贸易产品，因为三者都不足以果腹，种植者为了维持生计，必须进行贸易交换才能兑现其劳动成果和经济收益。古代中国茶叶输往境外，主要有以下几条线路：① "陆上丝绸之路"，经河西走廊、西域古国直抵中亚地区，再转运中东及地中海世界；② "茶马古道"，出云南经缅甸通往印度或东南亚地区[①]；③ "万里茶道"，从福建到汉口北上通往蒙古高原，经西伯利亚抵达圣彼得堡，这是西伯利亚铁路开通以前中国茶叶输往欧洲地区的重要路线，汉口则是这一线路上的贸易枢纽[②]；④ "海上丝绸之路"，以广州、泉州、宁波等为母港，向南通往东南亚并进入印度洋，甚至于远及非洲与地中海世界；向东北输往朝鲜半岛与日本列岛。限于篇幅，本文重点讨论通往东南亚、印度洋乃至欧洲地区的海上丝绸之路。

从古代中国的视角来看海上丝绸之路，茶叶、丝绸、瓷器和铁器一直是主要的输出贸易品。其中，瓷器和铁器，在沉船考古中屡屡被发现；但茶叶和丝绸，因属有机质文物，在海洋环境里不易保存，沉船考古难得一见。尽管如此，仍有不少令人兴奋的水下考古成果面世，让我们得以目睹海洋茶叶贸易的历史画卷。

[①] FUCHS J.The Ancient Tea Horse Roa d[M].Viking,2008;FREEMAN M,AHMED S.Tea Horse Road:China's ancient trade road to Tibet[M].Bangkok:River Books Press,2011;李旭.茶马古道[M].北京:中国社会科学出版社,2012.
该书对"茶马古道"作了学术史梳理,但研究线路上主要专注于通往西藏的贸易线路.另参阅杨绍淮.川茶与茶马古道.成都:巴蜀书社,2017.

[②] AVERY M.The tea road:China and Russia meet across the steppe [M].Hong Kong:China InternationalPress,2003;武汉市国家历史文化名城保护委员会.中俄万里茶道与汉口[M].武汉:武汉出版社,2014.

4.1 瑞典东印度公司"哥德堡号"沉船

1984年，瑞典潜水员在海港城市哥德堡附近海域，发现了长眠海底的"哥德堡号"沉船。据瑞典东印度公司档案记载，"哥德堡号"曾经3次远航中国，最后一次是1745年1月11日，从广州启碇回国，当时船上装载着大约700 t的中国货物，包括茶叶、瓷器、丝绸和藤器等，估值2.5~2.7亿瑞典银币。同年9月12日，"哥德堡号"抵达离哥德堡港大约900 m的海面，故乡的风景已经映入眼帘；然而，就在此时，"哥德堡号"船头触礁，旋即沉没，岸上的人们眼巴巴地看着"哥德堡号"葬身鱼腹。1986年，针对"哥德堡号"的水下考古发掘工作全面展开，发掘工作持续了近10年，出水瓷器达9 t之多（包括400多件完整如新的瓷器），这些瓷器多有中国传统图案，少量绘有欧洲风格者应属所谓的"订烧瓷"。令人吃惊的是，打捞上来的部分茶叶色味尚存，仍可饮用（图9）。哥德堡人将一小包茶叶送回了它的故乡广州，并在广州博物馆公开展出，引起轰动，参观者络绎不绝。

图9 瑞典"哥德堡号"沉船出水中国茶叶
（来源：《瑞典出水中国陶瓷》）

瑞典东印度公司不远万里从中国进口茶叶，有两个重要原因：一是因为茶叶贸易利润丰厚。据报道，"哥德堡号"沉没之初，人们曾经从沉船上捞起了30 t茶叶、80匹丝绸和一定数量的瓷器，在市场上拍卖后竟然足够支付"哥德堡号"广州之旅的全部成本，而且还能够获利14%，由此可见海洋贸易利润之高！二是当时英国、荷兰垄断了对华茶叶贸易，英国人还对茶叶荷以重税，对中国茶叶望眼欲穿的瑞典人无法从英国市场获得理想价位的中国茶叶，不得不漂洋过海前往东方自行采购。1784年，英国议会通过法案，将茶叶税从

119%骤降至12.5%,瑞典人从此可以直接从英国采购中国茶，瑞典与中国的茶叶贸易迅速跌入低谷，但茶文化却已深深扎根于北欧人的生活之中[①]。

4.2 荷兰东印度公司"凯马尔德森号"沉船

1984年，英国探险家、海底寻宝人迈克·哈彻（Michael.Hatcher）在南中国海发现一条沉船，从沉船中捞起16万件青花瓷器和126块金锭，沉船出水的瓷器中，有为数众多的青花瓷茶叶罐（图10）。这艘沉船，就是著名的荷兰东印度公司商船"凯马尔德森号"（Geldemalsen）。1986年5月1日，佳士德在阿姆斯特丹将部分沉船打捞品进行拍卖，获利3 700万荷兰盾，相当于2 000万美元，引起巨大轰动。此次拍卖会上，中国政府曾经委托故宫博物院陶瓷专家冯先民等携3万美元参会，结果颗粒无收，未能竞拍到一件文物[②]。有感与此，考古学界联名具信，呼吁发展水下考古，成为中国水下考古事业起步的一个契机。

图10　荷兰"凯马尔德森号"出水青花瓷茶叶罐（1752年）

（来源：李庆新《海上丝绸之路》）

据荷兰东印度公司档案记载，"凯马尔德森号"是该公司所属的一条远洋贸易船，船长150英尺（1英尺≈0.3 m），宽42英尺，载货排水量达1 150 t。1751年12月18日，"凯马尔德森号"满载中国货物从中国广东驶往故乡荷兰；次年1月3日，在中国南海附近触礁沉没。按照档案记载，货物清单包括以下内容：23.9万件瓷器、147根金条，以及纺织品、漆器、苏木、沉香木等，总价值达80万荷兰盾。引人注目的是，船货清单中68.7万磅茶叶赫

---

① HODACS H.Silk and tea in the North:Scandinavian trade and the market for Asian goods in eighteenth-century Europe[M]. Basingstoke:Palgrave Macmillan,2016:186.

② 近年来，该沉船出水的金锭再度现身于拍卖市场，来自中国的商家机构曾拍得其中的3块金锭（拍卖价格均在40~60万元之间）。

然在列，估值约合40万荷兰盾，占到船货价值总额的一半。

迈克·哈彻称他打捞"凯马尔德森号"时，沉船船体和茶叶一类的有机质文物，均已侵蚀殆尽，只剩下了金条、青铜和瓷器。很多考古学家并不相信哈彻的说法，此人在业界声名狼藉，为捞取有价值的船货，在打捞过程中屡屡野蛮操作，摧毁了大量有考古价值的文物，包括沉船船体。我相信，如果是水下考古学家来发掘这条沉船，作为船货主体的茶叶，绝不会了无痕迹。我们之所以作此推测，是因为可以找到与哈彻的说法相反的例子，比如，同在南中国海发现的唐代沉船"黑石号"，年代为唐代宝历二年（公元826年），远早于"凯马尔德森号"（1752年），却仍可以在沉船瓷罐中发现菱角等有机质文物[1]；年代约当十二三世纪之交的南宋沉船"南海一号"，年代也早于"凯马尔德森号"400余年，同样发现了不少有机质文物，包括各类植物遗骸等[2]。所以，我们有理由相信，"凯马尔德森号"船舱里的68.7万磅的茶叶，若有遗留，有可能已经被哈彻遗弃或损毁掉了（为了隐藏其毁坏文物的劣迹，哈彻一直拒绝透露"凯马尔德森号"的准确地点）。

4.3 英国茶船"卡迪萨克号"

从事远洋茶叶贸易的帆船中，英国快帆船"卡迪萨克号"（Cutty Sark）最负盛名（图11）。[3]"卡迪萨克号"传奇般的经历，代表了茶叶帆船时代的光荣传统，本文详细描述一下其不朽的经历：

19世纪后期，为了将当年应季的茶叶以最快的速度运抵欧洲市场，获取高额利润，英国人全力打造一种全新的快速帆船——"茶叶剪刀船"，"卡迪萨克号"即是其中之一。1877年9月底，正是这艘"卡迪萨克号"快帆船，第一次把当年应季的新茶从上海运抵伦敦[4]。

---

[1] 引自 Reina Krahl, John Guy, J.Keith Wilson, Julian Raby.Shipwrecked:Tang Treasures and Monsoon Winds.Washington DC:Smithsonian Institution,2010.第18页.
[2] 国家文物局水下文化遗产保护中心,广东省文物考古研究所.南海Ⅰ号沉船考古报告之二[M].北京:文物出版社,2018.
[3] Cutty Sark是苏格兰语,意为"短衫"。这条快速帆船的得名,源自英国文学史上的名作——长篇叙事诗《谭·奥桑特》（Tam O' Shanter）。诗中狂追奥桑特的美丽女神名叫南妮（Nannie Dee）,其时她穿着一件Cutty Sark。观众在"卡迪萨克号"帆船船首看到的女神雕像,就是南妮。这首诗的作者为苏格兰著名诗人罗伯特·彭斯(Robert Berns),亦即《友谊地久天长》的作者。
[4] KENTLEY E.Cutty Sark:the last of the tea clippers[M].London:Conway Publishing,2014:65.

图11 英国"卡迪萨克号"茶船

（来源：姜波摄于2017年）

"卡迪萨克号"是一艘铁肋木壳的"茶叶剪刀船"，船长85.34 m，宽10.97 m，满载排水量达到2,133.7 t，24 h平均时速可达15节，最高航速记录为17.5节（相当于时速32.4 km）。1869年下水时，它是世界上最大的巨型帆船之一，造价16,150英镑。"卡迪萨克号"号在上海—伦敦的单程运茶最快记录是117天、平均为122天（当时最快的纪录由"万圣节号"（Hallowe'en）创造，时间为90天）。1872年，英国人举办了一场举世瞩目的帆船竞赛，两艘当时最著名的茶叶快帆船—"卡迪萨克号"号与"塞姆皮雷号"（Thermopylae），在上海—伦敦的航线上竞速对决。当年6月18日，两船同时从上海启航，驶往英国伦敦。这场比赛持续了整整4个月，英国《泰晤士报》作了连续追踪报道，一时成为新闻热点。"卡迪萨克号"在印度洋航线上曾经一度处于遥遥领先的地位，但后来船舵被巨浪打掉，靠抢修的临时船舵苦苦支撑，最终落后"塞姆皮雷号"9天抵达伦敦。然而，荣誉的光环仍归于"卡迪萨克号"船长亨德森，50英镑的奖金也被颁发给了亨德森船长：因为在风帆时代，茫茫大海中，在失去船舵的情况能够顺利回到母港，简直就是一个奇迹！这次比赛还有一个划时代的意义，它标志着帆船伟大传统的结束与蒸汽机轮船时代的开启。此后，速度更快的蒸汽机轮船开始取代快速帆船参与远东茶叶贸易，亨德森船长也在此次远航之后，转赴蒸汽机轮船上工作。1883年，失去速度优势的"卡迪萨克号"不再从事东方茶叶贸易，转而从事澳大利亚到英国的羊毛运输业务①。

---

① 苏伊士运河的开通也是帆船退出茶叶贸易的原因之一。沟通红海和地中海的苏伊士运河于1869年11月17日通航，这样欧亚之间的航行可以不必要绕道非洲南端，大大节省了航程时间。但是，红海海域风向诡异，暗礁密布，历来被视为帆船航行的凶险之地。对于蒸汽机轮船而言，速度与方向的操控，不受风向风力的限制，通行难度降低，相较于帆船的优势更加明显。

1895年，老旧的"卡迪萨克号"被以1 250英镑的价格，卖给了葡萄牙人Joaquim Antunes Ferreira，并改名"费雷拉号"（Ferreira）。"费雷拉号"以里斯本为母港，继续从事跨大西洋的远洋贸易。1922年，破损不堪的"费雷拉号"在英国港口避风时，被英国人威尔福德·达文（Wilfred Dowman）发现，达文决意为自己的祖国买回这艘载满荣誉的运茶船，最终以远高于市场价的3 750英镑买下了它，这个价格也远高于1895年葡萄牙人购入的价格。1922年10月2日，承载过大英帝国帆船梦想的"卡迪萨克号"回到了英国福尔摩斯港（Falmouth），并重新改回它以前的名字——"Cutty Sark"！1938年，"卡迪萨克号"被泰晤士海军训练学院购得，这艘曾经风光无限的茶叶帆船，居然摇身一变成了英国皇家海军的训练舰，成为许多英国皇家海军将士的成长摇篮。"卡迪萨克号"神奇般地渡过了第二次世界大战，直至1950年才退出英国皇家海军现役序列，给其80年的航海生涯画上了一个完美的句号。

"卡迪萨克号"的传奇故事还没有结束。退役以后，由英国女王的丈夫爱丁堡公爵牵头，组建了"卡迪萨克信托基金会"（The Cutty Sark Trust）。爱丁堡公爵亲自担任基金会主席，全力推动"卡迪萨克号"的修缮与展示工程。最终，栖身于干船坞之上的"卡迪萨克号"，被建成了一个不同凡响的帆船博物馆。1957年6月25日，卡迪萨克博物馆举行开馆仪式，伊丽莎白女王出席，轰动一时，"卡迪萨克号"也加冕为茶叶贸易史上无与伦比的帆船女王。而今，珍藏"卡迪萨克号"帆船的英国皇家海事博物馆，已成为世界上最受欢迎的博物馆之一。观众可以进入"卡迪萨克号"的船舱，观摩船舱中整齐码放的茶箱，有的茶箱上，甚至还可以看到用毛笔书写的发货地点"汉口""上海"（图12）！

图12 "卡迪萨克号"船舱内的茶箱（复原展示）

（来源：《Cutty Sark: The Last of the Last Tea Clippers》）

5 "一部茶叶谱写的世界史"

5.1 茶叶贸易的航线

茶叶见证了古代中国与外部世界交流的历史。一般认为，中国茶之东传日本，公元814年日僧空海的归国，是一个重要的时间坐标点。空海曾在前述出土石茶碾的唐长安城西明寺研习佛经，后来转赴青龙寺师从惠果学习佛法。他启程归国时，将茶叶与佛经一同携往东瀛。迨及宋代，日本荣西禅师客居中土24年，归国之时带回了中国的茶树与茶种。以禅茶为特色的茶道文化在日本列岛蔚然而成气候，应该是荣西禅师归国以后，其所著《吃茶养生记》，在日本被誉为茶史开山之作。

由不同族群主导的海上贸易交流活动形成了各自的贸易线路与网络，但无论是跨越印度洋抵达欧洲的航线，还是横跨太平洋的贸易航线，茶叶永远是远洋航线上的大宗货物之一，英国快帆船"卡迪萨克号"的航线可以作为中欧之间海洋茶叶贸易线路的代表（图13）。

图13 "卡迪萨克号"茶船的航线

（来源:《 Cutty Sark: The Last of the Last Tea Clippers 》）

古代中国人的海上贸易线路，以郑和航海时代为例，其航线为：南京—泉州—占城（越南）—巨港（印尼）—马六甲（马来西亚）—锡兰山（斯里兰卡加勒港）—古里（印度卡利卡特）—忽鲁谟斯（霍尔木兹）。这条航线影响所至，甚至远及东非海岸和地中海世界。扼守晋江入海口的茶叶贸易母港—泉州港，在郑和航海时代发挥了重要的影响力。泉州港依托晋江流域纵深腹地的支持，形成了面向海外市场的海港经济模式。除了致力外销的德化、磁灶等著名陶瓷窑址，晋江流域的茶庄，亦成为其重要支柱产业。前文所提及的福建北苑茶庄，兴盛于南宋淳熙年间，而这一时期，也正是泉州港的繁盛之时，泉州九日山祈风石刻，就有南宋淳熙十年"遣舶祈风"的石刻题记[①]。

郑和航线上的海外港口遗址上，尤以马六甲和锡兰山至为重要。这些海港遗址，考古调查屡屡发现中国瓷器和钱币，而从文献记载来看，中国茶叶也曾经是这些港口市场上的习见之物。比如，郑和历次航海都曾泊驻的锡兰山（斯里兰卡）加勒港，永乐八年（1410年），郑和在此树立"布施锡兰山碑"，1563年有葡萄牙人曾经提及此碑，1911年一位英国人在此重新发现此碑[②]。碑文用汉文、泰米尔文、波斯文3种文字书写，代表大明皇帝向佛世尊、印度教主神、伊斯兰教真主阿拉贡献物品。值得注意的是，供品中有金银钱、丝绸、铜烛台、香油等，却不见海上丝绸之路上常见的茶叶与瓷器。但我们仍然相信茶叶一定是郑和船队的船货之一，此碑树立的地点，古称Chilao，现称Chilaw，意即"华人的城市"，类似于今天欧美国家的"唐人街"和"中国城"。既然中国人聚居于此，必然会将饮茶习俗带给锡兰人，而时至今日，斯里兰卡仍以"锡兰红茶"闻名于世。

15—16世纪，进入地理大发现和大航海时代以后，西方殖民贸易者建立了有别于东方人的贸易航线，如葡萄牙人的贸易线路为：里斯本—开普敦—霍尔木兹—果阿—马六甲—澳门—长崎；西班牙人的贸易线路为菲律宾马尼拉港—墨西哥阿卡普尔科港—秘鲁。澳门—马尼拉则是对接葡萄牙与西班牙两大贸易网络的航线。在葡萄牙、西班牙之后，荷兰、英国相继崛起，成为海洋贸易的主宰力量，而茶叶贸易成为这些海上帝国竞相发力的远洋贸易业务。

5.2 中国茶叶之西传欧洲

海洋茶叶贸易的规模与影响，大大超越人们的想象。公元851年，阿拉伯作家Suleiman al-Tajir 在其著作《印度与中国》（Relations of India and China）中首次提及茶叶抵达欧洲之

---

① 姜波.海上丝绸之路:环境、人文传统与贸易网络[J].南方文物,2017(2):142-145.
② 姜波.从泉州到锡兰山:明代与斯里兰卡的交往[J].学术月刊,2013(7):138-145;葡萄牙人关于"郑和布施锡兰山碑"的记述,参阅金国平,吴志良.东西望洋.澳门成人教育学会出版,2002:238-239（此条记录承蒙金国平先生惠告,谨致谢忱）。

事。此后沉寂700年之后，1560年，基督教耶稣会神父Jasper de Cruz才在其著作中提及茶，Eric Kentley认为这是欧洲文献中首次提及中国茶[①]。笔者查阅文献，发现其实在此前一年，即1559年，地理学家 Giambat-tista Ramusio 在其游记中已经提及中国茶，而他是从一位波斯商人Mahommed那里听说中国茶的，当时波斯 人告诉他，中国茶是一种可以治病的神奇药剂[②]。这应该是欧洲文献中第一次提到中国茶，其时距葡萄牙人占据澳门尚有18年之久。

在欧洲，葡萄牙人最早打通前往印度和中国的航线，但葡萄牙人对瓷器贸易的重视远在茶叶之上；荷兰人步其后尘开展东方贸易，开始大力发展茶叶贸易，荷兰东印度公司的第一船茶叶于1606年运抵阿姆斯特丹。此时，后来的海洋帝国英国，尚不知茶叶为何物。又过了半个世纪，直到1658年，伦敦才出现了第一张茶叶广告。1660年9月25日，英国人Samuel Pepys在其日记中提到，他在当天生平第一次品尝了来自中国的茶！这也是文献记载中，英国人的第一次饮茶记录[③]！

真正让饮茶习俗在英国风行起来的是葡萄牙公主凯瑟琳（图14），她于1662年嫁给英王查尔斯二世。凯瑟琳公主的陪行嫁妆中，有一箱中国茶，同时另有两件嫁妆，即葡萄牙

图14　凯瑟琳王妃

（来源：《 Cutty Sark: The Last of the Last Tea Clippers 》）

---

① KENTLEY E.Cutty Sark:the last of the tea clippers[M].London: Conway Publishing,2014:65.

② SABERI H.Tea:a global history[M].London:Reaktion Books Ltd., 2010:85.

③ KENTLEY E.Cutty Sark:the last of the tea clippers[M] .London:Conway Publishing,2014:65.茶叶抵达英国的最早年代，还有不同的说法，也有人认为茶叶最初抵达英国应该可以早到1645年前后,1657年英国伦敦有了第一场茶叶拍卖会。SABERI H.Tea: a global history[M].London:Reaktion Books Ltd.,2010:85.

的两处海外领地——摩洛哥的丹吉尔和印度的孟买！由此可以想见，这来自遥远东方的中国茶，在当时是何等的贵重。1663年，英国诗人Edmund Waller在献给王妃生日的一首赞美诗中，以动情的笔调描写优雅的王妃和芬芳的中国茶，这首诗，应该是英文作品中第一次描述中国茶，有一定的价值，笔者试译如下：

> 维纳斯的紫薇，
>
> 福伯斯的白芷，
>
> 都不及这香茗的盛誉，
>
> 请允许我赞美吧：
>
> 这最美的王后，这最美的仙茱！
>
> 来自
>
> 那个勇敢的国度，
>
> 就在
>
> 太阳升起的地方；
>
> 茶是那里的众妙之妙，
>
> 如同缪斯的神药，
>
> 让芬芳扑面而来，
>
> 让灵魂永驻心田！
>
> 谨此
>
> 礼赞王后的生日！①

在葡萄牙公主的带领下，饮茶习俗在英国上层贵族中风行开来。1669年，英国东印度公司的第一批茶货运抵伦敦；1706年，托马斯·特林（Thomas Twining）在伦敦开设了英国的第一家茶馆—"汤姆茶馆"（Tom's tea cabin）。有意思的是，这家茶馆一经面世，便显示出卓尔不群的气质：允许女士进入（这恐怕得归功于凯瑟琳王妃）！这与伦敦酒吧与咖啡馆的作法迥然不同，后二者把这种消遣场所视为绅士们的专利！由此而始，下午茶迅速成为英国上层贵妇的社交场所，茶也成为英国人的国饮，风头之盛，甚至盖过早已在英国生根发芽的咖啡。

---

① KENTLEY E.Cutty Sark:the last of the tea clippers[M].London:Con way Publishing,2014:65. 此段赞美诗由笔者直译。

5.3 茶叶谱写的"另一种"世界史

茶之所以重要，因为它在某种意义上影响了世界历史的进程。

清帝国的全境开放就与茶叶贸易有一定的关系[①]。1874—1877年间，英国茶船"卡迪萨克号"每年都会经长江口逆流而上抵达汉口，从这里装运茶叶运往英国。其时第二次鸦片战争仅过去10余年，海洋贸易已不再局限于广州、上海等沿海港口，而是已经深入帝国腹地。从这个角度上讲，茶叶贸易成为迫使清帝国全面开放的重要因素。值得一提的是，当时的汉口还是"万里茶道"（福建—江西—湖南—湖北—山西—蒙古—西伯利亚—圣彼得堡的陆上运茶通道）的中转枢纽，茶叶加工产业正值蓬勃发展的时期[②]。此前默默无闻的汉口，得海、陆茶叶贸易之利，一跃而成为世界闻名的茶叶之都。

茶叶推动了种植园经济的发展，一定程度上改变了世界经济格局。由于中国与英国相距遥远，运输成本高昂。为了节约成本，同时也为了从产业链上游控制茶叶贸易，摆脱对中国产地的依赖，英国开始在印尼、斯里兰卡、印度、肯尼亚、南非等殖民地种植茶叶，发展种植园经济，将这些地区纳入帝国殖民经济体系。以印度为例，从1830年代开始，英国人开始在喜马拉雅山南麓的阿萨姆、大吉岭一带尝试开辟茶园。

1846年，罗伯特·福琼（Robert Fortune）从中国徽州和宁波等地采集大量茶树种子和12 838株幼苗（抵达印度后存活的树苗数），分批从上海、香港运往印度加尔各答，为了确保茶树种植成功和加工方法得当，他还特地带走了几名中国茶匠[③]。到1872年，杰克逊制成的第一台揉茶机在阿萨姆茶业公司所属的希利卡茶园投入使用。

19世纪末，英属印度殖民地已实现揉茶、切茶、焙茶、筛茶、装茶等各个环节的机械化，开启了近代种植园经济与茶叶生产工业化的进程[④]。不仅如此，印度茶还得到一系列的扶持：1881年，为方便茶叶外运，修通大吉岭喜马拉雅铁路；1884年，英国植物学家马斯特思将大叶种茶树拉丁文学名命名为"阿萨姆种"（这种茶树生长于中国云南和印度阿萨姆一带），声称其为世界茶树的祖本，借此冲击中国作为茶叶宗主国的地位。而今，"大吉岭

---

① 庄国土先生曾经以闽北地区为切入点，详细探讨了茶叶贸易深入中国茶业体系的问题，Zhuang Guotu. International Trade in Chinese Tea in the 18TH Century.Tea,Siler,Opium and War:the International al Tea Trade and Western Commercial Expansion into China in 1740–1840,Xiamen:Xiamen University,1993:93–155.

② KENTLEY E.Cutty Sark:the last of the tea clippers[M].London:Con way Publishing,2014:65.

③ 罗伯特·福琼在其著作中，非常详细地介绍自己偷运中国茶种苗和携带熟练茶匠去印度的事情，参阅罗伯特·福琼，著.两访中国茶乡（第十八、十九章）.敖雪岗，译.宿迁：江苏人民出版社,2015:329–337.

④ RAPPAPORT E.A thirst for Empire:how tea shaped the modern world[M].Princeton:Princeton University Press,2017:85–119.另，关于印度阿萨姆茶叶历史和工业化进程，可参阅（英）艾伦·麦克法兰，（英）爱丽丝·麦克法兰，著.绿色帝国：黄金茶叶（第二部分"奴役"之第8~10节).北京：社会科学文献出版社,2016.

红茶"已成为印度第一个成功申请地理标志的产品，获得了与苏格兰威士忌、法国香槟省香槟的同等声誉，一举奠定其在茶叶品牌王国中的显贵地位，大吉岭也成为人类学家研究茶叶种植园经济的经典案例（图15）[①]。

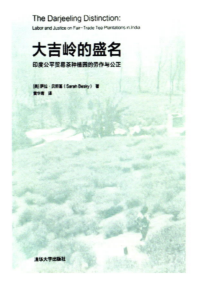

图15　研究印度大吉岭茶园的名著

《The Darjeeling Distinctions》中译本封面（来源：姜波提供）

茶叶推动了世界殖民贸易体系的建立。中国的茶叶、丝绸、瓷器流向欧美市场，秘鲁、墨西哥、日本和西班牙的白银则反向流入中国，新、旧大陆的跨洋贸易由此形成，带来人员、物品、宗教和思想的大规模流动。对中国而言，茶叶贸易与白银资本改变了中国人的财富观念，中国的货币体系、关税制度和产业结构被迫向近现代国家的机制过渡，从而大大推动了中国与外部世界的融合[②]。对欧洲国家而言，茶叶的种植与销售推动英国、葡萄牙、西班牙、荷兰纷纷建立起规模庞大的殖民地贸易体系，世界贸易进入一个全新的时代。

茶叶甚至还在一定程度上改变了世界政治版图，而这与茶叶关税制度密切相关。早期茶叶贸易的利润惊人，1869年英国伦敦市场上1磅茶叶（合0.45 kg）的价钱，约当一个产

① BESKY S.The Darjeeling distinction:labor and justice on fair-trade tea plantations in India[M].California:University of California Press,2013.有关种植园经济,参阅该书第二章"Plantation";关于"地理标志"的讨论,参阅该书"Introduction".此书有中译本,参阅:(美)萨拉·贝思基.大吉岭的盛名:印度公平贸易茶种植园的劳作与公正.黄华青,译.北京:清华大学出版社,2019.

② 贡德·弗兰克.白银资本[M].刘北成,译.北京:中央编译出版社,2008;万明.古代海上丝绸之路延伸的新样态:明代澳门兴起与全球白银之路[J].南国学术,2020(1):154-163.

业工人一周的薪水；茶叶之所以昂贵，除了运输成本高以外，一个重要的原因就荷税太重。为了垄断茶叶贸易的巨大利润，英国议会立法禁止荷兰东印度公司的茶叶进入英国市场，指令由英国东印度公司独家经营东方茶叶贸易[1]。与此同时，英国还于1773年通过《茶税法》，规定东印度公司可以在北美强制倾销茶叶，此举遭到北美殖民地的强烈抗议。1773年12月16日，爆发著名的"波士顿倾茶事件"，60名"自由之子"爬上英国东印度公司商船"达德茅斯号"，将船上的342箱茶叶悉数倒入波士顿港湾。倾茶事件发生之后，大英帝国颁布《波士顿港口法》等4项强制性法案，强硬镇压北美殖民地的反抗行动，使得矛盾更加尖锐，最终导致美国独立战争的爆发和美利坚合众国的独立，对世界地缘政治格局带来重大影响。为此，后人在波士顿茶港专门树立石碑，以纪念彪炳史册的"波士顿倾茶事件"。

最后要说的是，茶还改造了人类社会。饮茶使人类的生活方式变得更加健康，茶有助于人类对抗各种病毒，很多学者把18—19世纪英国人寿命的延长与茶糖的摄入挂钩。比如，1827年，John Rickman根据人口统计数据，明确指出1811—1821年英国人口死亡率的下降与茶糖的摄入有直接的关系（在痢疾、瘟疫和营养不良的时代，茶糖的摄入确实具有一定的健康效果，同时还极大地减少了英国人的酗酒量）[2]。不仅如此，随着茶叶种植园经济在全球范围的推广，促使人们不得不关注种族、性别、奴隶交易和公平贸易等一系列问题，从而大大推动了世界人权的进步和贸易公平体系的建立。这方面，有必要提及美国学者萨拉·贝斯基（Sara Besky）对印度大吉岭种植园经济的人类学调查成果。萨拉·贝斯基深入调查了来自尼泊尔的廓尔喀族群（主要是女工）长年辛勤劳作于大吉岭种植园的真实状况，呼吁改善廓尔喀女性劳工的人权与经济待遇，推动当地底层民众分享大吉岭红茶带来的红利，引起国际学术界和劳工组织的广泛关注[3]。

在欧洲，茶叶进入社会生活带来的影响同样意义深远。比如，茶叶登陆英国之后，英式早茶迅速改变了英国人早晨喝汤、过度酗酒的生活习惯；英式下午茶则成为英国贵族妇女走向社交与政治的重要平台，由此大大提升了英国妇女的社会地位和政治参与度，对现代英国人的生活方式、社交礼仪乃至政治生态都产生了不可忽视的影响（图16）。

---

① 关于英国东印度公司专营茶叶贸易的情况，可参阅 Markman Ellis,Richard Coulton,Matthew Mauger.Empire of Tea:The Asian leaf that Conquered the World 一书的第三章 "The Tea Trade with China",Reaktion Books Ltd,London,2015 (Print in China by 1010 Print Ltd.,2015:53–72.

② （英）艾伦·麦克马兰,爱丽丝·麦克马兰.绿色黄金:茶叶帝国(第二部分之第9节 "茶叶帝国")[M].扈喜林,译.北京:社会科学文献出版社,2003:269–270.

③ BESKY S.The Darjeeling distinction:labor and justice on fair –trade tea plantations in India[M]//California Studies in Food and Culture. Berkeley:University of California Press,2013.

图16　身着清朝服饰，坐在茶箱上的英国女商人 Xie Alexandra Kitchin
（来源：Charles Lutwidge Dodgson摄于约1876年）

　　简言之，人类培育了茶，茶也改变了人和人的世界。中国是茶的故乡，新石器时代即已开始人工茶树的培育。唐宋时期饮茶之风已经风行国内。明、清时期茶园经济兴起，海洋贸易磅礴发展，茶叶开始大规模输出。考古所见器物演变，正是古人的饮茶风格从"煮羹"到"食茶"再到"饮茶"的实证。沉船考古和贸易档案所见茶叶资料，反映了海上茶叶贸易的史实。进入大航海时代以后，中国茶开始进入欧洲市场，饮茶习俗在欧洲日渐流行，而以英国为最著。从这个角度上来讲，也许我们可以说，茶叶的确谱写了"另一种"的世界史[①]。

6　余论

　　茶叶从中国西传英伦三岛之后，饮用方式却与中国本土渐行渐远：中国人讲究茶味纯正，一般不添加配料，喝的是一种"纯茶"（pure tea）；英国人则偏好"混合茶"（tea blend），沏茶时需要加入蔗糖和牛奶，形成一种香甜的混合味道。可见，英国人是把中国的茶、印度的蔗糖和英国的牛奶融为一体了，这样来说，英国茶可以看作是"海洋帝国"的一份历史遗产。

---

① ELLIS M,COULTON R,MAUGER M.Gble tea.Empire of Tea:the Asian Leaf that Conquered the World.Reaktion Books Ltd,2015:269–276;RAPPAPORT E.After tastes.A thirst for the Empire:How Tea Shaped the Modern World.Princeton University Press,2017:356–378.

2014—2019年，中国水下考古机构对清代北洋水师的"致远""经远""定远"等沉舰开展水下考古调查工作，收获颇丰。"致远""靖远"等舰是清政府在英国订造的军舰。当年清帝国打造龙旗飘飘的北洋舰队，曾经刻意复制英国皇家海军的训练模式与作战理念，乃至舰上官兵的生活起居，也一应照搬。有意思的是，水下考古队员从这些军舰上发现了咖啡壶及冲调咖啡的勺子。要之，英国人从中国学会了饮茶，中国人却从英国学会了喝咖啡，投之以桃，报之以李，这实在是一段耐人寻味的历史。

后　记

　　《中国世界文化遗产2020年度保护状况总报告》（简称《2020年总报告》）是我国世界文化遗产年度保护状况总报告系列的第7本，也是连续以专著形式出版的第2本，感谢国家文物局文物保护与考古司（世界文化遗产司）的悉心指导，感谢世界遗产处的大力支持，给予我们足够的动力前行。七年来，我们不忘初心，凭着这份执着和责任，坚持以真实、客观的数据，全方位、多角度的分析，记录中国世界文化遗产保护管理的状况、问题和成绩，感受新时期中国世界文化遗产事业发展的脉搏。看到总报告系列被越来越多的遗产地管理者作为了解世界遗产领域国内外形势的重要读物，被越来越多的科研单位、文物主管部门及其他行业主管部门作为理论研究和政策制定的依据，被越来越多的公众媒体以及国际组织关注，作为编写者，我们感到欣慰和自豪。总报告系列会一如既往、奋力前行，继续做好中国世界文化遗产事业发展的见证者。

　　《2020年总报告》包括总报告、专题报告、专家视野三部分。

　　总报告部分延续原有体例，是我院中国世界文化遗产中心集体研究的成果。全文由赵云、罗颖负责组织、统稿。第1章世界文化遗产事业国内形势、第2章世界文化遗产事业国际形势由高晨翔执笔，第3章中国世界文化遗产地保护管理现状分析由张欣（承诺事项履行、机构与能力建设、舆情监测）、刘懿夫（机构与能力建设）、罗颖（遗产本体保存）、张玉敏（遗产影响因素）、毛芳（保护项目及相关研究）执笔，第4章总结与建议由张依萌执笔，图纸由国信司南（北京）地理信息技术有限公司绘制。

　　总报告能够顺利完成，要感谢108处遗产地编写的2020年度监测年度报告，为总报告提供了丰富、翔实的一手数据，以及中国古迹遗址保护协会、澳门特别行政区政府文化局提供的具体案例数据。要感谢中国世界文化遗产中心的遗产专员（燕海鸣、王喆、冯辽、许凡、范家昱、高晨翔、李嘉妮、张正秋、赵瑗、张依萌、张玉敏、罗颖、宋晓微、张欣、王芳、刘懿夫、黄玉琴、李雪、李雨馨、白静、彭雪、郝爽、侯文潇、梁智尧、霍焱、于丹），没有他们参与108份监测年度报告的数据核对和修改工作，我们不可能在这么短时间内完成约32,400项数据的整理和分析工作。要感谢我院原院长刘曙光先生、我院原副总工程师沈阳先生、故宫博物院胡锤先生、我院乔梁先生、我院于冰女士、我院党志刚先生、苏州市文化广电和旅游局尹占群先生、中山大学张朝枝先生、苏州园林博物馆薛志坚先生、浙江大学王毅先生、凤凰出版社仲敏女士、《中国文化遗产》孙秀丽女士、国家统计局余秋梅女士等专家在总报告策划、编写过程中给予的指导和鼓励。感谢我院科研与综合业务处以及文物出版社在图书出版阶段给予的支持。

专题报告和专家视野为总报告系列新增板块。衷心感谢我院原院长刘曙光先生、我院原副总工程师沈阳先生、国际古迹遗址理事会副主席及山东大学博士生导师姜波先生、龙门石窟史家珍先生、中山大学张朝枝先生、浙江省文物考古研究所傅峥嵘先生等专家在百忙之中供稿，进一步丰富了《2020年总报告》的内容。

最后，要特别感谢国家文物局副局长宋新潮先生，我院原院长柴晓明先生，现任院长李六三先生，党委书记、副院长解冰先生，副院长许言先生、乔云飞先生对本书编写和出版工作的持续关心、重视及鼓励。

由于编制时间有限，书中难免有错误和不妥之处，敬请广大读者谅解和指正。

编写组

2021 年 12 月